Johann Kaspar Bluntschli

GESAMMELTE

KLEINE SCHRIFTEN

BAND II

AUFSÄTZE ÜBER POLITIK UND VÖLKERRECHT

Elibron Classics
www.elibron.com

Elibron Classics series.

ISBN 1-4212-2281-7 (paperback)
ISBN 1-4212-2280-9 (hardcover)

This Elibron Classics Replica Edition is an unabridged facsimile of the edition published in 1881 by C. H. Beck, Nördlingen.

GESAMMELTE
KLEINE SCHRIFTEN

VON

J. C. BLUNTSCHLI.

ZWEITER BAND.

AUFSÄTZE ÜBER POLITIK UND VÖLKERRECHT.

NÖRDLINGEN.
VERLAG DER C. H. BECK'SCHEN BUCHHANDLUNG.
1881.

Druck der C. H. Beck'schen Buchdruckerei in Nördlingen.

Inhaltsverzeichniss.

I.

Die Vergänglichkeit der Völker.*)

(1836.)

Nur der Lebende hat Recht.
Schiller.

Ich sass auf dem Verdecke eines Dampfbootes, welches reisefertig in den öden Lagunen von Venedig vor Anker lag, und betrachtete die wunderbare Meeresstadt, die sich mitten aus der schwankenden Wasserfläche kühn und sicher emporhebt. Vor mir lag im trüben Dämmerlichte der Molo, mit seinen stolzirenden Bettlern und deklamirenden Volkspoeten. Hinter demselben ragte der mächtige Dogenpalast hervor, gegenwärtig nur bestimmt, die Erinnerung früherer Grossthaten in Bildern und Steinen fest zu halten. Mit ihm durch die Seufzerbrücke verbunden, verwahrt das feste Statsgefängniss junge Italiener, welche den Traum eines nationalen italischen States mit funkelnden Augen gesehen und im Traume laut gesprochen hatten. Der venezianische Löwe sah ernst herab von seinem hohen Standpunkte, selber vom Alter und den Streichen der Fremden gebeugt. Um mein Schiff her schwammen die mit schwarzem Tuche behangenen Gondeln herüber, hinüber, und mahnten an den finstern Tod.

---

*) Dieser im Jahr 1836 entstandene Aufsatz zeigt, wie stark mein Glaube war, dass die deutsche Nation trotz der traurigen Zustände des deutschen Bundes nicht im Niedergang begriffen sei, sondern einer herrlicheren Neugestaltung entgegen gehe.

Da gedachte ich der Vergänglichkeit Venedigs und des Unterganges der Völker. Wie ganz anders war das Leben hier vormals vor Jahrhunderten, als Venedig mit Recht sich eine Königin des Meeres rühmen durfte, als seine Flotten den mächtigsten Königen der Christen und Muhammedaner Ehrfurcht geboten; als tiefe Weisheit die Statsmänner des herrischen Freistates vor Allen auszeichnete; als mächtige Redner in den grossen Versammlungen des Adels auf die Geister wirkten und zu kühnen Thaten ermuthigten. An dem Grabe eines verstorbenen Freundes wandeln uns ernste und wehmüthige Gedanken an, aber ernstere und wehmüthigere drängen sich auf, wenn wir an dem Grabmale einer untergegangenen Nation stehen, und wäre sie selbst eine feindliche. Als Marius unter den Trümmern Karthago's wandelte und die schwere Gewalt des Schicksals, die auch ihn getroffen, überdachte, da mochte auch Roms zukünftiger Untergang ihm vor die Seele treten und die Schatten der nordischen Barbaren, die er mit überlegener Kriegskunst besiegt hatte, vor ihm aufsteigen, auf eine kräftige Nachkommenschaft hinweisend, welche die vormaligen Herren der Welt zu Knechten mache.

Was einmal auf dieser Erde gewelkt, lebt nicht wieder auf als dasselbe. Die zerstörte Lebenskraft ist für immer gebrochen. Nur durch neue Mischung der Elemente kann sich ein neues Dasein bilden, ein neues Leben entstehen. So wird auch Venedig nie mehr in alter Weise auferstehen. Glücklich auf Erden genug ist, wessen Leben kein vergebenes, kein erfolgloses war; wem es gelungen ist, Resultate zu erzeugen, die auf die Zukunft übergehen. Der leibliche Schatten höherer Unsterblichkeit, die Erinnerung, trägt seinen Namen, wenn auch versteinert, über auf die Folgezeit.

Und wir, auf welcher Stufe des Lebens stehen wir? Werden auch wir untergehen?

Gross ist auch in Europa der Kirchhof der europäischen Völker. Spurlos sind die Einen verschwunden; zahlreiche Leichenhügel und Ruinen deuten auf den Untergang der Andern.

Wie herrlich begabt voraus waren die Griechen! Als die Kämpfe mit den Mächten des Orients die Lebensgeister entzündet hatten, wie sprudelten sie in tausend leuchtenden Flammen herrlich empor! Und noch immer glänzen die Lichter nach in der Geisterwelt. Noch nie hat seither die Weltgeschichte auf so engem Raume in so kurzer Zeit einen solchen Reichthum, solche Mannigfaltigkeit geistigen Lebens sich äussern gesehen, wie damals in der Erscheinung der Staten und Individuen. Man weiss nicht, worüber man mehr erstaunen soll, über die schöpferische Kraft der Künstler, der Dichter, der Philosophen, der Statsmänner und Redner, oder über die Empfänglichkeit der Völkerschaften für ihre Werke. Mit den Waffen des sterbenden Griechenlands noch eroberte König Alexander eine Welt. Und dennoch ist dieses lebensreiche Volk nach so kurzer, obwohl später Blüthe dahin gesunken und abgestorben; und wenn es wieder erweckt wird von den Todten, so ist es nicht mehr das alte, es ist ein anderes, ein neues Griechenland.

Wie können denn wir ein besseres Schicksal, wie können wir auf ewige Fortdauer hoffen?

Und doch zeugt diese Erscheinung nicht gegen uns. Schon in der Anlage der griechischen Gemeinwesen lag der Keim eines baldigen Todes. Und eben das schnelle Wachsthum bedingte den schnellen Verfall. Die Bürgerschaft einer einzigen Stadt war das einfache Element ihres statlichen Daseins, und nur in den beschränkten Formen einer Stadt trat die höhere Idee des States ins Leben. Die Abgeschlossenheit gegen Fremde, die Verachtung der Sklaven verhinderten jeden bedeutenden Zufluss neuer Bestandtheile, welche zugleich auch der innern Lebenskraft neue Nahrung und Stärke verschafft hätten. Eine Nationaleinheit fehlte gänzlich. Das in lauter kleine Stadtgebiete gesonderte Volk — an jedem Orte in einer, wenn auch ausgebildeten, aber immerhin einseitigen politischen Gestaltung befangen — verneinte sich selber gegenseitig. Und wenn Athen und Sparta um die Hegemonie kämpften und sich in dieselbe theilten, so lag auch darin mehr das Bestreben, die schwächern Städte und Inseln zu unterwerfen, als in sich aufzunehmen und mit ihnen in ein grösseres Ganzes zu verschmelzen.

Aber auch Rom, das gewaltige, ging unter und zeugt für die Sterblichkeit aller menschlichen Dinge. Um vieles länger freilich war sein Leben, als das des griechischen Stats, um vieles kürzer scheint es zu sein, als das der modernen Nationen.

Zwar ging auch der römische Weltstat aus von der beschränkten Basis einer Stadt, anders als die modernen Staten, und ähnlich den griechischen. Aber frühe schon leitete ein gesunder Instinkt die Römer dahin, die Kräfte anderer verwandter Städte in sich aufzunehmen, und den besiegten Nachbarn römisches Bürgerrecht zu ertheilen. Und wenn auch Anfangs diese neuen Bürger als Plebejer keinen Theil hatten am Regimente, so lag doch in ihrer Stellung zu dem State, so wie in der natürlichen Bedeutung ihrer Zahl, ihres Vermögens, ihrer Kriegsfertigkeit, ihrer Interessen eine sichere Gewähr für die zukünftige Theilnahme an der politischen Leitung des States. Dieser innere hartnäckige, von Stufe zu Stufe fortschreitende Kampf der beiden Elemente des Volkes hat vorzüglich die eiserne Zähigkeit des römischen Charakters wo nicht erzeugt, doch sicher ausgebildet. Er zehrte die inneren Kräfte nicht auf, sondern machte sie stark nach Aussen. Je mehr dann Rom sich die anderen Völkerschaften Italiens unterwarf, und von dem Kriegsglücke begünstigt seinen Arm nach dem Scepter der Erde ausstreckte, desto weitere Kreise zog es wieder in sich hinein, durch neue Elemente sich verstärkend. Und selbst die fremden eroberten Provinzen wusste die Weltstadt mit grosser Klugheit und durchgreifendem Herrschersinne auch der Sprache und den Sitten nach sich anzueignen.

Aber wie sich die Herrschaft ausdehnte, wurde zugleich auch der zunehmende Verfall immer sichtbarer. Die Stadt war stark genug, sich die Welt zu unterwerfen, aber nicht gross genug, sie festzuhalten. Indem gegen Ende der Republik das Bürgerrecht überging auf die in Masse freigelassenen Sklaven, auf ganze vorher unterthänige und schon herabgekommene italienische Völkerschaften ohne Unterschied der Ehrbaren von den Niederen, nahm die Bürgerschaft mehr verderbliche als wohlthätige Bestandtheile in sich auf, und bereitete jene verderblichen Parteikriege vor, an denen die alte Freiheit verblutete. Wenn die Provinzen römische Kultur und Bildung empfingen, so wurden sie zugleich das Opfer römischer Lüste, römischer Habsucht, und selbst römischer Grausamkeit; und als auch ihre Bewohner das Bürgerrecht erhielten, geschah es nicht mehr, sie zu heben, sondern ihnen neue Lasten aufzubürden.

Der Glaube aber an die römischen Götter hielt nicht Stand der griechischen Philosophie, welche den höher gebildeten Römern von ihren unterthänigen Lehrern eingeprägt wurde. Und als aus allen den unterworfenen Staten neue Götter herbeikamen, einer den anderen verneinend, da musste die Anarchie der Götter auch den Glauben des Volkes verwirren und auflösen. Mit dem an eigenen inneren Gebrechen leidenden und mit der damaligen Kultur in Widerspruch gerathenen sinkenden Glauben sank auch die moralische Kraft des Volkes zusammen und grenzenlose Unsittlichkeit zehrte den Nerv des geistigen Lebens auf. Das kalte römische Recht konnte keinen genügenden Ersatz bieten für den verlorenen Glauben und die zerstörte Sittlichkeit.

Fremde Völker theilten sich in die einzelnen Provinzen des unermesslichen Reiches, das wie ein ungeheurer Leichnam in drei Welttheile sich erstreckte.

Von neuem drängt sich uns die Frage auf und begehrt Antwort: Und wir, auf welcher Stufe des Lebens stehen wir? Werden auch wir untergehen?

Die Vergleichung mit dem Leben des antiken Volkes dehnt unsere Hoffnungen aus. Nicht mehr in den Kreis einer Stadt ist die Idee des modernen States von Anfang an eingeschlossen. Ganze grosse Völker bilden den massenhaften Stoff der neueren Staten; und diese Völker breiteten sich aus über ausgedehnte Länder. Durch ihre reiche ständische Gliederung scheinen sie vor einer gedoppelten Gefahr der antiken Welt gewahrt, vor der einen, dass die dienende Bevölkerung zu rechtlosen und rechtsunfähigen Wesen erniedrigt werde; vor der andern, dass die Eine gleiche Masse auch gleich tief und verächtlich den Launen eines Despoten anheim falle.

Auch ihre politische Gestaltung war frei von antiker Einseitigkeit und gab zugleich den individuellen Kräften den grössten Spielraum. Auch bei den alten Völkern finden wir das Königthum; aber in der entwickelteren Statengeschichte sind es doch bei den Griechen entweder Demokratien oder Aristokratien; bei den politisch bedeutenderen Römern die Verbindung beider. Erst in der modernen Welt findet sich — was die Weisesten der Alten in der Theorie als wohlthätig erkannt, im Leben nicht vorgefunden hatten — ein glückliches Ineinandergreifen des monarchischen, aristokratischen und demokratischen Elementes. Die modernen Staten selbst liegen als grosse Ganze neben einander, jeder in sich mit eigenthümlicher Lebensfähigkeit begabt. Ein völliges Vernichten und Aufheben der einen durch die anderen scheint im

Grossen nicht möglich. Indem sie gegenseitig ein Ueberfluthen und Umstürzen hindern, bewahren sie sich selbst vor jähem Untergang.

Die alte Welt überlieferte der neuen einen grossen Reichthum geistiger Schätze, Stoff zur Arbeit für viele Jahrhunderte. Und die neue begriff ihre Aufgabe allmählich und vermehrte den Stoff und die Arbeit ins Unendliche. Nicht bloss viele neue Wissenschaften kamen auf, die ererbten gewannen einen viel weiteren Umfang.

Und doch, wenn wir um uns sehen, gewahren wir bei manchen auch der neueren Völker die Zeichen des zunehmenden Verfalls und künftiger Auflösung. Bei einigen wittern wir schon etwas von Leichengeruch. Besonders scheinen die romanischen Nationen nicht bloss die Zeit jugendlicher Blüthe weit hinter sich zurück gelassen zu haben, sondern auch über die höchste Stufe männlicher Kraft hinaus gegangen zu sein. Die Eindrücke der alten Römerwelt hatten stärker auf sie gewirkt, als auf die reiner gebliebenen germanischen Völker; die antike überreife Kultur war noch mächtig genug, um die erobernden Krieger sich zu unterwerfen. Die starke Mischung römischer, keltischer und deutscher Elemente kam dazu, um den Lebensprozess dieser Völker rasch zu fördern. Ihre Entwickelung war, wenn auch langsamer als die des alten römischen States, doch schneller als die der germanischen Völker.

Der schöpferische Trieb der Nationen ist nicht unendlich, wenn er auch reicher ist, als der des Einzelnen. Sie drücken der Geister- und Körperwelt ihren Charakter auf; aber wenn sie einmal in einer Richtung das Ihrige geleistet und ihr inneres Wesen ausgesprochen haben, so wird dasselbe Volk selten in der nämlichen Richtung noch bedeutendes Neues ins Leben rufen. Es hat seine Bestimmung in seiner Weise erfüllt und kann sie nicht zum zweiten Male erfüllen. Wenn seine Werke der Künste und Wissenschaften, seine Erzeugnisse des Gemüthes, seine Gebäude des politischen Triebes und Denkens zu Tage gefördert sind, dann darf man wohl auf die Neige schliessen, denn die Nation hat ihre Aufgabe gelöst, und ihre Thatkraft fängt an zu erschlaffen, da es ihr an Arbeit gebricht. Sie lebt mehr noch in den Erinnerungen ihrer früheren Werke und überdenkt noch Jahrhunderte lang ihre alte Geschichte, ohne sich eine neue schaffen zu können.

Aber sind auch die germanischen Völker hinaus geschritten über ihre Lebenshöhe?

Sollte das deutsche Kaiserthum mit seinen hohen Ansprüchen christlicher Weltbeherrschung und Weltbefriedigung die Höhe gewesen sein, welche die deutsche Kraft bereits erklommen hat? Sollte seither die Richtung fortwährend nach unten geführt haben, wenn auch über kleinere Hügel und Vorsprünge? War die Zersplitterung des Reiches in eine Unzahl kleiner Staten etwas Anderes als zersetzende Auflösung, der Vorbote oder vielmehr der Anfang des Todes?

Mit freudiger Zuversicht sage ich: Nein, so ist es nicht. Jenes Reich ist freilich erstorben und wird nicht wieder aufleben; ihm galt die Auflösung, aber nicht dem deutschen Volke. Die Erscheinungen der Jugendsäfte und der Jugendblüthe sind verwelkt; aber die Früchte der Mannesstärke und Mannesklarheit sind noch nicht alle gereift. Wie reich voll Zauberglanzes war die Poesie des deutschen Mittelalters; wie erhaben die Gebilde seiner Kunst! Sie haben beide aufgehört zu schaffen, aber der noch frischen Lebenskraft der Nation sind eine neue frischere Kunst, eine neue höhere Litteratur, eine tiefer schauende Wissenschaft entsprossen. Und wie Vieles ist noch im Werden, was auch nach Licht dürstet und das Licht sehen wird. Was für ein mächtiger Trieb der Einigung ist durch die ganze Nation verbreitet, und hat schon bedeutende Siege errungen über jenen anderen Trieb der

Auflösung, der das Reich zerspaltet! Zum deutlichen Zeichen, dass das Leben noch stärker ist, als der Tod, und neue Entwicklungen noch möglich sind. Es bürgt dafür das Gefühl der Kraft, der Trieb des Strebens und Ringens nach den edelsten Gütern in Stat und Kirche, in der Wissenschaft, der Kunst und der Geselligkeit. Der Wink der grossen Probleme, welche noch unenträthselt zur Lösung auffordern, der ruhige, aber sichere Fortschritt selbst seit fünfzig Jahren zeigt, dass der Weg noch über einen anderen höheren Gipfel führen wird, bevor diese grosse Nation niedersteigen wird zu den Vätern.

Nicht rasch ist ihr Schritt. Um in einer bedeutenden Richtung das Gepräge ihres Wesens abzudrücken, bedarf sie oft jahrhundertelanger Vorbereitung. Erschöpft scheint sie dann stille zu stehen oder zu versinken; aber es sammeln sich im Verborgenen die neuen Kräfte und harren schweigend des befruchtenden Sonnenstrahles, bis er endlich erscheint und wundervolle Gestalten in tausend neuen Formen ins Leben ruft.

Noch schreckt mich nicht der slavische Riese des Ostens, der hinter den Wolken der Zukunft gierig lauert. Denn wenn alle die Wolken, die noch zwischen ihm und uns aufgethürmt stehen, nach Jahrhunderten, vielleicht nach Jahrtausenden vorbeigezogen sein werden und die Sonne einer altersmüden Nation zu Grabe leuchtet, wird auch des Slaven Antlitz freundlicher blicken, und beim Ueberdenken des Grossen, was das verstorbene Volk dauernd geschaffen, wird auch in des Feindes Auge eine dankbare Thräne glänzen.

In diese Betrachtungen versunken, hatte ich nicht gewahrt, dass das Dampfboot den Hafen verlassen hatte und die offene See mit den sprühenden Rädern durchschnitt. Venedig war hinter uns versunken. Aber der klare Neumond blickte freundlich aus dem dunkelblauen Gewölke hervor und zitterte in tausend und aber tausend Spiegelbildern auf der leicht erregten Meeresfläche wieder. Die Bilder der Vergänglichkeit reihten sich an die der Unendlichkeit. Die düstere Wehmuth, welche mich beseelt hatte, löste sich auf in heilige Weihe, und noch lange sah ich still beseligt in das schimmernde Meer und hinauf zu dem Gestirn, dem Leuchter der ewigen Liebe.

II.

Mohammed und sein Reich.*)

Voltaire, indem er dem Könige Friedrich II. eine Abschrift seiner Tragödie Mahomet übersendete, schrieb dem Könige: „Ew. Majestät weiss, welcher Geist mich beseelte, als „ich dieses Werk verfasste. Die Liebe zum menschlichen „Geschlecht und der Abscheu vor dem Fanatismus, zwei „Tugenden, würdig jederzeit an Ihrem Throne zu weilen, haben „meine Feder geleitet. Ich habe immer gedacht, dass die „Tragödie nicht ein blosses Schauspiel sein darf, welches die „Herzen rühre, ohne sie zu bessern. — Darf man nicht den „Versuch wagen, in einer Tragödie die Art von Betrug anzu- „greifen, welche zugleich die Heuchelei der einen und die „Wuth der andern zur That antreibt?"

Im Dienste der Wahrheit, zur Veredlung der Menschen behauptete Voltaire seine Tragödie geschrieben zu haben. Und wie hat er sich dieser Aufgabe entledigt.

Der Mahomet, den er in die Scene setzt, ist ihm ein, obwohl ungewöhnlicher, dennoch gemeiner Betrüger, voll kühner Entwürfe, aber vor keinem Verbrechen zurück bebend, ein blutdürstiger und wollüstiger Tyrann, der die Schwäche und Nichtswürdigkeit der Menschen schlau durchblickt und seinen ehrgeizigen Werken dienstbar macht, innerlich nichts weniger als durch eine religiöse Idee erhoben; nicht einmal

*) Aus den psychologischen Studien 1844.

ein Fanatiker, aber andere durch kalte Berechnung ihrer Natur zum Fanatismus anstachelnd. Sein verhasster Gegner, Zopir nennt ihn Voltaire, das Haupt der Aristokratie von Mekka, welcher an dem alten Stat und der alten Religion festhält, durchschaut ihn. Und diesem gegenüber hat Mahomet keine Scheu, sein Inneres zu enthüllen. Mit den niedrigsten Mitteln hofft er denselben für sich zu gewinnen, wenn diese ohne Erfolg bleiben, den Feind durch Mord aus dem Wege zu räumen. Im Gespräche mit Zopir äussert er sich: „Hätte ich mit andern zu reden, als mit dir, ich würde nur den Gott sprechen lassen, der mich begeistert. Das Schwert und der Koran, in meinen blutigen Händen, würden den übrigen Sterblichen Stillschweigen gebieten. Aber wir sind allein.“ Dann entdeckt er ihm seinen Plan, die Herrschaft der Araber zu begründen, indem er sie erst sich unterjoche. Und da der Alte auf sein Schreckenssystem nicht eingehen will und ihm seine Verbrechen vorhält, sucht er ihn dadurch zu kirren, dass er ihn einlädt, er solle ihm helfen, „die Welt zu betrügen.“ Der Versuch, den Ehrgeiz des Häuptlings zu benutzen, schlägt fehl. Und nun führt Mahomet einen Plan aus, den nur ein Teufel ausdenken konnte.

Unter seinen Anhängern befanden sich zwei junge Pfleglinge, Seid und Palmyra. In ihrer Kindheit wurden sie aus dem Hause ihres Vaters geraubt und in Mahomets Schule erzogen. Sie verehrten in ihm ihren Wohlhäter, einen zweiten Vater: sie glaubten an ihn als an einen gottgesendeten Propheten. Sie liebten sich, und Mahomet schien ihre Liebe zu begünstigen. Er wusste, wer sie waren: sie selber wussten es nicht. Sie waren Geschwister, die Kinder des unbeugsamen Zopir. Auch dieser, von einem geheimen Triebe der Natur unwillkürlich geleitet, fasste Zuneigung zu den jugendlichen Individuen und erwarb sich ihre Hochachtung. Nur der Glaube an den Propheten stellte sich gespenstisch zwischen sie und den Vater, aus einander reissend, was die Natur vereinigen wollte.

Diesen Seid ersah sich Mahomet zum Werkzeug, welches den greisen Feind ermorden sollte. Ohne alle Begründung, durch den starren Willen des göttlichen Gebots, trieb er den Jüngling an, seinen Vater zu morden. Palmyra musste ihn in dem schwarzen Werke unterstützen. Die erwünschte Heirath, vor Mahomet eine Blutschande, wurde als Preis des Vatermordes in Aussicht gestellt. Aber unmittelbar vor dem Vollzuge dieser greuelhaften That liess er seinem Pflegling Gift reichen, damit dieser nach der That dem Vater in den Tod folge und er selber seine Sinneslust an der verlassenen schönen Schwester des unglücklichen Jünglings ersättigen könne.

Der Mord wurde vollbracht, aber zugleich dem sterbenden Zopir und seinen Kindern das fürchterliche Geheimniss entdeckt. Palmyra wies den Antrag Mahomets, der nicht einmal den Tod ihres Geliebten abwarten mochte, mit gerechtem Abscheu von sich, und Seid stimmte mit dem aufgeregten Volke, welchem er das Grässliche erzählt hatte, gegen Mahomet ein, sich und den Vater an diesem Scheusal zu rächen. In diesem Momente wirkte das Gift. Und Mahomet, der diese Wirkung berechnet hatte, schreckte das Volk zurück, sich auf das göttliche Strafgericht berufend, welches den Frevler vor seinen Augen todt niederwerfe. Nun erhob er sich triumphirend über dem Schutthaufen aller menschlichen Moral.

Das ist im Wesentlichen der Verlauf dieser berühmten Tragödie.

Es bedarf keines Nachweises, dass die ganze scheussliche Entwickelung derselben, dass das ganze Geflechte von unnatürlichen Verbrechen in keinem Punkte auf historischer Wahrheit beruht, dass alles das die Erfindung des Dichters st. Voltaire selbst hat es zugestanden, damit aber auch das

Urtheil über sich selber gesprochen. Denn wer die Tragödie nicht als ein Spiel betrachtet, die Herzen zu rühren, der darf mit historischen Charakteren nicht ein so heilloses Spiel treiben. Wer als Streiter für die Wahrheit den Betrug und die Lüge entlarven will, der darf nicht der historischen Wahrheit in solcher Weise ins Angesicht schlagen, nicht solchen Betrug und solche Lüge einschwärzen. Wer für die Veredelung des Menschengeschlechtes arbeitet, der darf nicht den Triumph des Verbrechens feiern, sich nicht an der Raffinirtheit des Lasters weiden.

Die Ausflucht, dass die Erfindung wenigstens dem Charakter Mohammeds gemäss sei, hilft hier nichts; das Leben dieses gewaltigen Mannes liegt vor uns in der Geschichte. War er wirklich eine solche Ausgeburt der Hölle, wie er in der Tragödie geschildert wird, so musste der Dichter in seinen wirklichen Thaten und Erlebnissen den Stoff finden, an dem er diesen Charakter klar machen konnte. Er durfte demselben nicht eine Reihe von Verbrechen andichten, von denen die Geschichte nichts weiss. Wäre Mohammed der Mann, wofür ihn Voltaire gehalten und ausgegeben, so wäre der historische Mohammed und die Geschichte des Islams das abscheulichste und unglaublichste Räthsel der Welt.

Durch das ganze Mittelalter hindurch stehen sich die beiden Religionen, Christenthum und Islam, in grossen Völkermassen wirkend gegenüber, beide mit Ansprüchen auf Weltherrschaft, die eine im Occident, die andere im Orient vorherrschend: und noch ist der grosse Weltkampf nicht völlig durchgekämpft. Die Grösse dieser welthistorischen Erscheinungen lässt zurückschliessen auf die Grösse der beiden Stifter dieser Religionen. Auch Mohammed muss eine grosse Persönlichkeit gewesen sein, um eine so weit greifende tausendjährige Nachwirkung auszuüben.

Wer eine Religion lediglich wie ein spekulatives System

der Schule in ihren objectiven Dogmen betrachtet und die äussere Wahrheit ihrer Lehren seiner Auffassung allein zu Grunde legt, dem wird das Wesen einer Religion nie klar werden. Er wird es nie begreifen, wesshalb denn das Leben einer ganzen langen Reihe von Schulphilosophen, die eine grosse Zahl geistreicher Wahrheiten ausgeprägt und in zahlreichen Schriften in Umlauf gesetzt haben, verhältnissmässig so spurlos vorübergegangen ist; nie begreifen, wesshalb von jeher alle Gläubigen, und gerade die Geistigsten unter diesen, am entschiedensten ihr persönliches Vertrauen und ihren Glauben auf die Persönlichkeit des Religionsstifters gründeten, und nicht auf gelehrte Theologen, welche doch die Lehre durch das seitherige Wissen noch vermehrt und erweitert zu haben schienen.

Wie das Christenthum nicht als ein blosses Lehrgebäude der Moral, nicht als eine blosse Kundmachung herrlicher Wahrheiten über göttliche Dinge aufgefasst werden darf, sondern als Religion immer und immer wieder auf die Persönlichkeit Christi zurück weist und in ihr ihren Ursprung und ihre Erfüllung, den nie versiegenden Quell des Lebens findet: so kann auch der Islam nur verstanden werden, wenn die Persönlichkeit Mohammeds recht begriffen wird.

Religion ist Gemüth, und ihr höchster vollendeter Ausdruck ist in der Gemüthskraft ihres Stifters zu suchen. Auch in Mohammed war eine unermessliche Gemüthskraft, welche aus seinem Dasein hervorquoll und die Völker erfasste.

Verglichen mit dem unerschöpflichen Reichthum der Bibel, erscheint die Lehre des Korans ziemlich dürftig. Vieles in diesem ist aus jener geborgt; und doch finden sich in dem Koran nur wenige leitende Ideen, wenige Grundgedanken. Aber diese wenigen sind so energisch, so unablässig wiederholt und den Gläubigen so eifrig anempfohlen, dass man deutlich spürt, sie erfüllten die ganze Seele des Propheten; sie sind sein tiefster Ernst; der Ausdruck seines eifrigsten Strebens, der Erguss seines innersten Wesens.

Viel später als Christus wurde Mohammed sich selber klar. Es dauerte lange Zeit und viele Prüfungen in der Einsamkeit, bevor der arabische Kaufmann seines höheren Berufes sich deutlich bewusst wurde, bevor er vor sich selber zu gestehen wagte, er habe eine welthistorische Mission zu erfüllen. Erst in seinem vierzigsten Jahre als gereifter Mann sprach er es öffentlich aus, er sei ein gottgesendeter Prophet, den Einen Gott zu verkündigen. Erst von da an sammelte er Anhänger. Die ersten Gläubigen fanden sich unter seinen nächsten Familienangehörigen. Seine ältere Frau, sein jüngerer Vetter Ali und ein Freigelassener waren die Ersten, die er gewann. Höchst mühsam, unter steten Anfechtungen und Verfolgungen, und nur sehr allmälig, nahm die Zahl seiner Verehrer zu. Er konnte ihnen für die nächste Zeit nichts bieten, als Entbehrung, Gefahr und Leiden. Aber er theilte in schöner poetischer Sprache seine religiösen Gedanken mit und stärkte sie durch die eröffnete Aussicht auf eine grössere Zukunft. Seit seinem ersten Auftreten bis zu seiner Flucht aus Mekka verstrichen eilf volle lange Jahre, während welcher er sich und seine Anhänger unter steter Bedrückung durchschleppen musste. Bis dahin hatte er nicht Einen grossen äusseren Erfolg, der die Masse bestimmte, erlangt. Und dennoch hielt er in sich und Anderen den Glauben an seine Sendung fest. Dieser Glaube verliess ihn auch da nicht, als während der Flucht Alles verloren schien.

Ein Mann, der Solches vermag, muss in sich selber eine überwiegende Kraft verspüren, die ihn hält, wenn Alles um ihn her und über ihm zusammen zu brechen droht. Es muss ein Vertrauen auf seine Natur und ihren Zusammenhang mit Gott in ihm sein, welches durch widriges Geschick nicht gelähmt wird.

Zwar hat es zu allen Zeiten einzelne Sektenhäupter gegeben, welche lange Zeit schwere Verfolgung ertragen und dennoch sich und einzelne Anhänger fortwährend zu halten gewusst haben. Aber der grosse Unterschied zwischen Solchen und Mohammed beruht darin, dass Jene sich in der Noth sei es an einer anerkannt herrlichen Idee erfrischten, sei es — und vorzüglich — an dem Bilde des von ihnen geglaubten Religionsstifters stärkten, während Mohammed für sich und Andere gezwungen war, auf seine eigene Natur zu vertrauen, und in sich selber und seiner unmittelbaren Beziehung zu Gott die Erhebung zu suchen, deren er bedurfte, um den Verhältnissen nicht zu erliegen.

Mohammed war so innerlich von seinem Prophetenberufe überzeugt und erfüllt, dass er fast in allen seinen Aeusserungen, wie sie uns im Koran als göttlicher Inspiration und in der Sunna als mündlicher Tradition überliefert sind, darauf fusst. Das ist der Angel, um den sich seine Seele bewegt. Von da aus wird er getrieben zu seinen Reden und zu seinen Handlungen. So durch und durch persönlich war sein Auftreten und seine Wirksamkeit.

„Gott allein ist Gott und Mohammed sein Prophet", das ist der kurze Inbegriff, der fruchtbare Keim des ganzen Islams.

Das Gefühl der Einheit und Allmacht Gottes durchströmt seine ganze Natur; und dieses Gefühl in die Welt wieder hinausströmen zu lassen, dazu vor allen Anderen aus glaubt er sich berufen. „Gottes ist der Aufgang und der Nieder-„gang. Wohin du dich wendest, so begegnest du seinem „Antlitz. Gott ist unermesslich und allwissend. Er spricht: „Sei! und es ist da." (Koran II, 109. 111.) „Der Donner „verherrlicht sein Lob, und die Engel preisen ihn von Ehr-„furcht ergriffen. Er allein ist würdig der Anbetung. Alles, „was in den Himmeln und auf Erden ist, beuge sich vor dem

„Ewigen, freiwillig oder gezwungen. Selbst die Schatten aller „Wesen neigen sich vor ihm Morgens und Abends.“ (Koran 13, 14—16.)

Jede Art von Vielgötterei, sogar jeder Schein von Vielgötterei war ihm daher ein Greuel, ein Verbrechen, das strafwürdigste von allen. „Welches ist das grösste Verbrechen? „fragte man den Propheten. Er antwortete: Gott seines Gleichen zu setzen aus den Geschöpfen. Und welches hernach? „Der Todtschlag deines Kindes, aus Furcht, dass es mit dir „essen möge.“ (Sunna, bei Hammer Fundgruben des Orients, Bd. 1. Nr. 623.)

Ein solcher Mann musste mit dem herrschenden Glauben seiner Vaterstadt in schneidenden Zwiespalt gerathen. In dem heiligen Tempel zu Mekka, der Kaaba, wurden eine Menge von Götzenbildern, in welchen sich allmälig der ursprünglich reinere Sterndienst verkörpert hatte, verehrt. Mohammed selber gehörte seiner Abstammung nach zu dem vornehmen Geschlecht der Koraischiten, welches in Mekka politisch herrschte und zugleich die Obhut der Kaaba und die Pflege der alten religiösen Gebräuche verwaltete. Seine ärgsten Feinde waren seine Geschlechtsgenossen, deren Vorurtheile und Interessen er verletzte. Lange musste er sich vor ihrem Hasse fürchten; endlich triumphirte er doch über sie. Dreihundert und sechzig Idole standen im Tempel von Mekka. „Am Tage der Eroberung stiess sie der Prophet mit seiner „Lanze herunter, indem er den Vers des Korans hersagte: „Die Wahrheit ist gekommen; der Irrthum ver- „schwunden.“ (Sunna Nr. 284.)

Aus demselben Grunde bekämpfte er mit aller Heftigkeit und Energie seines Charakters die Lehre von der Dreieinigkeit. Seine ganze Natur reagirt gegen den Gedanken, dass Gott seines Gleichen habe. Christus Gott gleich zu setzen, gilt ihm für Blasphemie. Er beruft sich gegen die Christen, die er bestreiten will, auf Christus selbst. „Die, welche sagen, „dass der Messias, der Sohn der Maria, Gott sei, sind „Ungläubige. Antworte ihnen: Wer vermöchte den Arm Got- „tes zu hemmen, wenn er den Messias und seine Mutter, und „alle Wesen der Erde vernichten wollte?" (Koran V, 20.) „Die sagen: Gott hat einen Sohn: fern sei von seinem Ruhme „solche Entheiligung. Er genügt sich selber; ihm gehört „Alles, was ist, in den Himmeln und auf der Erde." (Koran „X, 69.) „Eines Tages wird Gott die Propheten um sich „versammeln und sie fragen, was die Völker auf ihre Ermah- „nungen geantwortet haben. Dannzumal spricht er zu Jesus: „Hast du je die Menschen gelehrt: Haltet mich und meine „Mutter für Gott, oder hast du vielmehr den Einen Gott ge- „predigt? — Fern sei von deinem Ruhme solche Blasphemie. „Wie hätte ich ihnen die Unwahrheit sagen können? Und „hätte ich es gethan, wie solltest du es nicht wissen? Du „weisst, was in dem Grunde meiner Seele ist; ich weiss nicht, „was in der Tiefe der deinen ruht, denn du allein kennst das „Verborgene. Ich habe ihnen nur gesagt, was du mir aufge- „tragen hast, ihnen zu sagen: „Verehret Gott, meinen „Herrn und eueren Herrn." (Koran V, 108. 116. 117.)

Schon seit mehr als dreihundert Jahren hatten innerhalb der christlichen Kirche die heftigsten Spaltungen und Kämpfe über die wahre Natur Christi die Christen entzweit. Nicht bloss die Gelehrten und Bischöfe, auch die Herrscher und das Volk parteieten sich über diese Streitfragen. Es war für die christliche Kirche ein Bedürfniss, darüber klar zu werden; denn im letzten Grunde war die Persönlichkeit Christi, sein Verhältniss zu Gott und sein Verhältniss zu den Menschen doch die Cardinalfrage des christlichen Glaubens. Die katholische Ansicht, welche die göttliche Natur Christi mit Entschiedenheit hervorhob, ohne desshalb die menschliche Natur desselben zu verneinen, war aus diesen Kämpfen siegreich hervorgegangen. Damit war aber auch die Gefahr für den roheren Sinn der Menge, die Einheit Gottes zu verlieren, und dem einigen Gott einen zweiten ihm gleichen Gott an die Seite zu setzen, der Welt näher gerückt.

Gegen diese Auffassung stritt Mohammed auf das decidirteste. Seine Einsprache dagegen beruhte weit weniger auf einer Operation seines Verstandes, als vielmehr auf dem Flusse seines Gemüthes. So oft er darauf zu reden kommt, nnd er thut das sehr oft, so ergrimmt er innerlich im Zorne. Er will die Blasphemie nicht dulden, die seinem Gottgefühl widerspricht.

Den wahren Sinn und den religiösen Gehalt des Dogma's von der Trinität verstand er nicht. Seine Kenntniss von dem Christenthume ist überhaupt sehr beschränkt und gering. Das Meiste mochte er von seinem Vetter Varaca*) erfahren haben, welcher nach Abulfedas Zeugniss die Religionsbücher der Juden und der Christen gelesen hatte. Anderes mochte ihm auf seinen Reisen nach Syrien zur Kunde gekommen sein. Aber hätte er auch eine genauere Auseinandersetzung des christlichen Dogma's gehört, er hätte dasselbe doch nicht verstanden. Er hörte, dass die Christen Christus als Gott anbeten, dass sie seine Mutter als Mutter Gottes anbeten. Das erschien ihm von Neuem als Vielgötterei; und davor entsetzte sich sein Gemüth. Auf alles Weitere, auf alle Erörterung darüber liess er sich nicht ein. Das Eine war ihm aus seiner eigenen Natur unmittelbar gewiss: „Es gibt nur Einen Gott". Diese Einheit Gottes vertrat er, als dessen Prophet. Auch der blosse Schein, welcher diese Wahrheit zu verdunkeln oder in ein falsches Licht zu setzen schien. war ihm von Grund der Seele verhasst. Und darin — wenn

---

*) v. Hammer nennt ihn Werka und gibt nähere Berichte über denselben.

irgendwo — liegt eine grosse welthistorische Bedeutung des Islams.

Aus diesem Grunde kann Mohammed auch die Bilder nicht leiden. Er fürchtet, dass auch sie Veranlassung geben zu Götzendienerei, „zu Anbetung der Kreatur". „Die „Frauen Mohammeds unterhielten sich eines Tages von der „Pracht der äthiopischen Kirchen und der darin befindlichen „Gemälde. Der Prophet, der eine Zeitlang stillschweigend „zugehört hatte, erhob endlich sein Haupt und sprach: Wenn „dort ein frommer Mann stirbt, bauen sie über sein Grab „eine Kapelle und malen Bilder darein. Diese Maler sind die „schlimmsten Geschöpfe vor Gott." (Sunna, Nro. 174.)

Er liebt es, von den Propheten zu reden, welche vor ihm gekommen, denen er nachgefolgt sei, am liebsten von Moses, dem er sich am verwandtesten fühlt in seiner Natur, öfter auch von Christus. Aber man sieht, dass er das Wesen Christi durchaus nicht versteht, dass ihm der wahre Gehalt der christlichen Religion verborgen ist. Zugleich spürt man aber aus seinen Aeusserungen über Christus eine geheime Scheu, eine geheime Ehrfurcht vor der Grösse Christi. Es ist in ihm eine Ahnung, dass Christus doch ein Gottgesandter sei von anderer Art, als er selber; aber von welcher, das ist ihm nicht zur Klarheit gekommen. Man spürt das durch in seinem Scherz und in seinem Ernst. Im Scherze deutet er an, dass Christns — und Christus allein unter allen Menschen — ohne Sünde sei: „Jedes Kind", sprach er, „wenn es „geboren wird, kneipt der Teufel mit seinen Fingern in die „Seite. Jesus, der Sohn Maria's, machte eine Ausnahme, „denn bei ihm erwischte Satan nur die Windeln." (Sunna Nro. 378.) Er selbst war sich seiner eigenen Sünden recht wohl bewusst und hatte deren kein Hehl. „Der Prophet „pflegte beim Gebet zwischen dem Allah Ekber und dem An„fange der ersten Sura mit der Stimme einzuhalten. Sein

„Jünger, Ebu Harrire, beschwor ihn, ihm mitzutheilen, was er „in diesem Zwischenraume sage. Der Prophet antwortete, ich „sage: o Gott entferne mich von meinen Sünden, so weit du „den Orient vom Occident entfernt, o Herr, reinige mich von „meinen Sünden, wie du das weisse Kleid von allen Makeln „rein hältst, o Herr, wasche mich von meinen Sünden weiss „mit Wasser, Schnee und Eis." (Sunna Nro. 110.) Und eines seiner Gebete war: „Gott ich war ungerecht gegen meine „Seele, bei Niemanden fanden meine Verbrechen Verzeihung, „als bei dir, gib mir Verzeihung, erbarme dich meiner, denn „du bist der Allverzeihende, Allerbarmende." (Sunna Nro. 686).

Während er Christus auch die Kraft, Wunder zu thun, zuschreibt, spricht er sich doch selbst die Wundergabe ab. Mit Recht legt er indessen darauf keinen zu hohen Werth. Ihm ist die Kraft der Wunder eine göttliche Gabe, die Gott manchem Propheten verliehen, um den Menschen Schrecken und Ehrfurcht einzuflössen. Dessen ungeachtet sind alle früheren Propheten auch als Lügner und Betrüger von den Menschen behandelt worden. Diese Rücksicht tröstet ihn oft, wenn auch er als solcher bezeichnet wird. Es ist beachtenswerth, wie er sich gegen seine Verächter wehrt: „Was hindert denn die Menschen zu glauben, wenn die Lehre von „der rechten Bahn zu ihnen gekommen ist? Da haben sie „gesagt: Wie hätte Gott einen Menschen gesendet, dass er „sein Apostel sei. Antworte ihnen: Wenn die Engel auf der „Erde umhergingen und da lebten, so hätte ich ihnen einen „Engel zum Apostel gesendet. Antworte ihnen, Gott wird ein „genügender Zeuge sein zwischen euch und mir; denn er ist „unterrichtet von den Handlungen seiner Diener und sieht „dieselben." (Koran XVII, 96.) Und ein ander Mal: „Dieses Buch (der Koran) ist von keinem anderen gedichtet, als „von Gott. Sagen sie: Der Mohammed hat es erfunden; so „antworte ihnen: So erfindet doch nnr ein einziges ähnliches

„Kapitel, und ruft zu Eurer Hülfe alle, die ihr wollt, Gott „ausgenommen. Aber sie zeihen der Lüge, was sie unfähig „sind zu verstehen mit ihrem Wissen. Ebenso haben vor „ihnen diejenigen gehandelt, welche andere als du als Betrü-„ger behandelt haben. Betrachte das Ende der Gottlosen. „Wenn sie dich als Betrüger behandeln, so sage ihnen: Meine „Handlungen gehören mir und euch die eurigen. Ihr seid „unschuldig an dem was ich thue und ich an dem was „ihr thut. Es gibt unter euch Leute, die kommen zu hören „und sie verstehen nichts. Kannst du bewirken, dass die „Tauben dich vernehmen? Andere kommen dich zu betrach-„ten und sie sehen nichts. Kannst du den Blinden zuwinken?“ (Koran X, 36—44.)

Christus ist ihm zwar auch ein Prophet, aber zugleich der Messias, der Sohn der Maria, ohne menschlichen Vater, „das Wort Gottes, das er in die Maria senkte, ein Geist, „der von Gott kommt.“ (Koran IV, 169.) Er nimmt sogar eine Wiederkunft Christi an: „Ich schwöre bei dem, „in dessen Hand meine Seele ist, der Sohn Maria's wird euch „noch ein gerechtes Gesetz verkünden. Er wird das Kreuz „zerbrechen, die Schweine tödten, den Krieg stillen, die Güter „gemeinschaftlich machen, dass keiner den anderen tödte. Es „wird nur eine Art sein den Herrn anzubeten, und diese „wird besser sein als die Welt und was darinnen. (Sunna Nro. 413.) Und sehr bezeichnend äussert er sich bei einer anderen Gelegenheit über das Verhältniss seiner Religion zu der christlichen: in einem Bilde, — das um so weniger ein bloss zufälliges und willkürliches ist, als er auch anderswo den Wein, den er seinem Volke verbietet, für das edlere Getränk erklärt, als die Milch, und den Genuss des Weines den Gläubigen im Paradiese verspricht: „In der Nacht mei-„ner Himmelfahrt kam Moses zu mir, der einher ging wie „ein enthaltsamer Mann. Ich sah auch den Herrn Jesus, von

„mittlerer Statur und roth, als käme er aus dem Bade; ich „war mehr als er einem Sohne Abrahams ähnlich. Er „brachte mir zwei Geschirre, in deren einem Milch im an„deren Wein war. Trinke, sprach er, von welchem du willst; „ich nahm die Milch. Du hast wohl gewählet, sagte er, denn „hättest du den Wein genommen, so hättest du dein Volk „verführet." (Sunna Nro. 402.)

Ueberaus charakteristisch für das Verhältniss Mahommeds und seiner Religion zu Christus und zum Christenthum ist es, dass er von dem Versöhnungstode Christi nicht nur nichts weiss, sondern offenbar nichts wissen will. Im Koran heisst es: „Da reden sie: Wir haben den Messias getödtet, „Jesus, den Sohn der Maria, den Apostel Gottes. Mit nich„ten, sie haben ihn nicht getödtet, sie haben ihn nicht ge„kreuzigt; ein Anderer, ihm ähnlich, ist ihm unterschoben „worden, und die, welche sich darüber stritten, waren selber „im Zweifel. Sie haben ihn nicht wahrhaft getödtet. Gott „hat ihn zu sich genommen, und Gott ist mächtig und weise." (Koran IV, 156.)

Es ist bekannt, dass es christliche Sektirer gab, welche Aehnliches behaupteten; es ist gar nicht unmöglich, sogar wahrscheinlich, dass Mohammed von einem solchen die an sich abgeschmackte Sage vernommen, dass statt Christus ein Idol oder ein anderes Individuum gekreuzigt worden sei.

Dennoch lässt gerade diese Aeusserung des Korans einen tiefen Blick thun in die Natur des Propheten. Es ist sicher nicht Zufall, nicht blosse gedankenlose Nachrednerei dessen, was ein Anderer ihm vorgeschwatzt, welche Mohammed bestimmte, diese Darstellung in den Koran aufzunehmen. Dieselbe entspricht dem Gefühle seiner Natur allein.

Er war ein Mann voll inneren Dranges, eine gewaltige und gewaltsame Natur, ergriffen von der Grösse Gottes, dessen Walten er in sich spürte, geneigt, allen Widerstand zu brechen, Alles im Namen Gottes vor sich nieder zu werfen; wenn die Ermahnung, wenn die Ueberredung nicht ausreichte, so griff er rasch und entschlossen zum Schwerte. Des endlichen Sieges auch äusserlich bedurfte er; er war sich desselben in hohem Grade gewiss.

Einem solchen Manne musste die Kreuzigung Christi durchaus widerwärtig und unnatürlich vorkommen. Jedes Wunder, jede beliebige Form des Wunders, auch die Verwandlung des wirklichen Christus in ein anderes Individuum war ihm ganz glaublich: in diesem Punkte war er nichts weniger als ängstlich; da weiss er sich sehr leicht zu beschwichtigen, denn Gottes Allmacht, auf die er absolut und ohne alle Rücksicht auf speculative, oder logische, oder gar äussere mathematische und physische Gesetze baut und vertraut, sind alle Dinge möglich. Aber dass ein Prophet Gottes, „das Wort Gottes", in Wahrheit von den Menschen gekreuziget werde, dass er sich von den Menschen kreuzigen lasse, das will ihm nicht zu Kopfe. Das klingt ihm wie eine Entwürdigung Gottes und des Propheten, das ist ihm psychologisch unerklärlich. Das Wunder erscheint ihm natürlich, indem er sich Gott denkt; dieses schmach- und martervolle Ende seines Gesandten dagegen unnatürlich, eben indem er wieder an Gott denkt. Desshalb glaubt er nicht daran, und zieht der ihm unbegreiflichen Wahrheit ein uns unbegreifliches Mährchen vor.

Die höchste gemüthliche Kraft ist die Liebe. Ihre höchste, herrlichste That ist das Opfer. Eben in dem Momente, in welchem sie sich opfert, ist sie Zeugung. Die Religion Christi ist die Religion der Liebe. Und als Christus am Kreuze starb, vollbrachte er die höchste That der Liebe, das grösste Opfer. In diesem seinem Tode erkennt die christliche Kirche mit Recht die Versöhnung der Menschheit mit Gott. Ihr ist

Gott der Vater und Christus der Sohn; der Sohn Gottes und der Bruder des Menschen.

Diese Ideen sind Mohammed fremd; er fühlt sie nicht; er fasst sie nicht. Der Islam ist nicht eine Religion der Liebe, nicht eine Religion des Opfers, der Gott der Muselmänner ist nicht ein Vater der Menschen; er hat keinen Sohn.

Wohl aber war auch in Mohammed eine grosse mächtige Gemüthskraft, eine männliche, energische Gemüthskraft, voll Inbrunst und Gewalt.

Eben darum ist ihm der Charakter des Moses weit verständlicher als der Christi; obwohl er auch von jenem verschieden ist und eine neue andere Phase der Weltgeschichte bezeichnet.

Auch Moses verkündete voraus den Einen Gott, und verbot es ernst, ein Bildniss zu machen und diesem Verehrung zu erweisen. Aber der Gott, in dessen Namen er die Gesetze gab, erschien ihm wesentlich als der Gott seiner Väter, vorzugsweise als der Gott der Juden. Mohammed dagegen fasst Gott nicht als Nationalgott der Araber auf, sondern durchweg und beharrlich als den Gott des Weltalls und der Natur, von dem alle Dinge ausgehen, in den sie zurück kehren, als Gott auch der Menschen, seiner Geschöpfe.

Auch Moses war zugleich Prophet und Statsmann, Priester und Feldherr, wie Mohammed. Aber in der Zwischenzeit ist die Menschheit herangewachsen. Und Mohammed hat eine grössere Zuversicht auf die eigene Kraft in sich, als Moses, der sich oft scheu und ängstlich als ein Werkzeug fühlt in der Hand Gottes. Moses ist der Führer der Juden, aber nicht der Herrscher. Ihm ist Gott selbst der unmittelbare persönliche Herrscher seines bevorzugten Volkes. Mohammed dagegen ist Selbstherrscher, der

Fürst der Gläubigen, obwohl aus göttlichem Antrieb und mit göttlicher Ermächtigung.

In ähnlicher Weise sind auch die beiden Religionen, das Judenthum und der Islam wieder unter sich verschieden in ihrem Grundcharakter. Das Judenthum ist eine Religion des Gesetzes, streng und fest, wie das Volk ihrer bedurfte, welches bestimmt war, den Glauben an den Einen Gott für die späteren Zeiten zu erhalten und dem Christenthume als Unterlage zu dienen. Das Gesetz Mosis umfasst und normirt alle Verhältnisse des Lebens, und bedrohte jede Uebertretung des Gesetzes mit schweren peinlichen Strafen. Christus beseitigte das Gesetz dadurch, dass er es erfüllte. Er hob es nicht auf durch ein anderes neues Gesetz. Er macht das Gesetz selbst entbehrlich, indem er den göttlichen Geist und die reinste Liebe in unendlicher Fülle walten liess. Die äussern, starren Formen des Gesetzes wurden so aufgelöst, sie welkten allmälig ab, sie verschwanden unvermerkt.

Und Mohammed kehrte nicht wieder zurück zum Gesetz, wenigstens nicht im mosaischem Sinne, nicht in mosaischer Weise. Seine Religion ist nicht eine Religion des Gesetzes, aber auch nicht die Religion der Liebe. Sie ist — wie der Charakter ihres Stifters — inbrünstig und gewaltig; sie ist die Religion des Gebetes und der Zucht.

Mit besonderer Sorgfalt empfahl er den Gläubigen das Gebet zu dem Einen Gott: er richtete regelmässige Betübungen ein. Keine Religion ist in diesem Punkte strenger als der Islam. Mohammed selber betete sehr häufig, „oft siebenmal des Tages". (Sunna Nro. 85.) Auch des Nachts erhob er sich oft von seinem Lager, um zu beten. Einige seiner Gebete sind überaus schön, alle aber der Erguss eines gewaltigen Dranges aus dem Innern seiner männlichen Brust. Z. B. das folgende — in der Nacht: „Herr mein Gott, gib meinem „Herzen Luft, gib meinen Augen Licht, zu meiner Linken

„Licht, ober mir Licht, unter mir Licht, vor mir Licht, hinter „mir Licht, gib mir Licht wie der Bundeslade deines Volkes.“ (Sunna Nro. 666.) Und dieses: „Gott, Lob dir! du bist das „Licht der Himmeln und der Erde und dessen was darinnen, „Lob dir! du bist die Wahrheit, und deine Verheissungen „sind Wahrheit, das Paradies ist Wahrheit und die Hölle ist „Wahrheit und der jüngste Tag ist Wahrheit und die Pro- „pheten sind Wahrheit und Mohammed ist Wahrheit. Herr, „mein Gott, auf dich vertrau ich, dir ergeb ich mich, auf „dich glaub ich, auf dich bau ich, du entscheidest meinen „Streit und richtest mich. Verzeihe mir das Vorgehende und „das Folgende, das Verborgene und das Offenbare. Du bist „der Vorhergehende und der Nachfolgende. Es ist kein Gott „als du und keiner ausser dir. (Sunna Nro. 667.)

Es lässt sich nicht bestreiten, dafs die Regelmässigkeit und Häufigkeit der vorgeschriebenen Gebete die Gefahr eines äusserlichen gedankenlosen Lippendienstes in sich trug. Diese Schattenseite trat in der ersten Zeit der begeisterten Muselmänner weniger deutlich hervor, als später. Indessen hatte doch Mohammed selbst schon genug Veranlassung, davor und vor blosser Heuchelei zu warnen. „Seht ihr wohl auf die „Kibla vor euch hin“, sprach er einmal zu seinen Verehrern. „Dem Herrn ist nicht verborgen, wenn ihr euch demüthig „beuget; denn ich, ich sehe euch nicht hinter meinem Rücken.“ (Sunna Nro. 108.) „Der Prophet erzürnte sich sehr, als er „hörte, dass Einer zu lange vorgebetet habe, und sprach: „Wer von euch vorbetet, ihr Menschen, der nehme sich zu- „sammen; denn hinter ihm sind Schwache, Greise und Noth- „dürftige.“ (Sunna Nro. 103.) An Luthers Weise in seinen Tischreden erinnert folgende derbe Aeusserung: „Wenn das „Gebet ausgerufen wird, drehet Satan den Rücken und lässt „einen grossen Furz, damit er den Gebetausruf nicht höre; „wenn der Moslim schweigt, naht er sich wieder; wenn er

„nun wieder beginnt, wendet er abermal den Rücken und „kehret zurück, sobald er schweigt, und hört nicht auf, den „Menschen in Versuchung zu führen. (Sunna Nro. 109.)

Bei jeder Gelegenheit aber verwies er auf das göttliche Gericht, auf die Belohnungen, welche den Gläubigen und Tugendhaften verliehen werden; auf die Strafen, welche die Ungläubigen und Schlechten treffen werden. Beides wenn nicht in dieser, doch sicher in jener Welt. In dieser beständigen Hinweisung auf göttlichen Lohn und göttliche Strafe lag ein mächtiger Hebel seiner Religion, damit packte er die Seelen der Menschen, und suchte durch erregte Hoffnung und Furcht dieselben zu lenken und zu bessern. Das Gute um des Guten willen mit voller Hingebung der Seele zu lieben, das lag nicht in dem Charakter jener Zeit, vielleicht auch nicht in Mohammeds Wesen. Die zerrüttete Welt hörte nicht auf den Ruf der Liebe. So musste sie denn einen starken Zuchtmeister vernehmen, der ihr den Schrecken Gottes in das geängstete Gewissen jagte. In diesem Sinne ist der Islam durchaus eine Religion der Zucht.

Die Seligkeiten des Paradieses und die Qualen der Hölle erwarten in dem Gerichte Gottes die Einen und die Andern nach dem Tode. Die Bilder für Beide haben den Charakter des Landes, in dem Mohammed lebte, und des Volkes, zu dem er gehörte. Dem Bewohner von Mekka, welcher unter den sengenden Strahlen der südlichen Sonne auf einem felsigen und unfruchtbaren Boden lebte, und rings umher nur bitteres salziges Wasser fand, dem Beduinen der Wüste, war ein üppiger Garten mit frisch sprudelndem Wasser das reizendste Bild seiner Phantasie; ihm war die brennende Hitze ohne Schatten und die eisige Kälte ohne Decke das Unerträglichste, was er wusste. In dieser Weise schilderte Mohammed das Paradies für die Gläubigen und die Hölle für die Gottlosen. „Siehe das Bild des Paradieses,

„welches den Frommen versprochen ist: Ströme süssen Was-„sers, welches niemals verdirbt; Ströme von schmackhafter „Milch, die nie entartet; Ströme süssen Weines; Ströme rei-„nen Honigs; die Fülle der Früchte, und Verzeihung der „Sünden.“ (Koran 48, 16.) „Die Gott fürchten, werden eine „prächtige Wohnung haben: die Gärten Edens eröffnen vor „ihnen ihre Thore. Da werden sie sich lagern und jede Art „der Früchte und des Weines geniessen. Und sie werden „Weiber haben, bescheidenen Blickes und ihnen gleich an „Alter.“ (Koran XXXVIII, 49. ff.) „Die Schlechten aber „werden ins Feuer geworfen, nnd siedendes Wasser wird ihre „Eingeweide zerreissen.“ (Koran XLVII, 17.)

Das jüngste Gericht schildert er in folgender Weise: „Am Tage der Auferstehung wird die Erde sein wie eine „Handvoll Staub in der Hand Gottes und die Himmel gerollt „wie eine Balle Zeug in seiner Rechten. Lob sei ihm! Er „ist hocherhaben über alle die falschen Gottheiten, die man „ihm an die Seite gesetzt hat. Die Trompete wird erschallen „und alle Kreaturen der Himmel und der Erde werden vor „Schreck ersterben, ausser denen, welche Gott erhalten will; „die Trompete wird zum zweiten Mal ertönen; und dann er-„heben sich alle Wesen und harren des Gerichtes. Die Erde „wird leuchten in dem Lichte Gottes; das Buch wird aufge-„legt; die Propheten und die Zeugen werden berufen; das „Urtheil, welches die Einen und die Andern sondert, wird „ausgesprochen mit Gerechtigkeit: nicht Einem wird Unrecht „widerfahren. Jede Seele wird den Lohn empfangen nach „ihren Werken. Gott ist keine Handlung der Menschen ver-„borgen.“ (Koran XXXIX, 57. ff.) „Wer sich freuet, vor „dem Herrn zu erscheinen, dessen wird der Herr sich freuen, „und wer sich scheuen wird, vor ihm zu erscheinen, den wird „er scheuen.“ (Sunna Nr. 688.)

Diesen Glauben pflanzte er in die Seele der Muselmänner

und stärkte sie durch solche Aussicht gegen die Gefahren des Lebens, im Kampfe des Schwertes mit den Ungläubigen: „Verlieret niemals den Muth, lasset es euch nicht anfechten, „ihr werdet siegreich sein, wenn ihr gläubig seid. Wenn euch „Wunden treffen, was ist's denn? Haben nicht Andere genug „Wunden ertragen? Gott lässt Unglück und Glück wechseln „unter den Menschen, damit er die Gläubigen erkenne, die er „sich erwähle unter euch zu seinen Zeugen. Glaubt ihr, ihr „dürft eintreten in das Paradies, bevor Gott ersehen, welche „unter euch gekämpft und ausgehalten haben im Kampfe? Der „Mensch stirbt nur nach dem Willen Gottes; die Tage seines „Lebens sind eingetragen in seinem Buche. Ihr Gläubigen! „Gleichet nicht den Ungläubigen, welche von ihren Brüdern „sagen, wenn diese sich auf Reisen wagen oder zum Kriege „ziehen: „wären sie bei uns geblieben, so wären sie nicht ge„storben, nicht getödtet worden." Gott gibt das Leben und den „Tod, und er sieht eure Thaten! Ob ihr ruhig sterbet oder ge„tödtet werdet, Gott wird euch versammeln am jüngsten Tage. „Denen, welche an ihrem Heerde bleiben und sagen: „Hätten „unsere Brüder auf uns gehört, sie wären nicht getödtet wor„den", erwiedere: „So macht euch doch sicher vor dem Tode, „wenn ihr wahrhaftig seid." Die aber, die, wenn der Bericht „kommt, dass die Feinde sich sammeln und furchtbar seien, „im Glauben nur wachsen und erwiedern: „Gott genügt uns, „er ist ein herrlicher Beschirmer", diese kehren zurück über„häuft mit der Gnade Gottes. Die mit den Gaben geizen, „welche Gott ihnen verliehen, wähnen nicht darin ihr Heil zu „finden. Diese Güter werden ihnen vielmehr zu ihrem Ver„derben gereichen. Am Tage der Auferstehung werden die „Güter ihres Geizes ihnen an den Hals gehängt werden. Das „Erbe der Himmel und der Erde gehört Gott allein; er ist „unterrichtet von Allem, was ihr thut. Er hat die Stimme „derer vernommen, die geredet: Gott ist arm und wir sind

„reich. Wir werden Rechenschaft halten über ihre Worte „und über das Blut der Propheten, die mit Unrecht gemordet „worden sind, und wir werden ihnen sagen: ihr seid verfallen „der Strafe des Feuers, zum Lohn für die Werke eurer Hände, „denn Gott ist gerecht gegen seine Diener.“ (Koran III.)

Mohammed nahm in seinen Bildern vom Paradies gewiss absichtlich Rücksicht auf die sinnliche Anschauungsweise seines Volkes. Dennoch lässt es sich nicht läugnen, dass dadurch die Sinnlichkeit der Muselmänner eher noch verstärkt als gezügelt, weil in gewissem Sinne geheiligt wurde. Vergeblich war es, die sinnlichen Genüsse der Erde als nichtig und vergänglich darzustellen. Wurde das Volk angereizt, die höchsten sinnlichen Freuden als den Lohn der künftigen Welt zu begehren, so war es demselben eben dadurch auch nahe gelegt, schon auf dieser Erde in vollem Masse der Lust zu fröhnen, wo er ihrer habhaft werden konnte, und so gewissermassen den Himmel auf der Erde zu anticipiren. Er selber und auch grossen Theils seine bevorzugten Jünger, die ersten Kalifen, verschmähten die Ueppigkeit und den Glanz dieser Welt. Und sehr schön charakterisiert er diesen Gegensatz: „Hätte der Menschensohn zwei Thäler voll Goldes, so wünschte „er noch ein drittes; des Menschen Unersättlichkeit wird nur „mit Staub gefüllt. Es wendet sich der Herr zu dem, der „seine Seele ihm empfiehlt.“ (Sunna Nro. 681.) Aber die spätern stürzten sich nur zu oft in den Taumel des wildesten Sinnengenusses.

In einem Punkte war Mohammed selbst überaus sinnlich reizbar, im Verhältnisse zu den Weibern. Das ist die schwächste Seite des grossen Mannes. So nüchtern und enthaltsam er sonst war, in Kleidung und Wohnung, in Speise und Trank, so hatte er in seiner Natur einen unersättlichen, übermässigen Trieb zu äusserer Geschlechtslust. Die Sunna (Nro. 531) berichtet uns: „Der Prophet besuchte mehrmals

„alle seine Frauen in einer Nacht, und er hatte deren neun.“ Diesem Trieb vermochte er nicht zu widerstehen, derselbe war ihm zu heftig. Er kam dadurch in Zwiespalt mit seiner eigenen Lehre. Er wusste sich nicht anders zu helfen, als dass er sich auf seine aussergewöhnliche Natur berief und für diese ein Vorrecht forderte, das er den andern nicht gestattete. Den Weibern empfahl er Keuschheit, den Männern Mässigung; aber für sich nahm er erweiterte Grenzen in Anspruch. Der Koran selbst spricht sich darüber aus: „O Prophet, dir ist es gestattet, die Frauen zu heirathen, die „du ausgesteuert hast; die Gefangenen, die Gott in deine „Hände geliefert hat; die Töchter deiner Oheime und Tanten, „die mit dir geflüchtet sind, und jedes gläubige Weib, das „sein Herz dem Propheten zuwendet, wenn der Prophet sie „ehelichen will. Dir geben wir dieses Vorrecht vor den übri-„gen Gläubigen. Wir kennen die ehelichen Gesetze, die wir „für die Gläubigen erlassen haben. Besorge nicht, dich schul-„dig zu machen, wenn du dein Recht ausübst. Gott ist nach-„sichtig und voll Erbarmen. Du kannst nach deinem Willen „deine Umarmungen deinen Frauen gewähren oder versagen. „Dir ist es gestattet, in dein Bett auch die aufzunehmen, die „du vorher verworfen hast, damit du die Freude wieder weckest „in einem betrübten Herzen. Du wirst nicht schuldig der „Sünde, wenn du also verfährst; doch wäre es besser, wenn „sie alle befriedigt würden; wenn keine von ihnen sich zu „beklagen hätte; wenn jede empfinge, was sie ergötzt. Gott „weiss, was in euern Herzen ist; er ist weise und den Men-„schen hold. Aber es ist auch dir nicht gestattet, andere „Frauen zu geniessen ausser den deinen, oder sie auszuwech-„seln eine an die andere; selbst dann nicht, wenn ihre Schön-„heit dich reizte, ausgenommen die Sklavinnen, welche deine „Rechte erwerben kann. Gott sieht Alles. Ihr Gläubigen, „geht nicht in das Haus des Propheten ohne Erlaubniss.

„Und wenn ihr zu Tische geladen seid, so verlasst ihn nach „dem Essen und verlängert nicht eure Unterhaltungen. Ihr „würdet ihn beleidigen. Er würde erröthen, es euch zu sagen „(dass er in das Gemach der Frauen wolle); aber bei Gott, „er schämt sich nicht der Wahrheit.“ (Koran XXXII, 47 ff. Sunna Nro. 523.)

Eine andere Gefahr folgte jener Lehre von dem göttlichen Gerichte, wie der Schatten dem Leibe, die Gefahr äusserer Werkheiligkeit. Auch in dieser Beziehung thut man dem Propheten Unrecht, wenn man meint, er habe diese gewollt; er habe nur die Werke, und gar die bloss äussern Werke als den sichern Weg zur Seligkeit den Gläubigen empfohlen. Zu bestimmt erklärt er den Glauben an den Einen Gott als die erste Tugend des Muselmanns, welche doch ihrem Wesen nach eine innerliche ist; zu häufig und energisch predigt er den Gläubigen, dass Gott in das Verborgene schaue und in die Herzen sehe, als dass man ihm selber einen derartigen Irrthum zuschreiben darf.

Und wenn er auch Gott im Gerichte je nach den Werken belohnen und strafen lässt, und auf die Werke allerdings einen grossen Werth legt, so hebt er doch an andern Stellen auch die göttliche Gnade und die Unsicherheit, auf Werke zu bauen, hervor. „Niemand wird durch seine Handlungen „allein ins Paradies eingehen“, äusserte er einst. „Auch du „nicht?“ fragten die Jünger. „Auch ich nicht“, antwortete „Mohammed, „wenn mich der Herr nicht umfahet mit seiner „Huld und Barmherzigkeit.“

Aber immerhin war die Verdienstlichkeit des regelmässigen Gebetes und der Wallfahrt, die Verdienstlichkeit des Almosengebens und die Verdienstlichkeit der guten Werke überhaupt so stark hervorgehoben, dass diese Vorstellung einer äusserlichen Werkgerechtigkeit und Werkheiligkeit viele Anhaltspunkte fand und sich leicht Eingang verschaffen konnte.

Aehnlich verhält es sich mit dem Fatalismus, den man der Religion der Muselmänner so häufig vorgeworfen hat. Ich finde nicht, dass Mohammed selber ein Fatalist gewesen sei. Der Koran weiss nichts von dem Fatum, das kalt und grausam die Geschichte der Welt im voraus bestimmt hat, dem zu entrinnen eine Unmöglichkeit, mit dem zu kämpfen eine Thorheit ist. Mohammed sieht in allem Leben, in aller Geschichte immer nur das Walten des Einen, allmächtigen Gottes, ohne den „kein Blatt vom Baume fällt", der aber in die Herzen sieht und ein gerechter und barmherziger Gott ist. Er glaubt an eine göttliche Vorherbestimmung; aber diese ist ihm geheimnissvoll, undurchdringlich, unerfasslich; und es ist ihm keineswegs gleichgültig, wie der Mensch denkt und handelt. Er selber hatte zu viel unternommen in seinem Leben, zu viele Thaten auch der Politik und des Kampfes vollbracht, um nicht zu wissen, wie Vieles auf die Art ankomme wie der Mensch seine Kräfte gebraucht. Er hatte ein unbeschränktes Gottvertrauen; er besass, wie alle grossen Männer, den Glauben, dass Gott eingreife in die Geschicke der Welt und auch ihr persönliches Geschick lenke; aber darum verliess er sich nicht auf den äussern Gang der Ereignisse, ohne selbstthätig und mit persönlicher Freiheit auf dieselben einzuwirken. Ein Fatalist, ich wiederhole es, war Mohammed nicht; und am Ende ist seine Religion gerade so viel und so wenig an dem späteren Fatalismus der Muselmänner schuldig, als Luthers Reformlehre an dem späteren Rationalismus des achtzehnten Jahrhunderts.

Näher lag ihm der Fanatismus. Sein heftiges Gemüth, voll Drang und Gewalt, wurde empört über der Entheiligung dessen, was er mit Inbrunst verehrte. Die Entartung und Schlechtigkeit der Menschen, der Widerstand, den er fand, erfüllten ihn mit Wuth. Als er endlich die Macht erworben, da stützte er sich auf diese Macht, und brauchte sie, um seine Religion und sein Ansehen zu verbreiten. Der Gedanke, dass er berufen sei, die Völker für ihren Abfall von Gott zu züchtigen und zur Anbetung des Einen Gottes mit Gewalt der Waffen zu zwingen, dass seine Araber sich in diesem Kampfe verherrlichen werden, wurde immer stärker in ihm. Und so oft er auch Grossmuth den Besiegten erwiesen hat, während des Kampfes selbst war er schonungslos, ungestüm, blutig. Der Krieg, zu dem er die Gläubigen aufrief, den er auch nach seinem Tode fortzusetzen befahl, war ihm ein „heiliger Krieg". Die Völker, die sich weigerten, den Einen Gott anzubeten, und seinen Propheten anzuerkennen, durften und sollten auf Leben und Tod bekriegt werden. Die Vielgötterei sollte ausgerottet werden mit Feuer und Schwert, wo sie sich fand. Den Juden und Christen wurde die dreifache Wahl gestellt, entweder auch den Koran anzuerkennen, oder Tribut zu zahlen an das muselmännische Reich als das höhere, oder um ihr Dasein zu kämpfen. Die stürmische, gewaltsame Richtung in seinem Wesen wirkte furchtbar nach in seinen Nachfolgern und seinen Anhängern, und auf viele Jahrhunderte. Und je weniger dann die kleineren Individuen in sich selber wieder klares Bewusstsein und Mass fanden, und je weniger sie die Regungen der Grossmuth — so natürlich allen höheren Seelen — verspürten, je mehr sie dann nur diese eine wilde Seite des Charakters ihres Propheten ausprägten und von ihr wie die Kugel ans der Kanone unaufhaltsam fortgeschleudert wurden, desto schreckhafter und extremer stellte sich dann in ihnen der Fanatismus dar.

Wie die Religion, so ist auch das Reich Mohammeds völlig seinem Charakter gemäss.

Christus hatte jeder Zeit scharf unterschieden zwischen Stat und Kirche. Er, der gekommen war, die Kirche zu gründen, liess mit vollem Bewufstsein den Stat unangetastet zur Seite, so versunken und elend der Zustand desselben war, als Christus lebte. Mohammed dagegen ist gleichzeitig Kirchen- und Statsmann, und eben desshalb weder das eine noch das andere im höchsten Sinne des Wortes.

Nur an der Einheit Gottes hielt er fest; alles Uebrige, die ganze Welt mit ihren Gegensätzen und in ihrer Mannigfaltigkeit warf er unter- und durcheinander, ohne Scheidung, an Einen Haufen, über den sich nur Eine höchste Gewalt als Spitze erhob, der Statthalter Gottes auf Erden. Einen Gegensatz von Kirche und Stat, diese Zweiheit, an welcher die christlichen Völker immer festhielten und mit höchstem Recht, kannte er nicht. Es gibt daher auch strenge genommen keine Kirche des Islams und keinen Stat des Kalifen. Was aus dieser grossen Mischung von religiösem und politischem Dasein hervorging, war ein einheitliches Reich: aber nicht weder eine Kirche noch ein Stat. Mohammed selbst hatte die höchste weltliche und geistliche Gewalt in sich concentrirt. In gleicher Weise folgen ihm die Kalifen, zugleich Päpste und Kaiser. „Das Reich ist Gottes, er gibt es, wem er will; die Erde ist Got„tes, er gibt sie, wem er will.“ Das ist der einfache religiös-politische Satz, von dem der Islam ausgeht. Der Kalif leitet seine gemischte Macht unmittelbar von Gott, in welchem er auch keine Zweiheit erblickt. Von dem Kalifen aus geht sie dann über auf die untern Kreise. Auch er verleiht dieselbe wem er will. Von ihm leiteten die siegreichen Moslims ihr Eigenthum her: von ihm die tributpflichtigen Unterthanen ihren Besitz.

Die Nationalität der Völker wurde nicht geehrt. Der Unterschied, den Gott in die Individualität der Stämme und Völker gepflanzt, blieb unbeachtet. Das Kalifat machte den Anspruch, ein Weltreich zu werden, und alle Völker der Erde wie zur Verehrung des Einen Gottes zu zwingen, so auch unter die Herrschaft Eines Kalifen zu beugen. Ein Versuch, der nothwendig in solcher vermischenden Weise mifslingen musste, weil er der Natur der Völker widersprach. Aber ein Versuch, der eine Zeit lang die Welt in Schrecken versetzte; ein Versuch, welcher der Natur des Islams durchaus gemäss ist.

Der Grundcharakter dieses Reiches ist nicht die Theokratie im eigentlichen Sinne. Nicht Gott selbst herrscht unmittelbar wie vor Zeiten in dem Judenthum; sondern ein hochbegabter Mensch herrscht, aber im Namen Gottes. Der Mensch herrscht mit göttlicher Vollmacht; aber er herrscht wie der einige Gott, so auch als alleiniger Gebieter und Herr, in politischen und religiösen Dingen, in Recht und Moral.

Die Macht des Alleinherrschers ist grenzenlos. Auf den Wink des Kalifen werden die Feldherren gesetzt und entsetzt, die Statthalter bestellt und weggerufen. Die ruhmreichsten Helden, die vornehmsten Grossen werden, wenn sie sich vergangen, auf seinen Befehl mit Ruthen gepeitscht. Wen er will, den hebt er aus dem Staube empor und bekleidet ihn mit Gewalt. Durchgreifend, einheitlich, gewaltig ist sein Regiment.

Dennoch ist neben diesem monarchischen — die Armuth der Sprache nöthigt zu diesem Ausdrucke, der strenge genommen nicht passt, wo ein Stat in Wahrheit nicht da ist — neben diesem monarchischen Zuge ein mächtiger aristokratischer Zug in diesem Kalifenreiche. Noch heut zu Tage kennt der Araber die Abstammung seiner edeln Rosse. Die Ehrfurcht vor hohem Geschlechte und reinem Blute, die Macht des Stammbaumes wirkte schon in der Seele des Propheten und seiner Jünger. Mohammed selbst war stolz darauf, zu dem Geschlechte der Koreischiten zu gehören; er schonte derselben aus solcher Pietät, obwohl sie seine erbittertesten Feinde waren. Die ersten Kalifen wurden von den Fürsten des Volkes gewählt; die Abstammung von dem Geschlechte des Propheten erzeugte die heftigsten Kämpfe unter den Prätendenten auf den Stuhl des Kalifen. Aus den höheren Geschlechtern wurden die meisten Statthalter ernannt. In Rath und Gericht wirkten aristokratische Gefühle und Gesinnungen mächtig ein.

Das Interesse aber, welches die Wissenschaft vom State an diesem Reiche hat, ist doch wesentlich mehr ein vorübergehendes, als ein dauerndes; mehr ein negatives, als ein positives. Es ist dasselbe eher als Moment der Entwickelung wichtig und lehrreich, als gross und bedeutungsvoll für die zukünftige Gestaltung des States.

Das wird vor Allem aus klar aus der Geschichte dieses Reiches, dass der Stat und die Kirche nicht verwischt werden dürfen in Ein Reich, wenn beide gedeihen, wenn Religion und Politik zu höherer Vollendung reifen, wenn es den Völkern und den Individuen wohl werden, wenn Geist und Gemüth Befriedigung erhalten sollen. Denn dieses Reich war gegründet auf die höchste Wahrheit, auf die Einheit Gottes. Und es war der grösste welthistorische Versuch, die Weltherrschaft Gottes in einheitlicher Weise nachzubilden auf Erden. Der Versuch ist misslungen, und mit Recht; denn innerlich und bleibend verschieden nach göttlicher Ordnung sind das Reich der Kirche und das Reich des States. Sie vertragen nicht die Mischung.

Dürfen wir es wagen, zum Schlusse noch das ganze Wesen Mohammeds, aus dem seine Religion und sein Reich, der Islam und das Kalifat hervorgingen, mit Einem Worte psychologisch zu bezeichnen, so ist es dieses: Mohammed als Individuum war die Inkarnation des jüngeren Mannes in den ersten Jahren des dritten Jahrzehends, jener Zeit des Dranges und Sturmes, der gemütlich erregten Thatkraft, wo ein starkes Naturgefühl die Brust von innen erwärmt und belebt;

jener Zeit, welche die Blüthe des Ideals schon abgestreift hat, aber noch nicht durchgedrungen ist zur männlichen Geistesklarheit; jener Jahre, in denen der Mensch handeln will im Leben, aber noch Alles, was vor ihm liegt in seiner Sphäre, wie ein unentwirrtes Chaos vor sich sieht, in das er Licht zu bringen hofft, das Licht seiner Seele; das er zu bezwingen und zu beherrschen hofft mit der Herrschaft seiner Moral; jener Jahre, in denen er Ein Ziel verfolgt, entschlossen, mit allen Mitteln, ohne Scheu vor Gewalt, und ohne scharf zu unterscheiden zwischen Zuständen und Individuen ausser ihm; jener Jahre, in welchen auch der sinnliche Geschlechtstrieb in dem Jüngling heftig drängt; jener Jahre voll Inbrunst und Gewalt.

War Mohammed das, so liegt darin der Schlüssel für seine Stellung zur Weltgeschichte und für sein Verhältniss zu Gott.

III.

Die Gründung der Amerikanischen Union von 1787.

(1868.)

Es ist eine der anziehendsten und zugleich fruchtbarsten Aufgaben der Wissenschaft, die Bedingungen zu erforschen, unter denen sich ein neues Leben entwickelt, und die Ursachen zu entdecken, welche dasselbe hervorbringen. Aber die Natur hat ihre Schöpfungen in ein geheimnissvolles Dunkel verhüllt, so dass es den Arbeiten der Naturwissenschaft nur sehr schwer und nur unvollständig gelingt, einige Schleier wegzuheben, welche die Bildung neuer Geschöpfe verdecken. Leichter ist es, die mittelbaren Werke, welche der Mensch mit Bewusstsein und Freiheit schafft, zu ergründen, obwohl auch hier die innere Werkstätte des schöpferischen Gedankens und des künstlerischen Gebildes sogar dem schaffenden Denker und Künstler selbst noch manche unenthüllte Geheimnisse birgt.

Unter allen Werken, welche der Mensch schafft, das grösste und herrlichste ist der Stat. Auch der Stat ist ein lebendiges Wesen, mit einem ihm eigenen Geiste begabt, mit einem besonderen Körper ausgestattet. Der Volksgeist ist der Geist, der im State lebt, die Verfassung mit ihrem gegliederten Organismus ist der Körper, der jenem Geiste zur Aeusserung dient. Einen Stat gründen, das bedeutet, ein einheitliches Gesammtleben, eine mächtige Person schaffen, deren auf Jahrhunderte hin fortwirkendes Leben das Leben aller derer weit überdauert, welche bei seiner Gründung zusammen gewirkt haben, deren Schicksal das Wohl und Wehe einer ganzen Reihe von Menschengeschlechtern bestimmt. Die Gründung eines neuen States näher zu betrachten, befriedigt daher zugleich ein wissenschaftliches und ein allgemein menschliches Interesse.

Meistens geht die Bildung neuer Staten im Gewittersturm der entfesselten Volksgewalten vor sich. Der Krieg hat sich in der bisherigen Statengeschichte als den fruchtbarsten Statenbildner gezeigt. Wenn aber der Sieg in der Schlacht entscheidet und der übermächtige Sieger das Gesetz verkündet, dem sich die Besiegten unterwerfen, dann wird es schwer, oft unmöglich auszuscheiden, was in solcher Statenbildung Willkür und was Rechtsentwickelung ist.

Nur in seltenen Ausnahmefällen geht die Statengründung in reinlicher Rechtsform vor sich und erscheint dann als ein freies Werk des Volkes, das sich in dem State eine neue Gestalt erschafft. Zu diesen seltenen Fällen gehört die Bildung der Amerikanischen Union, die eben deshalb von den Mitlebenden und Mitwirkenden selber wie ein wunderbares Ereigniss der Weltgeschichte betrachtet wurde. Die Befreiung der nordamerikanischen Kolonien von der englischen Herrschaft war noch ein kriegerisches Werk der Gewalt. Aber die Gründung der Unionsverfassung war ein friedliches Werk reinlicher Rechtsbildung.

Während Jahrhunderten war in der Statswissenschaft die Lehre in fast unbestrittener Herrschaft, dass der Stat, wenn nicht die Gewalt, sondern das Recht seine Entstehung leite, ein Werk des freien Vertrages aller derer sei, welche zuerst zum State zusammentreten. Man dachte sich den Stat wie eine Aktiengesellschaft oder wie eine Genossenschaft von Einzelnen, deren jeder einen Theil seiner Kraft und seiner Freiheit an den Verband Aller abgebe, damit er desto sicherer seiner zurückbehaltenen Güter geniesse. Heute ist diese Theorie ziemlich allgemein aufgegeben, nachdem ihre Irrtümer aufgedeckt worden sind. Wir wissen nun, dass Stat und Gesellschaft zwei wesentlich verschiedene Begriffe sind, und dass die einheitliche Persönlichkeit des States sich nicht aus dem Zusammentritt von Einzelnpersonen erklären lässt. Die individuelle Willkür des Einzelnen erklärt wohl dessen Auswanderung aus einem Stat und wirkt auch entscheidend mit bei der Einwanderung in einen andern Stat. Aber damit ein Stat entstehe, in dem der Eine Gesammtwille das Gesetz gibt, und im einheitlichen Volksleben auf die Dauer wirksam wird, genügt die Voraussetzung einer zahlreichen Menge von Einzelwillen nicht, welche naturgemäss einander widersprechen und in unaufhörlichem Wechsel begriffen sind. Dazu ist die Anlage und Entwickelung einer die Einzelnen verbindenden Volksmacht und eines den blossen Einzelwillen beherrschenden Volkswillens unentbehrlich. Die Entstehungs-Geschichte der amerikanischen Union macht diese Wahrheit besonders anschaulich.

Die nothwendigen Vorbedingungen einer neuen freiwilligen Statenbildung sind:

eine bildungsfähige Nation,

ein ihr zugehöriges Land,

ein aufgeregtes Bedürfniss und Verlangen der Nation in dem Lande, zum State zu werden.

Es sind das gleichsam die weiblichen, die mütterlichen Elemente und Träger der Statenbildung.

Die erste Bedingung, eine zum State befähigte Nation war in Amerika in reicher Anlage vorhanden. Der angelsächsische Stamm, der in den amerikanischen Kolonien voraus mächtig und entscheidend wirkte, hatte seine hohe Befähigung zur Selbstregierung und Selbstverwaltung nicht blos in England, er hatte sie nicht minder in der neuen Welt unzweideutig erprobt. Er hatte da schon unter englischer Oberherrschaft eine neue Statsform, die repräsentative Demokratie hervorgebracht, in der die Bevölkerung der Kolonien ihre gemeinsamen Interessen selbständig ordnete und verwaltete.

Man unterschied damals noch drei Gruppen der Kolonien:

1) Die unter dem gemeinsamen Namen Neu-England bekannte nordöstliche Gruppe, in der Massachusetts als die bedeutendste und freieste Kolonie sich hervorgethan hatte. Die neu-englischen Kolonien waren ursprünglich von puritanisch gesinnten „Pilgern" bevölkert worden, welche dem Drucke der aristokratischen Hoch- und Statskirche sich entzogen und es unternommen hatten, in der fremden Wildniss jenseits des Oceans eine neue Heimat und eine Freistätte für ihren strengen und nüchternen Gottesdienst zu erwerben. Der Kern der Bevölkerung bestand aus religiös ernsten aber engen, bürgerlich schlichten und freien Männern, welche die Arbeit hochschätzten. Der Anstoss zum Widerstand gegen die englischen Steuergesetze und zu der Lossagung der Kolonien war vorzüglich von Neu-England ausgegangen und die neuenglischen Kolonien waren auch vorzugsweise den Gefahren und Leiden der Freiheitskämpfe ausgesetzt worden.

2) Die südliche Gruppe hatte schroffere Gegensätze in sich. Es hatten sich da von Anfang kühne Spekulanten niedergelassen und es waren grosse Pflanzungen entstanden, deren Herren die Sklavenarbeit der eingeführten Neger benutzten. Das Freiheitsgefühl im Süden hatte gelegentlich eine herrische Färbung bekommen und neben den edlen Sitten aristokratischer Gentlemen machte sich oft die rohe und rücksichtslose Selbstsucht breit. Unter diesen Südkolonien ragte besonders das grosse, fruchtbare und an Statsmännern reiche Virginien hervor. In seinem Namen bewahrte es das An-

denken an die jungfräuliche Königin Englands, Elisabeth. Anfangs hatte man den ganzen Süden der englisch-amerikanischen Besitzungen so benannt.

3) In der dritten, mittleren Gruppe, waren ursprünglich die fremden Elemente bedeutender. Die Stadt New-York selber war früher eine Stiftung der Niederländer und hatte zuerst unter dem Namen Neu-Amsterdam eine holländische Verfassung erhalten. In dem weit ausgedehnten Pennsylvanien aber, der Stiftung des Landherrn William Penn hatten sich religiöse Sektirer aus mancherlei Ländern zusammen gefunden, auch frühzeitig Schweden und Deutsche.

Trotz den Verschiedenheiten der Rasse und der Geschichte hatte sich mit der Zeit in allen Kolonien dieselbe amerikanische Verfassung ausgebildet. Schon vor ihrer Trennung von dem englischen Musterstate besassen die Kolonien eine ausgedehnte Autonomie. Zwar galten auch in Amerika das englische gemeine Recht (common law) und die Gesetze des englischen Parlaments. Aber die Freibriefe der Kolonien gewährten ihnen ausdrücklich das Recht, je nach dem Landesbedürfniss die Reichsgesetze durch besondere Statuten zu ergänzen und nöthigenfalls ihre Anwendung zu beschränken oder zu modificiren. Wo die Freibriefe ausser Kraft gesetzt worden waren, oder darüber schwiegen, nöthigte dennoch die eigenartige Natur der amerikanischen Verhältnisse im Gegensatze zu den europäischen Zuständen zu vielfältigen Abweichungen von den europäischen Einrichtungen und Vorschriften. Es gab in Amerika weder ein ausgebildetes Beamtensystem nach europäischer Art, noch ein stehendes Heer. Die Freimänner selbst besorgten die gemeinsamen Angelegenheiten, und die Miliz des Landes sicherte den Frieden.

An der Spitze der einzelnen Kolonien stand regelmässig ein Statthalter (governor). Die einen waren von der Königlichen Regierung frei ernannt, die andern von den „Landherren“ (proprietary government) präsentirt. Die Freibriefstaten (Charter governments) wurden von einem Governor regiert, den die Repräsentation der Freimänner selber wählte. Die letztere republikanische Bestellungsform wurde zur allgemeinen Regel, seitdem sich die Kolonien 1776 zu unabhängigen Staten erhoben hatten.

Zur Mitwirkung bei der Regierung und Verwaltung der Kolonie war ein Rath berufen, dessen Mitglieder in den Königlichen Provinzen meistens von der Königlichen Regierung, aber durchweg aus den Freimännern der Kolonie bezeichnet, in den Freibriefskolonien ebenfalls von der Volksvertretung erwählt waren. Auch da wurde nach der Befreiung des Landes die letztere Einrichtung allgemein. Dieser Rath erhielt auch einen Antheil an der Kolonialgesetzgebung. Es bildete sich daraus, zuweilen unter dem Namen des Senats ein besonderes Haus der Gesetzgebung.

Ueberall entstand ein von den Freimännern gewähltes Repräsentantenhaus, ohne dessen Zustimmung keine Landessteuer erhoben werden durfte, das bei der Landesgesetzgebung mit entscheidender Stimme mitwirkte und das nach englisch-parlamentarischer Weise nicht allein eine Kontrole gegenüber der Statsverwaltung übte, sondern bei derselben selber in manchen Fällen mitwirkte.

Das Zweikammerystem war in den meisten Staten, nach dem Vorbilde des englischen Parlaments, eingeführt worden. Auch wo ursprünglich nur Eine Versammlung der Freimänner bestanden hatte, hielt man es später für zweckmässig, sie in zwei Häuser zu zertheilen, damit eine mehrseitige Prüfung gesichert und die Gefahr einer leidenschaftlichen oder launenhaften Herrschaft Eines Hauses vermieden werde.

Auch die Rechtspflege wurde allenthalben unter Mitwirkung der Geschworenen aus dem Volke von den öffentlichen — meist ständigen — Richtern ausgeübt.

Man kann nicht zweifeln. Die Amerikaner hatten ihre Fähigkeit zu politischer Selbsthülfe glänzend bewährt. Sie hatten ihre Unabhängigkeit von dem mächtigen englischen State in mehrjährigem Kriege erstritten und in ihren XIII Staten wussten sie sich ohne fremde Hülfe nach eigenem Ermessen wohl einzurichten.

Zwar hatte sich bisher diese Fähigkeit zur Selbstregierung nur in den einzelnen Kolonien bewährt. Aber man durfte erwarten, dass dieselbe Nation, die sich in den verschiedenen Ländern zu organisiren verstand, nicht minder fähig sei für das gemeinsame Gesammtvaterland selbsthätig zu sorgen.

In der That hatten sich während der Kämpfe mit dem englischen König und Parlament die Amerikaner als Eine zusammengehörige, durch gemeinsame Bedürfnisse und Interessen, durch gemeinsame Denkart und Gesinnung verbundene Nation fühlen gelernt*). Der alten Erinnerung, englische Bürger zu sein, trat allmählich der neue Gedanke des amerikanischen Vaterlandes entgegen und verwischte jene. Zwischen England und Amerika breitete sich der weite Ocean trennend aus, damals noch ganz im Dienste der englischen Marine. Der weite amerikanische Kontinent bot andere Grundbedingungen dar für die amerikanische Wirthschaft, und eröffnete andere Aussichten der fortschreitenden Ausrodung der Wälder und Urbarmachung der Aecker, als die engbegrenzte, vollständig zu Eigenthum vertheilte und bereits hochkultivirte englische Mutterinsel. Der Gegensatz der Interessen war nicht geringer als der Unterschied der tellurischen Lage und der

*) Der Gedanke einer „Union" der amerikanischen Provinzen mit Einer Regierung tritt schon in dem Albany Plane von 1754 deutlich hervor und Georg Washington spricht oft von dem „Einen Volke" von Amerika. Lieber Contributions to political science Philadelphia 1881. Bd. II. S. 43. 115.

Landesbeschaffenheit. Ein neues politisches Leben, ebenso entschieden republikanisch und repräsentativ-demokratisch, als das englische einen monarchischen und repräsentativ-aristokratischen Charakter zeigte, hatte seine Wurzeln in den neuen Welttheil gesenkt und wuchs da fröhlich auf. Amerika gehörte den Amerikanern. Damit aber war auch die zweite Vorbedingung einer neuen Statenbildung, ein besonderes Land für die eigenartige Nation erfüllt.

So lange aber die Nation auch ohne eine neue Stats-Ordnung zufrieden und ruhig bleibt, ist die Schöpfung des States nicht möglich. Die trägen und starren Elemente müssen erst erhitzt werden und in Fluss gerathen, damit sie eine neue Gestalt annehmen können. Die Empfänglichkeit der Nation muss vorerst aufgeregt, ihr Verlangen geweckt werden, damit sie sich der Umformung hingebe. Die Amerikaner waren keineswegs sofort geneigt, eine statliche Union zu gründen. Im Gegentheil, sie verhielten sich Jahre lang kühl und abwehrend gegen alle Einigungsversuche. Es bedurfte vieler und peinlicher Erfahrungen, um sie umzustimmen und für die Einheit empfänglich zu machen.

Vor der Revolution beruhte die statsrechtliche und politische Einheit auch der gesammten amerikanischen Kolonien auf den Institutionen des englischen Königthums, des englischen Parlaments, der englischen Minister. Die ganze auswärtige Politik in Frieden und Krieg wurde auch für Amerika, wie für die europäischen und asiatischen Länder, welche der englischen Krone unterthänig waren, von dem Einen Centrum in London aus geleitet. Die Diplomatie war englisch, wie das Heer und die Marine; die Handelsverträge wurden von der englischen Regierung abgeschlossen, der Welthandel war vorzugsweise englisch.

In Folge der Lossagung der Kolonien hatte sich das alles gründlich verändert. Indem das Band zerrissen wurde, welches Amerika mit England geeinigt hatte, waren auch die bisherigen Garantieen der politischen Einheit zerstört. Anfangs freilich wurde diese Lücke leicht ertragen. Die Kolonien hatten sich ja eben gegen diese Einheit empört. Sie wollten nicht länger von dem englischen Parlamente besteuert, nicht mehr von London aus regiert werden. Ihr ganzes Streben in den Befreiungskriegen war darauf gerichtet, die Tyrannei der statlichen Oberherrlichkeit abzuwerfen und die Unabhängigkeit ihrer einzelnen Staten zu erkämpfen.

Die erste amerikanische Bundesverfassung von 1778, noch während des Krieges vereinbart, entsprach ganz dieser Stimmung. Sie hatte einen Statenbund gegründet, ähnlich der schweizerischen Eidgenossenschaft vor 1798 und wieder seit 1815 und ähnlich dem Deutschen Bunde von 1815. Es gab da keine gemeinsame Gesetzgebung, keine nationale Regierung. Die XIII souveränen Republiken traten, nur durch ihre Gesandten repräsentirt, in einem Congress zusammen, wie die Boten der Schweizer-Kantone auf der Tagsatzung und die Gesandten der deutschen Fürsten und freien Städte in dem Frankfurter Bundestage. Die politische Macht und Freiheit war fast ausschliesslich in den Einzelssaten; ihrem Verbande fehlte es an Kraft und an Geist, denn es fehlte ihm die Einheit.

Allmählich aber machte sich dieser Grundfehler der Verfassung spürbar; und die Amerikaner fingen an, die Ohnmacht des Ganzen als ein nationales Leiden aller einzelnen Glieder zu empfinden. Zahlreiche Uebel verbreiteten sich, ohne eine Heilung zu finden. Der ganze Zustand des Bundes geriet in Verwirrung und die gemeinsamen Interessen waren schutzlos. Erinnern wir uns an einzelne Erscheinungen, in denen das nationale Leiden offenbar wurde:

Der Bund war nach der Verfassung berechtigt, Anleihen zu kontrahiren im Namen der Vereinigten Staten. Aber er besass die Macht nicht, die Zahlung dieser Statsschulden zu erzwingen. Am 1. Januar 1783 betrug die gesammte Schuld der Vereinigten Staten 42 Millionen Dollars. Wir haben es erlebt, dass nach dem Abschlusse des amerikanischen Bürgerkrieges von 1861—1865, die amerikanische Statsschuld auf nahezu 3000 Millionen Dollars angeschwollen war und trotzdem keinen Augenblick die Verzinsung der ungeheuren Summe in's Stocken geriet. Aber nach Beendigung des amerikanischen Befreiungskrieges 1776—1783 schien die geringfügige Summe von 42 Millionen eine erdrückende Last und es ganz unmöglich, auch nur die Zinsen dafür aufzubringen. Der Kongress hatte im Jahre 1781 von den Einzelstaten Beiträge eingefordert im Gesammtbetrage von 8 Millionen, und es war Anfang 1783 noch nicht einmal eine halbe Million eingebracht; damit waren aber die Zinsen der Statsschuld nicht zu bestreiten. In der Summe der Vereinigten Statenschuld waren 8 Millionen Dollars, welche während des Krieges zur Unterstützung der Amerikaner von Frankreich und Holland vorgeschossen worden; das also war eine nationale Ehrenschuld an fremde Mächte, die nicht zu zahlen, nicht allein unrechtlich, sondern geradezu schimpflich war. Eine solche Insolvenz der Vereinigten Staten musste natürlich den Kredit der jungen Republik gänzlich zerstören. Wenn solche Verpflichtungen derselben nicht erfüllt wurden, wie konnte denn irgend ein anderer Gläubiger Berücksichtigung erwarten? Da zeigte sich für Jedermann der gefährliche Mangel einer Statsgewalt, welche berechtigt war, Steuern auszuschreiben und nöthigenfalls mit Zwangsmitteln einzutreiben. Die nationale Begeisterung ist wohl eine gewaltige Kraft. In Zeiten der Erregtheit und der Gefahr sind die Bürger bereit, ihr Vermögen und ihr Leben für ihr Vaterland einzusetzen und die freiwilligen Opfer Vieler erhöhen die Macht des States. Aber wenn die normalen Zustände des Friedens wiederkehren, dann erkaltet jene Begeisterung und Jeder sucht sich den Lasten zu entziehen, die mit keiner gesetzlichen Nöthigung ausgerüstet sind. Auf die Begeisterung und die freiwilligen Beiträge lässt sich keine Finanzwirthschaft des States begründen. Der amtliche Steuereintreiber, der keineswegs die Sympathien der Steuerpflichtigen zu gewinnen sucht, aber sie zur Zahlung anhält, ist für die regelmässigen Statseinkünfte viel nützlicher als die Kohlen der patriotischen Opferwilligkeit, welche nur in seltenen Fällen in Glut zu versetzen sind. Solche Steuerbeamte aber hatte der Kongress nicht zu seiner Verfügung. Er konnte Matrikular-Beiträge der Einzelstaten begehren, aber er hatte keine Macht sie einzutreiben gegen die säumigen Schuldner. Alle Macht war bei diesen selber; was sie freiwillig bezahlten, das erhielt der gemeine Schatz, mehr nicht; und das war viel zu wenig, um die Bedürfnisse des Staten-Vereins zu befriedigen.

Der englische Stat hatte vordem für die Grenzfestungen gesorgt, und wenigstens an den gefährdeten Stellen, zum Schutze des Landes und der Einwohner stehende Truppen unterhalten. Jene Sorge und diese Unterhaltungspflicht waren nun naturgemäss auf den Bund der Vereinigten Staten übergegangen. Aber wie sollte der Bund Festungen herstellen und unterhalten, wenn er keine gesicherten Einkünfte hatte? Wie die Besatzung dieser Plätze besolden ohne Geld? Ja manche Republikaner machten der Bundesgewalt das Recht streitig, irgend welche stehende Truppe anzuwerben und in öffentlichem Dienste zu halten. Dennoch gehörten die Festungen nicht den Einzelstaten, sondern dem ganzen Statenverein, und waren Schutzmassregeln, vorzüglich gegen die räuberischen Indianer unerlässlich. Die Verlegenheit des Bundes, diesen Bedürfnissen gegenüber, war gross; man wusste nicht, wie dieselben zu befriedigen seien.

Die einzige nationale Autorität war der Kongress

der Vereinigten Staten. Nach der Verfassung sollte alljährlich eine Allgemeine Versammlung (General-Assembly) aller Staten zusammentreten. Jeder Stat, ohne Unterschied seiner Ausdehnung und Volkszahl, hatte Eine Stimme zu führen, und konnte seine Gesandte („Delegirte“) beliebig wechseln. Jeder Stat konnte sich aber nach seiner Willkür durch zwei bis sieben Delegirte vertreten lassen. In Wirklichkeit aber waren selten über zwanzig Mitglieder beisammen. Als im November 1783 der überaus wichtige Kongress zusammentrat, um den Frieden mit England zu genehmigen und den Oberfeldherrn der Befreiungskriege, den General Washington, seines kriegerischen Amtes zu entlassen, waren anfangs nur 7 Staten von 13, mit nur 15 Gesandten erschienen. Die Nation erhielt also nur ein lückenhaftes Bild ihrer Gemeinschaft, und besass nur ein sehr unvollständiges Organ ihres Gesammtwillens.

Wie diskreditirt und ohnmächtig die oberste Repräsentation des Bundes war, das hatte im Sommer desselben Jahres ein höchst ärgerlicher Vorfall gezeigt. Offiziere und Soldaten des Befreiungsheeres waren in der letzten Zeit mit dem Kongresse sehr unzufrieden, indem derselbe ausser Stande und nicht Willens war, die früheren Versprechen nun im Frieden zu erfüllen. Lediglich dem versöhnlichen und ermässigenden Einfluss Washington's, zu welchem sowohl die Armee als der Kongress grosses und gerechtes Vertrauen hatten, war es endlich gelungen, ein leidliches Abkommen mit den Offizieren zu erzielen. Die Soldaten aber hatten noch manche Verlangen, auf welche sie nicht zu verzichten gedachten, und bereiteten sich vor, ihren Ansprüchen persönlichen Nachdruck zu geben. Sie zogen nach Philadelphia, wo damals der Kongress versammelt war, und marschirten in geschlossenen Reihen vor dem Versammlungs-Gebäude auf. (Juni 1783). Offenbar war das nicht mehr eine achtungsvolle Vorstellung und Bitte an die Obrigkeit, sondern Drohung mit Gewalt.

Vergebens wendeten sich die Kongress-Mitglieder an den Governor von Pennsylvanien um Hülfe in der Noth und baten ihn, die Landesmiliz zum Schutze der Bundesbehörde aufzubieten. Der Governor erwiederte, nach dem Landesrechte könne er die Miliz erst dann unter die Waffen rufen, wenn bereits eine Verletzung des Friedens begonnen und ein strafbares Vergehen unternommen worden sei. Nur dann würde dieselbe zum Schutze des Gesetzes wirksam einschreiten. Das Bedenken war wohl im Sinne der formalen englisch-amerikanischen Rechtsgrundsätze gerechtfertigt. Aber mit solchen Maximen liess sich die politische Autorität und Freiheit der Statsgewalt unmöglich schützen. Der schutzlose Kongress sah sich genöthigt, vor einer drohenden Soldatenschar aus Philadelphia zu flüchten und seinen Sitz in eine andere Stadt zu verlegen.

Die Ehre eines grossen Reiches und das Ansehen seiner Vertretung liessen sich in solcher Weise nicht unversehrt behaupten.

Der Mangel an einheitlicher Statsmacht musste ganz besonders empfindlich werden in den Beziehungen der Union zu den auswärtigen Staten. Nicht einmal der Friedensvertrag mit England konnte in allen Theilen der Union vollzogen werden. Dem Kongresse blieb nur das Mittel, die Beobachtung der Friedensbestimmungen den Einzelstaten wiederholt zu empfehlen. Wenn aber diese Mahnungen fruchtlos blieben, fehlte es jenem an aller Macht, den Trotz oder die Trägheit der widerstrebenden Staten zu bezwingen. Nicht ohne Grund beschwerte sich die englische Regierung über mangelhaften Vollzug, und mehr als einmal drohten neuerdings ernste Verwickelungen. Die amerikanischen Gesandten in Europa mochten persönlich volles Vertrauen finden und verdienen, aber es war unmöglich, den Versicherungen zu vertrauen, welche sie im Namen ihrer Auftraggeber machten, denn diese waren, auch wenn es ihnen nicht an redlichem Willen fehlte, nicht in der Lage, für die Durchführung der Verträge einstehen zu können. Eben desshalb war es nicht möglich, eine amerikanische Politik mit Erfolg nach Aussen zu unternehmen.

Am Schwersten litten unter dieser statlichen Ohnmacht die Handelsbeziehungen der Union. Es gab kein gemeinsames amerikanisches Handels- und Zollsystem. Die Gesetze der verschiedenen Einzelstaten aber waren unter einander voll von Widersprüchen. Der amerikanische Verkehr war in Folge dessen nach Innen vielfältig gehemmt und das Unionsgebiet wurde von den fremden Nationen, ohne Gegenseitigkeit, schutzlos ausgebeutet. Die Wirthschaft und die Industrie der Nordamerikaner mussten diese Zerfahrenheit entgelten.

Wie schädlich und gefährlich diese Zustände waren, das erfuhr man vorzugsweise im Süden. Der mächtige amerikanische Strom, der nun dem Weltverkehr eröffnet ist und von zahllosen Schiffen befahren wird, der Mississippi war damals noch nicht im vollen Besitze der Union. Vorzüglich die Mündungen des Stromes, welche den inneren Kontinent mit dem Weltmeere verbinden, waren noch in der Gewalt der Spanier, und diese benutzten ihre Stellung, um die amerikanische Schifffahrt und den amerikanischen Handel theils zu belästigen theils ganz zu hemmen. Jedermann sah ein, dass hier eine Hauptader des amerikanischen Lebens unterbunden sei, und dass das Wachsthum der Union diesem verderblichen Zwang um jeden Preis ein Ende machen müsse, wenn nicht eine Lähmung der Glieder eintreten sollte. Aber wie war dagegen zu helfen? Mit dem Hofe zu Madrid wurden Unterhandlungen angeknüpft und Entwürfe zu Handels- und Abtretungsvertägen vorbereitet. Aber in Amerika selbst war die

Meinung über die Art der Abhülfe sehr getheilt, und Niemand konnte Sicherheit geben, dass irgend ein Vertrag von allen Staten beachtet werde. Die Unterhandlungen kamen ins Stocken; das Vertrauen fehlte gänzlich, dass sie zu einem praktischen Resultate führen würden. Das Siechthum dauerte ungeheilt fort.

Dazu fand die neue Statengruppe unermessliche Aufgaben vor sich, denen sie nicht ausweichen konnte. Die XIII Staten waren an der Ostküste von Nordamerika gegründet worden. Aber hinter diesen Kolonien breitete sich ein ungeheurer Kontinent aus, der nach und nach neue Pflanzer anzog. Diese Niederlassungen bedurften auch einer statlichen Ordnung, die nicht mehr von den entlegenen Sitzen der alten Staten aus gewährleistet werden konnte. Die Kolonisation des Innern nach Westen hin war die nächste Kulturaufgabe der Amerikaner. Indem neue Kolonien gestiftet wurden, entstanden neue Länder, sogenannte Territorien, und diese wurden wieder die Keime neuer Staten.

In der Erkenntniss, dass diese neue Statenbildung nicht als Anhängsel eines alten States zu leiten sei, dass vielmehr hier der Union eine grosse neue Lebensaufgabe obliege, hatte zuerst Maryland*) verlangt, dass der noch unbebaute Westen der Union zur Gründung von neuen Territorien und später von neuen Staten überlassen werde. Endlich hatte Virginien 1781 seine Ansprüche auf das unwirthliche innere Gebiet an die Union abgetreten. Diesem Beispiele waren Massachusetts und New-York gefolgt. Aber wie sollte die Union die ihr zugeschobene schwierige Aufgabe lösen? Sie besass nun volle Souverainetät über ein unermessliches Gebiet. Aber wie sollte sie, ohne in sich die Organe der

*) Den bahnbrechenden Antheil Marylands an der Gründung der Union schildert Herbert B. Adams Marylands influence u. s. f. Baltimore 1877.

Regierung und Verwaltung zu haben, in diesen fernen Gegenden regieren und verwalten können? Wie sollte sie, ohne selber ein Stat zu sein, die Bildung neuer Staten leiten können?

Der Kongress that sein Möglichstes. Er raffte alle seine Kräfte zusammen und machte von seiner Befugniss den ausgiebigsten Gebrauch, um für die neuen Territorien ein Colonisationsgesetz zu erlassen. Das erste ist von 1784, das zweite von 1788. Aber es konnte ihm das nur sehr unvollkommen gelingen. Eine dauernde Sorge war unmöglich, ohne eine wirkliche Unionsregierung.

Schon zeigte sich die Anarchie, welche für die Union als Gesammtkörper durch die Verfassung überall nicht gehoben war, auch in den Gliedern bedrohlich. Der Stat Massachusetts, der freieste von Alters her, erfuhr auch die Folgen der Ausartung bürgerlicher Freiheit in wilde Zügellosigkeit. Die Nachwehen des Krieges hatten theilweise den Wohlstand zerrüttet und den Rechtssinn des Volkes erschüttert. Die Schuldner erhoben sich trotzig wider ihre Gläubiger. Wenn die Gerichte auf die Klagen dieser einschritten, so wurden auch sie verhöhnt und offener Ungehorsam gegen die richterlichen Zahlungsbefehle geübt. Unter sich verbunden gebarten sich die erregten Rechtsverweigerer als eine bewaffnete Volksmacht. Die Rechtlosigkeit galt als höchste Freiheit. Damals wandten sich die bedrängten Freunde des Rechts an den edlen Washington mit der Bitte, er möchte doch seinen grossen Einfluss gebrauchen, um die aufrührerischen Scharen zur Achtung der Gesetze und der Rechtspflege zurück zu leiten. Aber Washington sah wohl ein, dass hier nicht mit blossen Ermahnungen zu helfen sei. Er schrieb damals das berühmt gewordene Wort: „Einfluss ist nicht Regierung". In der That nur eine wirkliche Regierung, eine Statsgewalt, nöthigenfalls des Ganzen, wenn der Theil sich nicht selber helfen konnte, vermochte Hülfe zu bringen. Aber eben daran fehlte es der Union.

Die Freiheit der Theile kann nicht bloss mannigfaltiges Leben, sie kann auch Auflösung des Ganzen, Verwesung bedeuten. Ohne Einheit fehlte es dem Bunde an der Macht, die Glieder zusammen zu halten und die Wohlfahrt der ganzen nordamerikanischen Nation zu sichern. Ernste Besorgnisse, dass die kaum geschlossene Union wieder ihrem Verfalle entgegen gehe, verbreiteten sich nach und nach über die denkenden Kreise und das Verlangen nach einer rettenden Bundesreform wurde wach und spannte die Gemüther. Auch die dritte unterlägliche Bedingung der neuen Statenbildung reifte allmählich heran.

Ohne einen zeugenden Gedanken, ohne eine befruchtende neue Idee war hier nicht zu helfen. Die grosse Frage war: Wie sollten die nöthige Einheit und eine wirksame Statsgewalt des ungestalten Gesammtwesens, das die Vereinigten Staten von Amerika genannt wurde, hervorgebracht, durch was für Einrichtungen sollte sie verwirklicht werden?

Schöpferische Gedanken setzen überall die Arbeit einzelner begabter Individuen voraus, sie sind nirgends das Ergebniss der Kollektivberathung der Menge. Nur ein hochbegabter denkender Statsmann kann die organisatorische Idee hervorbringen, welche Licht in das Chaos bringt und die Neugestaltung leitet. Das ist in einem demokratischen Lande nicht anders als in einer Monarchie.

Amerika besass wohl in Washington einen grossen Feldherrn, der zugleich ein sehr bedeutender Statsmann war. Aber auch Washington wusste in dieser Noth keine Hülfe. Er war im Grunde eher eine konservative Natur von edelster Art; seine Kriegführung wie seine Politik waren voraus auf Vertheidigung des Vaterlandes und auf Bewahrung des amerikanischen Rechtes und der bürgerlichen Freiheit gerichtet. Es fehlte ihm etwas von jenem schöpferischen Genie, welches die höchste Kraft und das sicherste Kennzeichen des wahrhaft liberalen Statsmannes ist. Die traurigen Zustände der Union erfüllten seine Seele mit düsteren Besorgnissen und mehr als einmal presste ihm der Schmerz des Patrioten bange Klagen über das Schicksal seines geliebten Vaterlandes aus. Aber er wusste keinen Rath.

Die geistige Hülfe kam von einem anderen, weniger bekannten Manne, von Alexander Hamilton. Diesem seltenbegabten Statsmanne, dessen jugendliche Genialität sich ungewöhnlich früh entwickelt hatte, gebührt die Ehre, den neuen Statsgedanken erzeugt zu haben, der die Neugestaltung der Union bestimmt hat. Er war der Sohn eines schottischen Vaters und einer amerikanischen Mutter. Auf der Insel St. Christoffel im Jahre 1757 geboren, hatte er in New-York die Schule besucht, und schon mit 17 Jahren durch politische Schriften an dem Kampfe gegen die englische Toryregierung sich betheiligt. Bevor er 19 Jahre alt war, trat er als Hauptmann der Artillerie in die Befreiungsarmee ein, und wurde schon 1777 einer der Adjutanten des Generals Washington mit dem Range eines Oberstlieutenants. Ins Privatleben zurückgekehrt, wurde er 1782 von dem State New-York als Delegirter in den Kongress gesandt; und im Jahre 1786 ward er Mitglied des Gesetzgebenden Körpers von New-York, in welcher Stadt er den Beruf eines Advokaten betrieb. Schon diese wenigen Hindeutungen auf sein reiches wechselvolles Leben lassen auf eine ungewöhnliche Natur schliessen. Auch seine spätere Lebenszeit war nicht minder bewegt. An dem Verfassungsrathe von 1787 nahm er einen hervorragenden Antheil und wirkte theils als Mitglied der Verfassungskonvention in New-York theils als politischer Schriftsteller entscheidend auf die Annahme der Unionsverfassung ein. Mit Madison und Jay vereint gab er die berühmte Sammlung von politischen Leitartikeln über die neue Unionsverfassung „The Federalist" heraus. Im Jahre 1789 wurde er Mitglied des Kabinets des ersten Präsidenten Washington als „Sekretair des Schatzes", Finanzminister. 1795 wurde er neuerdings Advokat in New-York, trat dann 1798 wieder auf das Verlangen des Generals Washington als zweiter Befehlshaber der Armee in das militärische Amt, und wurde 1799 nach dem Tode Washingtons dessen Nachfolger im Oberbefehl. Als die Armee entlassen ward, kehrte er wieder zu seiner Praxis als Anwalt zurück, und blieb in dieser Stellung bis zu seinem frühen tragischen Tode 1804. Von dem Obersten Buur, den er den Catilina von Amerika genannt hatte, zum Zweikampfe gefordert, wurde er von der tödtlichen Kugel getroffen.

Schon im Jahre 1782, als ein fünfundzwanzigjähriger Jüngling hatte er seinen Grundgedanken im Kongresse ausgesprochen. Man hörte damals noch nicht auf den unverstandenen Vorschlag; die Empfänglichkeit dafür war noch nicht vorhanden.

Die amerikanische Nation musste zu einem politisch organisirten Volke, die Union zum State werden. Das war das Ziel, das in nebelhaften schwankenden Bildern Vielen vorschweben mochte. Aber eine bestimmte klare Gestalt hatte dasselbe nur in dem Geiste Hamiltons erhalten.

Bisher hatte man nur zwei mögliche Lösungen der Aufgabe gekannt, entweder den Statenbund (die Konföderation) oder den Einheitsstat. Mit der Konföderation hatte man es im Jahre 1778 versucht und eben dieser Versuch war misslungen. So lange die Union nur ein Verband von souveränen Republiken war, fehlte ihr die Einheit des Willens und der That. Sie war ein Aneinandergefüge von Staten, von denen jeder that, was ihm beliebte, aber sie war kein statlich organisirtes Ganzes. Die Macht war ausschliesslich bei den Einzelstaten, ihre Verbindung war ohnmächtig. Die Union war ein Bettler, der sich von den hingeworfenen Brocken der dreizehn Statenregierungen dürftig nähren musste.

Die andere Form war der Einheitsstat. Allerdings, wenn man die dreizehn Staten hätte bestimmen können, sich in Einem neuen, sie alle einigenden State aufzulösen und sich für die Zukunft mit der bescheidenen Rolle von blossen Provinzen des Einen States zu begnügen, dann wäre der Mangel der Einheit vollständig gehoben worden. Aber das war unmöglich. Die Einzelstaten dachten nicht daran sich selber aufzulösen. Eben für ihre Selbständigkeit und ihre besondere Freiheit hatten sie sich gegen die einheitliche Regierung des Königs empört. Sie waren nicht Willens, die erstrittene Freiheit aufzugeben und sich der Gefahr auszusetzen, von neuem unter die Tyrannei einer übermächtigen Centralgewalt zu gelangen. Die geschichtliche Erinnerung und das republikanische Selbstgefühl sträubten sich gleich sehr dagegen.

Der Statenbund wahrte die Freiheit der Einzelstaten, aber verhinderte die Einheit der Union, der Einheitsstat sicherte die Macht des Ganzsn, aber vernichtete die Einzelstaten. Keine der beiden Statsformen konnte das Bedürfniss der Nation befriedigen. Es musste eine neue Lösung erdacht, eine neue Statsidee gefunden werden.

Da kam Hamilton auf den Gedanken des Bundesstates, wie wir ihn mit einem nicht glücklichen, weil zweideutigen Ausdrucke zu nennen pflegen. Die Amerikaner heissen ihn richtiger die Union oder die Föderation. Die Einzelstaten sollten als selbständige Staten erhalten bleiben, aber mit einer beschränkten Competenz. Einen Theil ihrer Befugnisse sollten sie an das Ganze abgeben, dieses aber wieder als wirklicher Stat, nicht als blosse Gesellschaft organisirt werden. So trat der Gesammtstat den Einzelstaten gegenüber, als eine neue selbständige, mit eigenem Willen und ihr eigenen Organen ausgestattete Stats-Persönlichkeit. Der Gesammtstat sollte einen gesetzgebenden Körper erhalten, der dem amerikanischen Volke ebenso zum Ausdrucke seines Willens diente, wie die gesetzgebenden Körper (Legislaturen) der Einzelstaten den Bürgerschaften von New-York, Virginien, Pennsylvanien u. s. f. Der frühere Kongress sollte so aus einer Delegirtenversammlung der Einzelstaten umgewandelt werden in einen Grossen Rath der Union. Ferner sollte eine wahre Unionsregierung geschaffen werden, welche die gemeinsamen Angelegenheiten des ganzen amerikanischen Volkes ebenso selbständig besorgte, wie die verschiedenen Governors die besonderen Geschäfte ihres Einzelstates. Auch ein gemeinsames nationales Bundesgericht sollte die der Rechtspflege der Union vorbehaltenen Prozesse erledigen, gleich wie die Gerichte der Einzelstaten die Prozesse, welche in den Bereich der Einzelstaten gehören. Die Kompetenzen einerseits des Gesammtstates andererseits der Einzelstaten sollten scharf unterschieden werden. In jenem Bereich waltete die Souveränetät des Gesammtstates, in diesem die der Einzelstaten. Die Einheit und Freiheit des Ganzen war so nicht minder gesichert als die Einheit und Freiheit der Theile und beide, das Ganze und seine Glieder waren als Staten geordnet.

Der Gedanke war völlig neu. Eine solche Statsform hatte die Weltgeschichte bisher nicht gekannt. Höchstens finden wir in dem hellenischen Alterthume einzelne wenig entwickelte Keime der Art. Er schien vorzugsweise der republikanischen Statenverbindung zu entsprechen und war einer weiteren Ausbildung fähig. Von Amerika wurde er später nach Europa verpflanzt. Mit gutem Erfolge ahmte im Jahre 1848 die Schweiz diese Gesammtstatsverfassung nach; nicht mit Glück versuchte es Deutschland 1863 sie auf völlig anderer geschichtlicher Grundlage in monarchischer Form anzuwenden. Der 1867 geschaffene Norddeutsche Bund und das deutsche Reich von 1871 haben einen anderen Charakter, indem sich in diesem Bundesreiche die verbündeten mittleren und kleineren Länderstaten an die grosse Vor- und Hauptmacht Preussen anschliessen und mit ihr vereint einen Gesammtstat bilden.

So fruchtbar aber der Gedanke eines Gesammtstates neben den Einzelstaten sein mochte, so vermag doch niemals eine Idee einen lebendigen Stat zu schaffen. Erst wenn derselbe mit Autorität in bindender Form ausgesprochen wird, hat er die statenbildende Kraft bewährt. In dieser Autorität wird vorzüglich das männliche Element, der wahre Vater der Statengründung sichtbar. Hamilton hatte den ersten Gedanken schon 1780 erfasst, aber erst im Jahre 1787 trat die unentbehrliche Autorität, die sich denselben aneignete, entscheidend hinzu.

Vergeblich hatte der Stat Massachusetts schon 1785 einen Kongress in Vorschlag gebracht, zur Revision der Bundesverfassung. Die eigenen Delegirten dieses States behielten den Auftrag Monate lang in der Tasche, ohne denselben ihren Mitgesandten zu eröffnen. Glücklicher war der beschränkte Versuch des States Virginien, einen Zusammentritt von Kommittirten der Einzelstaten zu veranlassen, um die gemeinsamen Handelsinteressen zu erwägen und eine Art Zollverein anzubahnen, 1786. Zwar hatten nur eine Anzahl, nicht alle Staten sich dabei vertreten lassen. Aber es kam doch zu einer ersten gemeinsamen Berathung. Diesen Anlass ergriff Hamilton, um seinen grösseren Reformplan neuerdings zu empfehlen. Er zeigte, dass auch die gemeinsamen Handelsinteressen nicht für sich allein zu schützen seien und so lange unbesorgt bleiben, als es an einer gemeinsamen Regierung und daher an der Möglichkeit einer nationalen Politik fehle. Er drang auf eine umfassendere Bundesreform.

Die Eifersucht des Kongresses und der Einzelstaten sollte dabei möglichst geschont werden. Nur eine Konvention von Kommittirten der Staten sollte vorerst die Verfassung berathen und entwerfen, und ihre Arbeit sodann dem Kongress und allen Staten zum freien Entscheide vorgelegt werden. Auf dieser Grundlage wurde im Mai 1787 der Verfassungsrath in der Stadt Philadelphia versammelt.

Die Einzelstaten schickten nun ihre erprobtesten Statsmänner dahin. Das Gefühl, dass es sich diesmal um die Existenz und Zukunft der Union handle, war allgemein geworden. Lange hatte sich Washington gesträubt, dem Rufe seines States Virginien zu folgen. Er verliess nur ungern die verdiente Ruhe des Privatlebens. Die Bitten der Freunde und mehr noch die Noth des Vaterlandes bewogen ihn schliesslich, nochmals die politische Laufbahn zu betreten. Schon hatte die Verzweiflung manche Amerikaner dahin gebracht, ihre Blicke wieder nach Europa zu wenden und von der Erneuerung einer Monarchie Hülfe zu suchen. In einzelnen Kreisen wurde der Plan besprochen, einen jüngeren Sohn des Königs von England, den Bischof von Osnabrück als amerikanischsn König herbei zu rufen. Washington warf diesen Gedanken, als einen der amerikanischen Republik völlig unwürdigen, weit weg; aber seitdem er solche Verirrungen kennen gelernt, wollte er nicht länger seiner Musse pflegen. Er willfahrte dem Rufe des Vaterlandes und übernahm den Vorsitz des Verfassungsrathes. Er leitete die Berathung und wirkte durch seine patriotische Haltung förderlich auf dieselbe ein; aber an den einzelnen Vorschlägen betheiligte er sich nur ganz ausnahmsweise. Einen bedeutenderen Antheil hatte sein Landesgenosse Madison daran, der das Bedürfniss einer starken Regierung, welche der Anarchie ein Ende mache, beredt aussprach.

Auch der 82jährige Benjamin Franklin erschien in der Versammlung, als einer der Vertreter von Pennsylvanien. Mehr als einmal wirkte der weise Greis versöhnlich ein, wenn die Parteien im Verfassungsrathe sich allzu heftig bekämpften. Er vornehmlich brachte das Kompromiss zwischen den grossen und den kleinen Staten zu Stande, wonach das Repräsentantenhaus als Vertretung der allgemeinen Volksmeinung nach der Volkszahl gewählt, im Senate dagegen den repräsentirten Staten gleiches Stimmrecht verstattet wurde. Diese Vermittlung verdient umsomehr unsere Anerkennung, als Franklin seine eigene Lieblingsansicht, dass der Gesetzgebende Körper nur Ein Haus bilden und nicht in zwei Häuser getheilt werden sollte, aufgeben musste.

Ferner war erschienen der Governor Morris, als Vertreter Pennsylvaniens, der Hauptredakteur der Verfassungsurkunde und ein grosser Redner. Er vertrat die konservativen Gedanken einer dauernden Bundesregierung (during good behavior) im Gegensatz zu der demokratischen kurzen Amtszeit, eines Senates, dessen Mitglieder auf Lebenszeit gewählt würden, und des Grundeigenthumes als Bedingung des Stimmrechtes, aber er drang damit nicht durch.

James Wilson, von schottischer Abkunft, war ebenfalls Vertreter Pennsylvaniens. Er machte mit besonderer Schärfe klar, dass jeder Nordamerikaner sowohl Bürger der Vereinigten Staten, als Bürger eines besonderen States sei.

Unter den Vertretern der südstatlichen Interessen zeichnete sich vorzüglich Charles Cotesworth Pinckney aus Süd-Carolina aus. Auch sein Leben wechselte, wie das von Hamilton, zwischen der juristischen und der militärischen Laufbahn. Ihm verdankten die Südstaten den unheilvollen Sieg, dass das Verbot des Sklavenhandels nicht in die Verfassung aufgenommen wurde.

Nicht ohne erregte Kämpfe der Geister kam der Verfassungsentwurf zu Stande. Zwar bestand die Versammlung nur aus 55 Mitgliedern, durchweg politisch gebildeten Männern, und hatte nicht die Schwierigkeiten und die Gefahren einer grossen parlamentarischen Versammlung zu überwinden. Aber es standen sich in ihr mächtige Gegensätze der Meinungen und der Interessen gegenüber. In vielen und wesentlichen Dingen traten die Südstaten den Nordstaten entgegen, die Sklavenstaten den Staten ohne Sklaverei, die Particularisten den Unionisten. Es waren das weniger Gegensätze der individuellen Neigung oder des individuellen Willens, welche eine vertragsmässige Ausgleichung suchten, als massenhafte, in der Nation wirkende Strömungen und Gegenströmungen, die miteinander um den Sieg rangen und endlich gezwungen waren, ihr Gleichgewicht zu finden. Der Vertrag beruht grundsätzlich auf Einstimmigkeit der Vertragspersonen. Diese war aber nicht möglich bei so verschiedenartigen Tendenzen. Nicht durch Vereinbarung der Individuen, die in dem Verfassungsrathe beisammen sassen, sondern durch Mehrheitsbeschlüsse im Namen des Gesammtvaterlandes, dem sich alle Einzelnen unterordnen mussten, wurden die Streitfragen der Parteien entschieden. Eben in diesen für die Minderheit bindenden Beschlüssen gab sich die Einheit des gesammten Volkswillens kund, der allein einen Stat zu bilden die Kraft hat. Als endlich der Entwurf im September fest stand, wurde derselbe von 39 Mitgliedern unterzeichnet. Es war das die grosse Mehrheit nicht die Totalität der Anwesenden.

Das war aber erst der Entwurf — der Vater der Verfassung. Noch war es ungewiss, ob auch das amerikanische Volk denselben annehme. Nur unter Mitwirkung des, nach Staten gegliederten, bisher noch nicht einheitlich organisirten Volkes, konnte die Geburt des neuen Unionsstates gelingen. Die Eingangsformel der Verfassung hatte das mit den Worten selber verkündet: „Wir, das Volk der Vereinigten Staten, in der Absicht, eine vollkommenere Union zu schliessen, die Gerechtigkeit zu verwalten, die innere Ruhe zu sichern, für die gemeinsame Vertheidigung zu sorgen, die allgemeine Wohlfahrt zu befördern und uns und unseren Nachkommen die Segnungen der Freiheit zu erhalten, haben diese Verfassung für die Vereinigten Staten beschlossen und eingeführt."

Die amerikanischen Statsmänner hatten es nicht, wie in unseren Tagen der Graf Bismarck, wagen dürfen, die Einstimmigkeit aller Einzelstaten zur Bedingung der rechtmässigen Geltung der neuen Unionsverfassung zu machen. Sie erklärten vielmehr, wenn das Volk mindestens in neun Staten bedingungslos zustimme, so gelte die Union, indem sie sich an die frühere von der Verfassung von 1778 bekräftigte Uebung hielten, dass zu wichtigeren Bundesbeschlüssen eine Mehrheit von neun Stimmen (unter dreizehn) erforderlich sei. Auch in diesem letzten Stadium also kam wieder sowohl bei den Abstimmungen des Volkes in den Staten, als bei dem Entscheide für die ganze Union das Mehrheitsprincip, d. h. das Princip des einheitlichen Gesammtwillens zur Anwendung.

Der Kongress hatte seinerseits die Zustimmung zu dem Entwurfe dem Volke empfohlen. Er selber hatte die Befugniss nicht, als Repräsentation der Staten zu entscheiden, er konnte nur die Abstimmung der Staten sammeln und den Ausgang derselben constatiren. Nach amerikanischer Weise fand nicht, wie das später die französische Revolution eingeführt hat, eine allgemeine Abstimmung aller Bürger statt, sondern die Bürger wählten hinwieder in jedem State einen besonderen Verfassungsrath, damit dieser die Verfassung prüfe und im Namen des Volkes seine Zustimmung zu derselben gebe oder versage. Mit Recht wurde die Prüfung und Entscheidung der Frage als eine schwierige Arbeit angesehen, welche am besten von wenigen Vertrauensmännern des Volkes besorgt werde, die eigens zu diesem Zwecke ernannt und ermächtigt worden.

In den Einzelstaten entbrannte nun wieder ein heftiger Streit zwischen den Freunden und den Gegnern der neuen Verfassung. Nochmals platzten die Gegensätze auf einander und rangen um den Sieg. An Einstimmigkeit war nicht zu denken; in vielen Staten war die Mehrheit nur sehr gering.

Zuerst genehmigte Delaware den Entwurf; dann mit grösserem Gewichte Pennsylvanien mit 46 gegen 23 Stimmen. Es folgten New-Jersey und Georgia einstimmig und Connecticut mit grosser Mehrheit. Lange wogte der Kampf in zweifelhafter Schwebe in dem wichtigen State Massachussets, wo Samuel Adams, der amerikanische Cato, als feuriger Apostel der Freiheit ihre Annahme bestritt. Der Governor Hancock suchte zu vermitteln, indem er einzelne Verbesserungen (Amendements) in Aussicht stellte. Endlich wurde die Verfassung mit 187 gegen 168 Stimmen ohne Bedingung aber in der Meinung ratificirt, dass drei Verbesserungsanträge gestellt und empfohlen werden, welche theils grössere Garantie für die Souveränetät der Einzelstaten, theils Beschränkungen der Autorität der Unionsgewalt bezweckten. In ähnlichem Sinne kam in New-Hampshire und mit noch mehr Wünschen von Zusätzen in Süd-Carolina eine Mehrheit zusammen.

Auch in dem einflussreichen und grossen Virginien schwankte die Entscheidungsschlacht. In dem Verfassungsrathe von Virginien bekämpfte die Annahme der gefeierte Publicist Patrick Henry mit glänzender Rede. Ihm erschien die vorgeschlagene Unionsregierung wie ein auswärtiger Tyrann, der die Virginische Freiheit erdrücke. Er vermisste voraus die Anerkennung und den Schutz der Grundrechte, rügte den gänzlichen Mangel einer „Bill of Rihgts". Der statsmännischere Madison musste alle seine Geistesgegenwart und Beredsamkeit aufs äusserste anspannen, um diesem gefürchteten Gegner den Sieg zu entwinden. Washington suchte nur aus der Ferne die Annahme zu empfehlen; an der Virginischen Konvention nahm er nicht persönlich Theil. Aber hinwieder wurde eine andere, zwar jüngere aber grosse Autorität in Virginien, Jefferson, der damals als amerikanischer Gesandter in Europa lebte, gegen die unbedingte Annahme von ihren Gegnern benutzt. Auch er hatte die Grundrechte ungern vermisst und die gestattete Wiederwahl des Präsidenten für statsgefährlich erklärt, indem ein dauerhafter Statschef eher unter den Einfluss von England und Frankreich gerathe. Aber schliesslich hatte er doch seinen Wunsch ausgesprochen, dass die Verfassung von 9 Staten unbedingt genehmigt und nur von 4 Staten unter der Bedingung von Verbesserungen angenommen werde. Der Governor Edmund Randolph, der als Mitglied des allgemeinen Verfassungsrathes in Philadelphia die Verfassung nicht unterschrieben hatte, wirkte nun in seinem Heimatstate doch für die Annahme. Endlich wurde dieselbe mit 89 gegen 79 Stimmen beschlossen.

In New-York wirkten Hamilton und Jay für, der Governor Clinton gegen die Verfassung. Nur indem jene eine Bill of Rights in Aussicht stellten, konnten sie mit 30 gegen 27 Stimmen siegen. Hamilton wurde so Gründer und Retter der Verfassung, und die nationale Partei ehrte ihn dadurch, dass sie sein Bildniss neben dem von Washington auf der nationalen Flagge anbrachte. Die Konvention von Maryland stimmte, trotz des Widerspruchs von Luther Martin, der nicht zugeben wollte, dass sein Land „in diese Ketten geschlagen" werde, mit grosser Mehrheit zu.

Nur in Nord-Carolina wurde die Verfassung mit

Mehrheit verworfen, und Rhode-Island hatte von Anfang an sich aller Theilnahme enthalten. Papiergeldschwindel und ein Individualismus, der keine Beschränkung dulden wollte, widersetzten sich hier jeder engeren Einigung.

Ende Juli 1788 hatten 11 Staten sich für Annahme erklärt, worunter 5 mit Empfehlung von Amendements.

Damit war die Geburt der neuen Statsschöpfung glücklich vollbracht. Der Unionsstat bekam nun lebendige Organe seines Willens und seiner Bewegung, einen Kongress aus zwei Häusern zusammengesetzt, dem Repräsentantenhaus und dem Senat für die Gesetzgebung, einen Präsidenten mit seinem Kabinete für die Regierung, Unionsgerichte für die Rechtspflege. Nachdem einmal die Mehrheit sich für die Verfassung erklärt hatte, unterwarf sich auch die Minderheit dem ausgesprochenen Volkswillen und half mit, die Verfassung auszubauen und fruchtbar zu machen. Der grosse Washington wurde zum ersten Präsidenten erwählt. Die Zeiten der Anarchie waren vorüber und es begann die Periode eines raschen riesigen Wachsthums des jungen States, wie es die Weltgeschichte noch niemals erlebt hatte.

IV.

Die nationale Statenbildung und der moderne deutsche Stat.

Ein öffentlicher Vortrag 1870 noch vor Ausbruch des deutsch-französischen Krieges.

1. Erwachen des Nationalitätsprincips.

In allen Zeiten der Weltgeschichte hat die Nationalität eine mächtige Wirkung auf die Staten und die Politik geübt. Das Gefühl der nationalen Verwandtschaft und Eigenart hat die Hellenen in ihren Kämpfen wider die Perser begeistert; für ihre nationale Freiheit haben die alten Germanen wider die Römer gestritten. Nach nationalen Gegensätzen ist das römische Weltreich in das lateinische und das griechische Kaiserthum gespalten worden. An dem Zwiespalt in der fränkischen Monarchie und der Scheidung von Frankreich und Deutschland hat der Unterschied der romanischen und der germanischen Sprache auch einen erheblichen Antheil gehabt. Während des Mittelalters tritt zuweilen der Gegensatz der Nationen scharf hervor. Aber zum ersten Male in der Geschichte ist doch erst in unserem Zeitalter das Princip der Nationalität als Statsprincip verkündet worden.

Während des Mittelalters war der Grundcharakter der Statenbildung dynastisch, oder ständisch, aber nicht national. In den letzten Jahrhunderten wuchsen die grossen europäischen Nationen heran, aber der Stat bekam doch nicht eine nationale Begründung noch einen nationalen Ausdruck. Vielmehr wurde damals der obrigkeitliche Stat ausgebildet. Er stellte sich vornehmlich als Herrschaft der Könige und ihrer Beamten dar. Wie die katholische Kirche heute noch fast nur in dem Klerus und der Hierarchie die Offenbarung ihres Wesens erkennt und die ganze Laienschaft nur als eine passive ihrem Hirtenamt anvertraute Heerde in Betracht kommt, so erklärten die absoluten Fürsten sich selber für den Stat, und den Unterthanen war jede andere Theilnahme an demselben, ausser der Pflicht Steuern zu zahlen, Kriegsdienste zu leisten und den Beamten zu gehorchen, versagt. Was Ludwig XIV. in dem berühmten Worte L'état c'est moi ausgesprochen, das dachten auch die anderen Könige und Fürsten von damals und sogar die städtischen Obrigkeiten der sogenannten Freistaten dachten nicht anders. Nur die Stände hatten noch einige Privilegien bewahrt. Die Nation war wohl ein Gegenstand der Statssorge, das Volk galt nicht als Statsperson. Der Stat war die Obrigkeit.

Auch die Statslehre der Philosophen, die sogenannte naturrechtliche Schule gründete ihre Anforderungen an den idealen Stat nicht auf die nationalen Individualitäten sondern auf die menschliche Natur. Rousseau sah in der Gesellschaft, nicht in der Nation die Grundlage des States. Die Volkssouveränetät, die er verkündet, hat keinen nationalen Charakter. Das Volk, dem er die oberste Statsgewalt zuschreibt, ist die „Gesammtheit", beziehungsweise „die Mehrheit der Bürger", die sich zum State vereinigt haben, gleichviel, ob dieselben nur einen Bruchtheil der Nation bilden, oder aus verschiedenen Nationalitäten zusammengefügt sind. Von denselben Grundsätzen gingen die französischen Verfassungen von 1791 bis 1793 (25—28) und 1795 (17) aus. Die Ausdrücke peuple und nation werden noch abwechselnd gebraucht, aber immer zur Bezeichnung der „Gesammtheit der

Bürger" (universalité des citoyens). Die statliche Herrschaft erhielt nur einen anderen Sitz, sie wurde von dem Centrum auf die Peripherie, von dem Könige auf den Demos übergetragen.

Als Napoleon I. es unternahm, das Reich Karls des Grossen zu erneuern und gestützt auf die französische Nation eine Universalmonarchie über Europa aufzurichten, traf er allerdings auf den Widerstand der übrigen Nationen, welche die französische Herrschaft mit Widerwillen und Hass betrachteten. Trotz seines Genies ist der Kaiser, der kein Verständniss für die Eigenart der Nationen hatte, schliesslich diesem nationalen Widerstande erlegen. Dennoch war auch damals noch das nationale Bewusstsein nur wenig entwickelt. Die nationalen Gefühle wirkten wohl unbewusst in den Massen und begeisterten dieselben zum Kampfe, aber der Nationalgeist war noch nicht erwacht. Sogar die ausdauernde und hartnäckige Feindschaft der Engländer hatte nicht darin ihren Grund, dass sie die Freiheit der Nationen vor dem französischen Drucke retten wollten, sondern weit mehr in dem Hasse der englischen Aristokratie wider die französische Revolution, in der Besorgniss vor der Uebermacht Frankreichs in Europa, in den Handelsinteressen. Das englische Statsbewusstsein ist freilich gehoben durch den männlichen Stolz der englischen Nationalität. Aber trotzdem sind die Engländer misstrauisch gegen das Nationalitätsprincip als Statsprincip. Sie wissen, dass ihr europäisches Inselreich verschiedene Nationen zusammenhält, und dass insbesondere das erregte Nationalgefühl der Iren schon mehr als einmal an diesem Statsverbande gerüttelt hat. Ihre Weltherrschaft in Ostindien und in anderen überseeischen Ländern wird nicht minder durch eine scharfe Betonung jenes Princips in Frage gestellt. Auch die Spanier hassten die Franzosen als Fremde und fühlten sich lebhaft als Spanische Nation. Dennoch glaubten auch sie zunächst für ihren König und ihre heilige Religion wider die teuflischen Revolutionäre die Waffen zu führen. Den Deutschen war das politische Nationalgefühl schon seit Jahrhunderten durch die konfessionelle Zwietracht und durch die Zerbröckelung des Reiches in selbständige Territorien abhanden gekommen und nur eine Anzahl Gebildeter hörte auf die begeisternden Reden Fichte's und die Schriften Arndts, die das deutsche Nationalbewusstsein wieder zu wecken versuchten. Die Russen gingen für ihren Kaiser und sein heiliges orthodoxes Reich wider den gottlosen Westen ins Feld und in den Tod. An ihre nationale Berechtigung dachten sie nicht.

Selbst der unklare Ansatz der französchen Revolution, den Nationen das Recht der Selbstbestimmung zu gewähren, wurde in der Restaurationsperiode wieder gewaltsam zertreten. Der Wiener Kongress kümmerte sich Nichts um die Nationen. Er vertheilte ohne Scheu die Stücke grosser Nationen unter die restaurirten Dynastien. Wie früher Polen getheilt worden war, so wurden auch Italien und Deutschland in eine Anzahl souveräner Staten zerrissen, Belgien und Holland aber, trotz des nationalen Gegensatzes zusammen geschmiedet zu Einem Königreiche.

Weder das Revolutions- noch das Restaurations-Zeitalter hat das Princip der Nationalität als Statsprincip anerkannt. Um so entschiedener dagegen wird die Statengeschichte der Gegenwart von dem Nationalbewusstsein aus bedingt und bestimmt. Die Wissenschaft, und ganz vorzüglich die deutsche Wissenschaft hatte vorher schon auf die nationale Idee hingewiesen und auch ihre politischen Wirkungen gelegentlich beleuchtet. Die Statspraxis aber hat erst seit ein paar Jahrzehnten sich auf das natürliche Recht der Nationen berufen, sich statlich zu gestalten. Stärker als je zuvor regen sich die nationalen Triebe auch in den Massen und verlangen auch politische Befriedigung. Das ganze aus dem Mittelalter überlieferte dynastische Statensystem Europas wird von den nationalen Verlangen und Leidenschaften bedroht. Alte Reiche werden durch dieselben in ihrem Bestande erschüttert, weil die verschiedenen in denselben politisch geeinigten Nationen nach Selbständigkeit streben. Neue Reiche werden gebildet, Kraft des nationalen Gedankens, der die zerstreuten Gliedmassen Einer Nation sammelt und zu einem Statskörper organisirt. Noch ist dieser nationale Drang nicht zur Ruhe gelangt. Ueber sein Recht und über die Ausdehnung dieses Rechts mag man streiten, seine Macht aber ist unzweifelhaft. Mit gutem Grunde kann daher unser Zeitalter das Zeitalter der nationalen Statenbildung genannt werden*).

2. Was heisst Nation?

Es ist nicht leicht, sich über den Begriff der Nation zu verständigen, zumal der Sprachgebrauch schwankt, und die Ausdrücke Nation und Volk bald für gleichbedeutend gehalten und verwerthet, bald wieder in verschiedenem Sinne gebraucht werden. Engländer und Franzosen pflegen heute sehr oft Nation das zu heissen, was wir unter Volk (populus) verstehen, d. h. die politische Gesammtheit der Statsgenossen und, hinwieder peuple, peeple zu nennen, was wir dem Ursprunge des Wortes gemäss eher Nation heissen, d. h. die natürliche Rassegemeinschaft, abgesehen vom State. Dennoch müssen die verschiedenen Begriffe auch durch verschiedene Worte bezeichnet und der Name festgehalten werden, soll nicht das Verständniss gänzlich verwirrt werden.

Ursprünglich bezeichnet der Ausdruck Nation nicht einen Rechts- noch einen Statsbegriff. Die Hellenen fühlten sich

*) Fr. Lieber, On nationalism and inter-nationalism. New-York 1868: The national polity is the normal type of Modern Government.

als Eine Nation, obwohl es keinen hellenischen Gesammtstat gab. Die in verschiedene Volksstämme gespaltenen Germanen wurden von den Römern, wie von ihnen selber als Nation betrachtet. Die italienische Nation war bis vor kurzem in verschiedene Staten getheilt. Nicht einmal die Begriffe französisches Volk und französische Nation decken sich. Jenes umfasst auch keltische und baskische Elemente, diese ist auch in Belgien und in der Schweiz zu finden. Die Statsgrenzen sind nicht die Grenzen der Nation. Je nach Umständen erfüllt eine Nation nur einen Theil eines Statsgebietes oder greift über dasselbe hinaus in andere Staten hinein.

Aber unzweifelhaft sind die Nationen Bildungen der Geschichte, und zwar nicht einzelner geschichtlicher Vorgänge, sondern einer langsam fortschreitenden, in der Folge der Geschlechter erst wirksam werdenden Geschichte*). Man kann eine Nation nicht plötzlich durch eine freie Uebereinkunft von Individuen schaffen, noch durch ein Statsgesetz ins Leben rufen. In jener Form mag eine Gesellschaft zusammentreten, in dieser unter Umständen sogar ein Volk künstlich eingerichtet werden. Die Nation bedarf eines längeren Wachsthums und erst in den folgenden Geschlechtern gewinnt sie höheren Ausdruck und festen Bestand. Die Erblichkeit gehört zu ihrem Wesen. Sie wird fortgepflanzt in der Rasse.

Die Alten pflegten die Entstehung der Nationen von der Abstammung von gemeinsamen Stammeseltern zu erklären. Wie die semitische Sage die Entstehung des Menschengeschlechtes von Einem Elternpaare ableitet, so führt die biblische Völkertafel die Unterschiede der Nationen, in welche die Menschheit sich abzweigt, je auf besondere Stammväter zu-

*) Jameson, Constitutional Convention. New-York 1867. S. 33: Nations do not spring in the life, in full bloom of population, wealth and culture. They are developed from rude beginnings, by a process of assimilation and growth analogous to that in organic life.

rück, deren Nachkommen sich von einander getrennt haben. Ganz ebenso leiteten die alten Hellenen und die alten Germanen ihre Nationalität von einem Urelternpaare ab, dort des Hellen, hier des Man, als deren Nachkommen sie sich betrachteten. Diese Sagen sind freilich nur Bilder oder Erklärungsversuche der nationalen Gemeinschaft, welche als Blutsverwandtschaft verstanden und idealisirt wird. Die Nationalen sind Brüder, denn sie gelten als Nachkommen derselben Urväter und Urmütter. Wir wissen nun, dass diese Annahme falsch ist, und am wenigsten zutrifft zur Erklärung der heutigen europäischen Nationen; denn diese sind grossentheils in geschichtlicher Zeit, und nirgends durch Abstammung von Einem Elternpaare entstanden, und im Zweifel dürfen wir annehmen, dass die Perser und die Assyrer, die Hellenen und die Germanen in ähnlicher Weise entstanden seien, wie die Franzosen und die Spanier, die Engländer und die Deutschen. Es gibt unter den Nationen keine nachweisbare Blutsverwandtschaft. Aber in jener uralten Erklärung ist doch die entscheidende Wahrheit verborgen, dass sich die Nationalität durch die Abstammung bewährt, dass sie zunächst durch die Fortpflanzung des Blutes von Geschlecht zu Geschlecht vererbt wird.

Indessen die Erblichkeit ist nur ein Kennzeichen und eine Wirkung der Nationalität, nicht ihre Ursache. Aus der Erblichkeit wird nicht ihr Ursprung, sondern nur ihre Fortdauer erklärt.

Welches sind denn die einigenden und trennenden Kräfte, welche den Massen das Gepräge einer Nation eindrücken und so nachhaltig auch in Fleisch und Blut übergehen, dass die nationale Eigenart rassemässig fortgepflanzt wird?

Meistens wirken viele Momente zusammen. Kein einzelner Faktor ist für sich allein entscheidend und keiner überall wirksam. Die wichtigsten sind:

1) Die Religion. Der religiöse Glaube hat vorzüglich in dem alten Asien, aber auch im Mittelalter so mächtig auf die ganze Lebensweise und Denkart der Massen eingewirkt, dass die Religionsgenossen sich als Nationale wider die Andersgläubigen als Fremde abschlossen. Es ist wahrscheinlich, dass die arischen Perser und die arischen Indier voraus um des Glaubens willen sich schieden, und gewiss, dass die Brahmanisten und Buddhisten sogar in Indien sich als fremde Nationen bekämpften. Wie entscheidend der Jehovahdienst auf die Gründung der Jüdischen Nation eingewirkt und derselben einen eigenthümlichen zähen Charakter eingeprägt hat, durch den sie sich von allen anderen Nationen scharf unterschied, beweist die Weltgeschichte. Nicht bloss in Palästina, auch in der Babylonischen Knechtschaft, in Alexandrien und in Rom bewahrte die Jüdische Nation ihre Eigenart, und nach der schliesslichen Zerstörung des Jüdischen States hielten während des ganzen Mittelalters die zerstreuten Bruchstücke der Jüdischen Nation mitten unter fremden Nationen, deren Sprache sie annahmen, dennoch ihren religiösen Nationalcharakter fest. Ebenso traten sich im Mittelalter die lateinische und die griechische Kirche wie zwei Nationen gegenüber.

Auch in der heutigen Kultur übt der Gegensatz der Religion und der Konfession noch immer einen erheblichen Einfluss aus; aber die Bildung der Nationen wird nicht mehr von demselben bestimmt. Die europäischen Nationen halten ihre nationale Gemeinschaft aufrecht, auch wenn verschiedene Konfessionen und sogar verschiedene Religionen in ihrem Innern sich unterscheiden und keineswegs betrachten die Glaubensgenossen die vaterländischen Andersgläubigen als Fremde.

Die deutschen Protestanten und Katholiken sind mit den deutschen Juden zu Einer Nation zusammengewachsen und scheiden sich national von den französischen Katholiken, Protestanten und Juden. Viel früher schon hatte die chinesische Nation die Unterschiede der Religion durch ihre gemeinsame Kultur überwunden.

2) Stärker als die Religion wirkt auf die Scheidung der Nationen der Gegensatz der Sprache. Die Nation erscheint ganz besonders deutlich als Sprachgenossenschaft. Indem die Massen in verschiedenen Ländern allmählich ihre Sprache eigenthümlich fortbilden, kommt eine Zeit, in der sich die früheren Sprachgenossen nicht mehr verstehen, weil ihre Sprachen sich nach und nach geschieden haben. Von da an erkennen sich die, welche noch dieselbe Sprache reden oder doch verstehen, als Nationale, und die Anderen, deren Sprache ihnen unverständlich geworden ist, als Fremde. Die Sprache ist der Ausdruck des gemeinsamen Geistes und das Instrument des geistigen Verkehres. Sie wird in der Familie fortgepflanzt und gleichsam vererbt. Die Muttersprache hält das Bewusstsein der Nationalität in täglicher Uebung wach und lebendig. Selbst fremde Rassen werden durch eine neue Sprache, welche sie in erblicher Weise aufnehmen, nach und nach geistig umgebildet und erhalten die Nationalität, deren Sprache sie reden. In dieser Weise sind die germanischen Ostgothen und Longobarden nach und nach in Italien durch die Sprache zu Italienern, die Kelten und die Franken in Frankreich zu Franzosen, die Slaven und Wenden in Preussen zu Deutschen geworden.

Wie in unseren Tagen das Nationalbewusstsein kräftiger und lebendiger geworden ist, als je zuvor, so haben die Werke der Sprache, so hat die Litteratur und ganz vorzüglich die periodische Presse den erheblichsten Antheil an dieser Erscheinung. Die nationale Bewegung hat zumeist ihre Impulse von der nationalen Litteratur empfangen, welche die Gemeinschaft des Denkens und Empfindens vermittelt und den geistigen Gemeinbesitz erweitert.

Dennoch entscheidet auch die Sprache nicht immer über die Nationalität, und es sind die Begriffe Nation und erbliche Sprachgenossenschaft nicht völlig gleichbedeutend. Die Bewohner der Bretagne und die Basken (früher auch die Elsasser) betrachten sich selbst als Franzosen, obwohl sie die französische Sprache gar nicht oder doch nur wie eine fremde, erlernte Sprache reden. Hier hatten die lange statliche Verbindung zu Einem Volk, die gemeinsamen Schicksale und Interessen, die Theilnahme an der Pariser Kultur das französische Nationalgefühl auch über fremde Bestandtheile des Reiches früher ausgebreitet, bevor die französische Sprache diese Gebiete erobert hatte. Hinwieder haben sich die Engländer und die Nordamerikaner, trotz der fortdauernden Sprachgemeinschaft, wie zwei Nationen von einander getrennt. Nicht durch die Sprache, sondern durch die Trennung zweier Welttheile, zwischen denen das breite Weltmeer sich ausdehnte, durch die Verschiedenheit der beiden Länder und der Lebensaufgabe ihrer Bewohner, durch den Gegensatz der politischen Verfassung und Denkweise, durch die auseinander treibenden Interessen und das Bedürfniss eines jeden der beiden Völker, sich selber zu bestimmen, ist diese Scheidung der Nationen hervorgebracht worden und hat einen typischen Ausdruck und eine rassemässige Dauer gewonnen.

Diese Beispiele zeigen, dass ausser Religion und Sprache 3) auch die Gemeinschaft des Landes und 4) der Verband zum State einen Einfluss haben auf die Bildung neuer Nationen. Die Gemeinschaft des Landes bedingt grossentheils die Gemeinschaft des Klimas, der Nahrung, der Kleidung, der ganzen physischen Lebensweise. In dem Lande findet auch die Nation einen festen Boden, auf dem sie ruht, wo sie ihre Wohnsitze einrichtet und ihrem Berufe nachgeht. Die Heimat wie das Vaterland ziehen die Liebe ihrer Kinder mit magnetischer Kraft an sich. Die Heimatsgenossen, die Vaterlandsgenossen fühlen sich als verwandte Glieder Einer Nation.

Zu seiner vollen Stärke kann aber dieses Gemeingefühl, das sich an den gemeinsamen Boden anschliesst, nur in Verbindung mit der statlichen Abgrenzung und Sicherung gelangen. Auf dem Boden eines fremden States sind die Nationalen auch dann in der Fremde, wenn sie in grösserer Anzahl als Kolonien beisammen wohnen. Ihre wahre Heimat ist nicht dort, sondern in dem Vaterlande, dem sie als Statsgenossen verbunden bleiben. Insofern also wird die Nationalität wieder abhängig mehr von dem State, als von dem Boden, wo man lebt. Wenn aber die Kolonisten sich entschliessen, in dem fremden Lande eine neue Heimat zu gründen, wenn sie den Verband mit dem alten Vaterlande lösen und übertreten in die Statsgenossenschaft des Niederlassungsortes, dann wird auch ihre angeborene Nationalität einer Wandelung ausgesetzt und geht allgemach in die neue Nationalität des neuen Heimatlandes über.

Der Stat hat ein natürliches Streben, seine Bevölkerung auch innerlich so zu verbinden, dass sie sich nicht nur als ein politisch zusammengehöriges Volk, sondern als eine kulturmässig und erblich verbundene Nation fühlt und von anderen Nationen unterscheidet. Wo insbesondere Bruchtheile verschiedener Nationalitäten in Einem State gemischt sind, da entsteht, von der einigenden Macht des States zusammengehalten, aus der Mischung eine neue Nationalität. So hat an der Bildung der französischen und der englischen Nation der französische und der englische Stat einen sehr bedeutenden Antheil gehabt. Der niederländische Stat und seine Geschichte hat die Holländer als eine besondere Nation auch von den sprach- und stammverwandten Friesen, die Deutsche blieben, allmählich getrennt.

Aber gar nicht immer gelingt diese Einwirkung. Oft

erweist sich die ursprüngliche und unstatliche Nationalität als ein so spröder Stoff, dass er sich der statlichen Umbildung nicht fügt. Nirgends decken sich die Begriffe Nation und Stat völlig, und daher ebenso wenig die Begriffe Nation und Volk. Eine grosse Anzahl von Staten enthalten nur Bruchstücke einer Nation und vermögen dieselben nicht zu neuen Nationen umzubilden. Manche Staten umfassen Theile von verschiedenen Nationen, und es gelingt ihnen nicht, dieselben zu Einer neuen Nationalität umzuschaffen. Gerade aus diesen Widersprüchen quellen die Streitfragen auf, welche das politische Leben der heutigen Welt vornehmlich bewegen. Aus derartigen Reibungen entzünden sich die gewaltigen Kämpfe der bestehenden Statsmacht und des geschichtlichen Statsrechtes mit den nationalen Trieben und Verlangen, welche eine Umgestaltung fordern.

Aus allen diesen Wahrnehmungen ergibt sich, dass die Nationalität vorerst durch Ursachen hervorgebracht wird, welche auf die Seelenstimmung, auf die Gemüter, auf die Geister der Bevölkerung einwirken und denselben einen eigenthümlichen Inhalt und Ausdruck verleihen. Die nationale Gemeinschaft ist also vorerst Gefühls- und Geistesgemeinschaft. Aber die Nation ist doch erst dann geboren, wenn diese seelische Gemeinschaft in dem leiblichen Dasein dauernde Wirkungen hervorgebracht, wenn sie auch die gemeinsame Erscheinung, gleichsam die Physiognomie der Massen bestimmt hat; und sie wird nur wirksam in der rassemässigen Fortpflanzung vorerst durch das Blut, sodann durch die Erziehung.

Weil der Ursprung der Nationalität ein geistiger ist, so folgt das Wachsthum und die Ausdehnung der Nationen auch der Bewegung des Geisteslebens. Während die Grenzen der Staten und demgemäss der Völker fest geordnet sind und nur von Zeit zu Zeit Aenderungen erfahren, die aber sofort wieder einen dauernden Zustand abschliessen, so sind dagegen die Grenzen der Nationen ihrer Natur nach beweglich und veränderlich, ebenso wie das Geistesleben selber, das nicht stille steht. Insbesondere der wichtigste Faktor bei der Bildung der Nationen, die Sprache schreitet bald vorwärts, indem sie ihren Geist und ihre Kultur auf neue Gegenden ausdehnt, bald wird sie von einer mächtigeren Sprache zurück gedrängt. Zuweilen schwankt der Sieg in den Grenzgebieten hin und her. Die Grenzen der Sprachen und der Nationen werden so bald vorwärts geschoben, bald verengert. Wo eine civilisirte Weltsprache einer weniger gebildeten Sprache, oder nur bäurischen Dialekten einer anderen Kultursprache begegnet, da wird jener der Sieg, zunächst in den gebildeten Klassen, leicht. Vielfältig sind so in den romanischen Ländern die Germanen dem Einflusse der romanischen Kultur unterlegen und haben die romanische Sprache angenommen. Aber heute noch macht die französische Sprache in Belgien und in der westlichen Schweiz und die italiänische an den Abhängen der Alpen nach Süden Fortschritte. Es dringt aber auch umgekehrt die deutsche Sprache in den romanischen Bergthälern von Graubündten siegreich vor, mächtiger noch im Kampfe mit den slavischen Sprachen der nordöstlichen Grenzgebiete von Deutschland. Grössere Eroberungen macht die englische Sprache in Amerika und Australien. In der Ausbreitung einer Nationalität zeigt sich ihre kulturwirkende Lebenskraft, in ihrer Zurückdrängung dagegen ihre Schwäche.

Auch unter ungünstigen Verhältnissen kann sich daher die rassemässig befestigte Nationalität noch eine Zeit lang behaupten. Tocqueville erzählt eine merkwürdige Erfahrung der Art, die er auf einer Reise nach Amerika gemacht hat. In dem amerikanischen Urwald traf er auf eine kleine Niederlassung von wenigen Familien. Sie hatten in der Einöde an demselben Orte ihre Blockhäuser gebaut, dieselben

Kämpfe bestanden mit der Natur und den wilden Thieren. Sie hatten vielleicht während eines Jahrhunderts unter denselben Gesetzen gelebt, dieselbe Luft geathmet, dieselbe Nahrung genossen, gemeinsame Noth ertragen. Aber die einen Familien stammten von Engländern, die anderen von Franzosen ab und beide hatten während dieser langen Zeit ihre nationale Sinnesart, ihre nationalen Sitten und Vorurtheile mit zäher Treue bewahrt. Sie schauen sich noch, wie Engländer an der Themse und Franzosen an der Seine, mit fremden Augen argwöhnisch an.

Wo immer einzelne nationale Gruppen in fremden Ländern zusammen leben, schliessen sie sich gerne an einander an und isoliren sich von den Fremden. In allen diesen Erscheinungen bewährt sich die Kraft der nationalen Eigenart. Die heutige Gesellschaft ist bis auf einen gewissen Grad kosmopolitisch geworden. Die gesellschaftliche Kleidung, die gesellschaftlichen Sitten sind dieselben in der gebildeten Welt von Europa und Amerika. Gewöhnlich überwiegt auch in jeder Gesellschaft Eine Sprache und Alle versuchen es, sich in derselben verständlich zu machen. Dennoch bedarf es oft nur eines geringen Anstosses und die scheinbar gleichartige Menge fährt plötzlich in verschiedene Nationalitäten aus einander, wie oft durch eine kleine Bewegung eine chemische Mischung in die ursprünglichen Stoffe sich auflöst.

Zuweilen bricht sogar die ursprüngliche Nationalität, die bereits in eine neue verwandelt schien, wieder hervor, wenn die Kräfte verschwinden, welche die Wandelung bewirkt haben. Die deutschen Elsasser berühmten sich in Europa oft, echte Franzosen zu sein. Sie hatten auch während der langen Herrschaft der Franzosen und insbesondere in den Städten seit der französischen Revolution in mancher Hinsicht der französischen Nationalität sich assimilirt. Aber wenn sie aus Frankreich auswanderten und in den Vereinigten Staten in der Nähe von Deutschen neue Wohnsitze gründeten, so fühlten sie sich bald wieder als deutsche, nicht als französische Amerikaner*). Die Erinnerung an die alte deutsche Rasse erwachte wieder und das deutsche Gemüt kam wieder zu voller Geltung**). Aehnliche Wiederherstellungen und Rückbidungen der nationalen Rasse sind auch anderswo in der Geschichte der Völker wahrzunehmen.

Versuchen wir nunmehr, den Begriff der Nation zu bestimmen. Wir heissen Nation die erblich gewordene Geistes-, Gemüts- und Rassegemeinschaft von Menschenmassen der verschiedenen Berufszweige und Gesellschaftsschichten, welche auch abgesehen von dem Statsverband als kulturverwandte Stammesgenossen verbunden und von den übrigen Massen als Fremden unterschieden sind. Der Begriff der Nation ist also ein geschichtlicher Kulturbegriff. Indem die Menschenrassen durch die Weltgeschichte in Nationen getheilt wurden, ist durch die Mannigfaltigkeit und den Wettstreit der Nationen das Leben der Menschheit bereichert und entwickelt worden.

3. Wirkung der Nationalität.

Die Nation bleibt zunächst nur eine Gemeinschaft, allerdings eine organische Gemeinschaft, denn sie hat zugleich eine geistige und eine leibliche Seite, aber keine wirkliche Einheit. Zur vollen Einheit fehlen ihr die nöthigen Organe, welche ihren Gesammtwillen äussern. Sie ist daher keine Person im juristischen Sinne des Wortes, kein anerkanntes Rechtswesen. Sie äussert sich vielmehr immer in einer grossen Anzahl von Einzelmenschen, welche die ge-

*) Nach einer brieflichen Mittheilung von Fr. Lieber.

**) Um so eher werden sie nun, wieder mit dem deutschen Reiche vereinigt, die ursprüngliche deutsche Nationalität erneuern.

meinsame Rasse in sich haben und dieselbe mehr oder weniger deutlich in ihren Sitten, in ihrer Lebensweise, in ihren Uebungen, Festen und Spielen, in ihren Handlungen und Werken darstellen. Keiner von diesen Allen ist ermächtigt, die Nation als Ganzes zu repräsentiren.

Auch die einzelnen Geisteswerke sind nur in geringem Masse national. Die wissenschaftliche Beobachtung und die logische Folge der Gedanken werden doch mehr durch die allgemeinen Gesetze der Erkenntniss, als durch nationale Eigenthümlichkeit bestimmt. Die Werke der Dichter und der schönen Litteratur überhaupt sind doch vorzugsweise Schöpfungen des individuellen Künstlergeistes und nicht des nationalen Gemeingeistes. Die nationale Seite in diesen Werken ist freilich erkennbar, aber sie gibt denselben doch nur eine bestimmte Färbung, nicht ihren eigentlichen Gehalt. Die besten Werke der Wissenschaft und der Litteratur sind auch in ihrem Gemeinwerthe eher menschlich als national. Noch weniger ist in der bildenden Kunst die nationale Eigenthümlichkeit entscheidend, obwohl wir auch da die hellenische Architektur von der römischen, die italienische Malerei von der niederländischen, die deutsche Musik von der französischen unterscheiden. Die herrlichsten Kunstwerke der ersten Meister haben meistens etwas Gemeinverständliches für alle Nationen, und die verschiedenen Kunstschulen und Kunstrichtungen erfassen gewöhnlich mehr als eine Nation.

In allen diesen Dingen bringt die Nationalität nur eine leise Modifikation der Werke hervor, welche der individuelle Geist erschafft, sie bestimmt nicht das Wesen dieser Werke. Sie erzeugt überhaupt nicht leicht eigenthümliche Arten von Werken, sondern gewöhnlich nur Varietäten der ohnehin bestehenden Arten.

Nur in Einem grossen Geisteswerke bewahrt die Nation selber ihre schöpferische Kraft. Die Sprache ist das eigenste

Gut der Nation und zugleich der deutlichste Ausdruck und das Erzeugniss ihres Gemeingeistes. Allerdings arbeiten auch an der Sprache einzelne hervorragende Individuen, sie bereichern dieselbe durch freie Auswahl und Erfindung und bilden sie fort. Aber im Grossen ist die Sprache doch in ihrem Wortschatze wie in ihren Formen, Biegungen, Wandelungen und in ihrer Satzbildung das Werk der gemeinsamen nationalen Sprachkraft. Wir wissen, wie Vieles die italienische Sprache Dante, die deutsche Luther zu verdanken hat, aber sowohl Dante als Luther haben ihre Sprache nicht erfunden, sondern aus der reichsprudelnden Quelle der Volkssprache geschöpft, an der zuvor Millionen von Menschen gearbeitet hatten, ohne dass ihre Arbeit im Einzelnen nachzuweisen ist. Dante und Luther haben von ihren Müttern viel mehr Sprache gelernt, als sie aus eigener Arbeit daran fortgebildet oder hinzugefügt haben.

Zunächst der Sprache hat, wenigstens ursprünglich, noch das Recht ein nationales Gepräge. Wie die Sprachkraft auf Mittheilung und geistigen Verkehr angewiesen ist, so ist der Rechtssinn auf die gemeinsame nothwendige Lebensordnung gerichtet. In der Sprache offenbart sich der Gemeingeist, in den Rechtsübungen die gemeinsame Rechtsüberzeugung. In dem Masse, wie sich eine Nation ihrer Eigenart bewusst wird und sich von anderen Nationen scharf absondert, nehmen auch ihre Rechtsinstitutionen und ihre Rechtsgebräuche einen nationalen Charakter an. Die deutsche geschichtliche Rechtsschule hat mit Vorliebe und mit Fleiss diese nationale Seite der Rechtsbildung im Einzelnen beleuchtet. Aber wenn die Rechtskultur älter und erfahrener wird, wenn dem Rechtsbewusstsein auch der menschliche Zusammenhang klarer wird, die Rücksicht auf vernünftige Gründe und zweckmässigen Gebrauch des Rechtes schärfer ins Auge gefasst wird, dann tritt auch das specifisch-nationale Element in dem Recht hinter dem mensch lichen und rationellen Charakter desselben zurück. Leichter als es eine fremde Sprache erlernt, nimmt daher ein Volk ein fremdes Recht an und benutzt so die Arbeit anderer Nationen und Staten für seine Zwecke. Die deutsche Nation hat so nach und nach die lateinische Gelehrtensprache des Mittelalters abgestreift und die einheimische Volkssprache wieder zu Ehren gebracht; aber sie hat sich ohne nachhaltigen Widerstand dem römisch-byzantinischen Kaiserrechte unterworfen und kann sich von dieser Fremdherrschaft nicht mehr durch Erneuerung ihres alten Volksrechtes, sondern nur in Verbindung mit der modernen menschlich-rationellen Rechtsbildung allmählich wieder befreien. Fast ohne Widerspruch haben deutsche Länder den franzözischen Code Napoléon als Rechtsbuch angenommen und bald mit Neigung daran festgehalten.

Weniger noch wirkt die Nationalität auf den religiösen Glauben. Die alten heidnischen Religionen freilich waren national. Die Götter waren vorzugsweise Götter der Stämme, der Städte, der Nationen. Auch die monotheistische Religion der Juden war anfangs national, Jehovah war der Nationalgott der Juden. Aber die grossen Weltreligionen der Folgezeit, insbesondere das Christenthum, haben diese nationale Schranke beseitigt, und verbinden mit dem Einen Gott auch das ganze Menschengeschlecht und die gesammte Welt. Das religiöse Leben ist daher entweder individuel oder universel; jenes insofern der individuelle Menschengeist sich an Gott wendet, dieses insofern ein bestimmter Gottesglaube die Menschheit oder Theile der Menschheit erfüllt. Es gilt das vom Buddhismus und der Religion des Kon-fu-tsü ebenso wie vom Islâm und dem Christenthum. Alle diese Religionen haben einen universellen menschlichen Grundcharakter. Es gilt das zunächst auch von den christlichen Konfessionen. Nicht bloss der Katholicismus behauptet seine universelle

Natur; auch der Protestantismus lässt sich nicht in die Grenzen eines Landes einpferchen.

Dennoch übt auch auf die Auffassung der Religion der nationale Charakter eine unläugbare Wirkung aus und mehr noch auf die Verfassung der Kirche und die Formen des Kultus. Es ist nicht zufällig, dass das Christenthum vorzugsweise die Religion der arischen Nationen geworden ist, und dass die romanischen Nationen fast durchweg römisch-katholisch, die Russen und Griechen griechisch-katholisch und die germanischen Nationen in ihrer grossen Mehrheit protestantisch sind.

Mit Nachdruck fordert der Protestantismus insbesondere nationale Verständlichkeit für den Kultus. Während die katholische Kirche noch wie im Mittelalter die gelehrte lateinische Sprache als die universelle Kultussprache bewahrt, werden in den protestantischen Ländern überall Liturgie und Gebet in der lebendigen Volkssprache d. h. in einer für alle Gläubigen verständlichen nationalen Form gehalten. Ebenso unterscheiden sich die protestantischen Kirchen in den verschiedenen Ländern durch besondere Einrichtungen, den nationalen Bedürfnissen und Ansichten gemäss. Die Nationalität bestimmt da also zwar nicht das Wesen der Religion und nicht einmal den Grundcharakter des Kultus oder der Kirchenverfassung, aber so weit in ihr eine bestimmte gemeinsame Sinnesart und Sprachweise Ausdruck gewinnt, modificirt und nationalisirt sie beide.

In neuerer Zeit gewahren wir ähnliche Bewegungen auch innerhalb der katholischen Kirche. Auch da liegt eine nationale mit der universellen Richtung und dem gemäss die autonome Freiheit mit der centralen Herrschaft im Kampf. Die bischöfliche Kirche in Frankreich und in Toscana und die kurfürstlich-landesherrliche in Deutschland behaupteten im vorigen Jahrhundert eine gewisse Selbständigkeit der römischen Kurie gegenüber. Seither ist dieselbe innerhalb des Klerus durch den steigenden Absolutismus des Papstthums zerbrochen worden, aber in der Laienwelt zeigten sich um so mehr die Unzufriedenheit mit diesem kirchlichen Absolutismus und die Abneigung gegen das fremde Römerregiment. Zum Frieden werden die Parteien kaum mehr kommen, bis die universelle römische Kirche dem nationalen Verständnisse und der nationalen Freiheit die nöthigen Zugeständnisse machen wird.

Die Beziehung der Nationalität zum State ist offenbar enger als die zur Kirche. Denn der Stat erscheint als Organisation eines Volkes, und die Völker erhalten ihren Charakter und Geist vornehmlich von den Nationen, welche im State leben. Zwischen den Begriffen Nation und Volk zeigt sich daher eine natürliche Verwandtschaft. Obwohl sie sich in der Praxis nirgends decken, zeigen sich doch überall starke Triebe, welche eine Ausgleichung anstreben.

Zunächst freilich ist die Nation nur Kultur- und nicht Statsgemeinschaft. Aber wenn sie sich ihrer Gemeinschaft in Sitte und Sprache, in Geist und Charakter recht lebendig bewusst wird, dann liegt der Gedanke und das Verlangen nahe, dass sie diese Gemeinschaft auch zur vollen Persönlichkeit ausbilde, dass sie auch einen gemeinsamen Willen hervorbringe und ihren Willen als wirksame Macht bethätige, d. h. dass sie den Stat bestimme oder zum State werde.

Das ist die Begründung des politischen Nationalitätsprincips, wie dasselbe in unserer Zeit in besonderer Stärke auftritt. Man begnügt sich nicht mehr damit, dass der Stat die natürlichen Rechte einer jeden Nation auf ihre Eigenart, auf ihre Sitte, ihre Sprache, ihre Kultur achte und schütze. Diese natürlichen Rechte einer jeden Nation werden heute in dem civilirten Europa wie in Amerika als selbstverständlich geachtet. Wenn im Widerspruche damit in Osteuropa die Russomanen die übrigen Nationen, voraus die Polen, ihrer Muttersprache gewaltsam zu berauben suchen, oder in Siebenbürgen magyarische Eiferer die deutschen Schulen unterdrücken, so erscheint das in den Augen der civilisirten Welt als ein Zeichen noch ungezähmter asiatischer Barbarei.

Das moderne Nationalitätsprincip verlangt mehr als jenen Schutz: es verlangt, dass der Stat selber zum Nationalstate werde.

In seiner absoluten Fassung heisst das Nationalitätsprincip: Jede Nation ist berufen und daher berechtigt, einen Stat zu bilden. Die Nation ist die natürliche und kulturmässige Anlage zu dem politischen Volke. Die Volksperson ist die Erfüllung dieser Anlage. Die volle Konsequenz dieses Gedankens wäre die: Wie die Menschheit in eine Anzahl von Nationen getheilt ist, so soll die Welt in eben so viele Staten zerlegt werden. Jede Nation Ein Stat. Jeder Stat ein nationales Wesen.

Ist dieser Gedanke wahr? Wir sehen, dass die einen ihm mit Begeisterung huldigen und bereit sind, ihre ganze Existenz für die Verwirklichung desselben einzusetzen und dass die anderen ihn als ein leeres Spiel der Phantasie, als eitel Schwindel verhöhnen.

Die Macht desselben zeigt sich schon in der früheren Statengeschichte. Bevor das Princip ausgesprochen war, wurde es wirksam. Seitdem es verkündet worden, hat es an Stärke zugenommen. Ueberschauen wir, um darüber klar zu werden, die hauptsächlichsten Gegensätze zwischen dem Umfang der Nation und dem Gebiete des States.

I. Das Statsgebiet ist kleiner als die Nation.

Dann werden wir zwei entgegengesetzte Strömungen gewahr. Wenn das Statsbewusstsein in den Bürgern sehr lebendig ist und dieselben befriedigt, so zeigt sich das Streben des States, seine Bevölkerung zu einer neuen Nation eigenthümlich auszubilden. In dieser Weise sind im Alterthum die Athener und Spartaner kraft ihrer statlichen Erziehung und Absonderung zu relativen Nationen geworden; aber auch im Mittelalter die Venetianer und die Genuesen, und später die Holländer und theilweise die Schweizer. Das grossartigste Beispiel aber der Bildung einer neuen Nation durch die Kraft des politischen Geistes, der freilich von dem Gegensatze der Lage unterstützt ward, ist die nationale Scheidung der Nordamerikaner von den Engländern.

Wenn dagegen die nationalen Triebe in dem engen Statswesen sich unbefriedigt fühlen, dann streben sie umgekehrt, die Grenzen des States zu überschreiten und sich mit ihren nationalen Genossen in anderen Staten zu einem grösseren nationalen State zusammen zu schliessen. Dieser Zug bewegte schon früher die französische und sie bestimmt in unserem Jahrhunderte die italienische und die deutsche Statenbildung.

II. Das Statsgebiet ist weiter als die Nation: d. h. es umfasst zwei oder mehrere Nationen, oder doch Bruchtheile von solchen.

Hier sind wieder mehrere Fälle zu unterscheiden:

A) Die verschiedenen Nationen oder Bruchtheile von Nationen sind massenhaft neben einander in dem Einen Statsgebiete gelagert. Da zeigen sich folgende Strömungen:

1. Die Tendenz des States, gestützt auf die hervorragende Kultur Einer Nationalität, allmählich die anderen nationalen Elemente jener zu assimiliren und dadurch das ganze Volk zu Einer Nation umzuwandeln. So wurde in dem altrömischen Kaiserreiche der Occident latinisirt und der Orient hellenisirt. In ähnlicher Weise sucht heute der Belgische Stat, gestützt auf die Wallonen und besonders auf die französische Bildung der Städte, die höheren Klassen auch der Vlämischen Bevölkerung zu französiren.

Die Nationalisirung gelingt nur da, wo die herrschende Nation den übrigen an Geist und Macht weit überlegen ist. An dem Widerstande der Germanen und der Perser ist doch auch die römische Politik gescheitert.

2. Die Tendenz der verschiedenen Nationen, den Stat zu theilen und politisch auseinander zu gehen. Die Repealbewegung der Iren gegen den englischen Stat, die Lostrennung der Lombarden und der Venetianer von Oesterreich, die Verfassungskämpfe in Oesterreich überhaupt, der erneuerte Dualismus von Ungarn und Cisleithanien, aber auch der Streit zwischen Magyaren und Slaven, Deutschen und Czechen offenbaren die zähe Kraft dieser Richtung.

3. Ihr entgegen zeigt sich ferner die Absicht des States, die verschiedenen Nationen zusammen zu halten, ohne sie zu Gunsten Einer Nation zu nationalisiren. Dann aber muss der Stat darauf verzichten, ein spezifisch-nationaler zu sein. Er verhält sich dann in nationaler Beziehung als neutral oder vielmehr als international. Er lässt jede Nation in seinem Inneren, soweit ihre Kulturinteressen in Frage sind, völlig frei gewähren und betrachtet sie alle als gleichberechtigt. Soweit die Politik zu bestimmen ist, vermeidet er aber die nationale Einseitigkeit und bestimmt dieselbe lediglich nach gemeinsamen politischen, nicht nach besonderen nationalen Motiven.

Das ist die Methode, durch welche es bisher der Schweiz gelungen ist, das schwierige Problem des Nebeneinander verschiedener Nationalitäten zu lösen und dieselben zu befriedigen, ohne die Einheit des States zu gefährden. In dem centralen Gebirgsstocke zwischen Deutschland, Frankreich und Italien haben sich so Bruchtheile dieser drei grossen Nationen zu kleinen republikanischen Gemeinwesen gestaltet und zu einem friedlichen und neutralen Gesammtkörper geeinigt. Die einzelnen Kantone freilich sind durchweg nationale Staten.

Entweder bestehen sie nur aus Einer Nationalität, wie Zürich, Basel und überhaupt die deutschen Kantone der nördlichen und die Kantone der inneren Schweiz und wie die französischen Kantone Waadt, Genf und Neuenburg und das italienische Tessin. Oder, wenn auch sie gemischt sind, so überwiegt doch eine Nationalität darin, wie in Bern und Graubündten das deutsche, in Freyburg und in neuerer Zeit auch im Wallis das französische Element. Indem die Kantone ihre Kulturinteressen nach eigenem Ermessen frei verwalten, können sie beliebig auch ihre nationalen Ansichten zur Geltung bringen und für die nationalen Bedürfnisse sorgen. Der Bund aber vereinigt die deutschen und wälschen Schweizer zu Einem Gesammtkörper und in Einer Repräsentation, in welchen jeder in seiner Sprache reden mag, aber Alle als Söhne Eines Vaterlandes und Bürger Eines States zusammenwirken. Diese Gemeinschaft lässt sich freilich nur so lange bewahren, als die nationalen Leidenschaften schwächer sind, als das politische Gemeingefühl. Von dem Tage an, an welchem der nationale Gedanke die äussere Politik bestimmen will, ist jene in ihrer Existenz bedroht.

Eine völlig andere Methode, die verschiedenen Nationen statlich zusammen zu halten, ohne sie umzugestalten, hatte die österreichische Politik eine Zeit lang mit scheinbarem Erfolge eingeschlagen, nach dem verunglückten Versuche Kaiser Josephs II. Oesterreich zu germanisiren. Jede einzelne Nation sollte mit den Kräften der übrigen gezwungen werden, dem State zu dienen. Diese mechanische Methode der gewaltsamen Einigung kann wohl das Ganze künstlich zusammen ketten, aber nur so lange, als die eiserne Gewalt gefürchtet wird. Wenn ihr Zwang nachlässt oder unanwendbar wird, dann treiben die gekränkten und misshandelten Nationalitäten nur um so leidenschaftlicher aus einander. Die Geschichte Oesterreichs seit 1848 lässt in dieser Hinsicht keinen Zweifel bestehen.

B) Die verschiedenen Nationalitäten sind nicht massenhaft neben einander gelagert, sondern gruppenweise unter einander gemischt. Dann ist die Gefahr für die Einheit des States oder Landes nur gering. Eher entsteht die Gefahr für die schwächere Nationalität, dass sie von der stärkeren, die sie umschlingt, aufgezehrt werde. Die geistig überlegene Nationalität wird dann herrschend und assimilirt sich nach und nach die vereinzelten Theile der fremden Nationalitäten. In dieser Weise sind die Germanen in den vormaligen römischen Provinzen mit der Zeit romanisirt worden, obwohl sie die herrschenden Stämme waren. So werden Iren, Deutsche, Franzosen in den Vereinigten Staten in den folgenden Generationen von dem angelsächsischen Nationaltypus der Nordamerikaner umgebildet.

Schon dieser Ueberblick macht bedenklich gegen die Annahme, dass jede Nation berufen und geeignet sei, einen besonderen Stat zu bilden. Aus der Wechselwirkung der Nation und des States folgt nicht, dass sie nothwendig in Eins zusammentreffen.

Eine nähere Prüfung sowohl der Natur der Nation als des States verstärkt jene Bedenken und überzeugt uns, dass die obigen Forderungen des Nationalitätsprincipes übertrieben sind und dass insbesondere das Verlangen der Nationen, zu selbständigen Staten zu werden, keine absolute, sondern nur eine relative Berechtigung habe.

1. Nicht alle Nationen sind fähig, einen Stat zu erzeugen und nicht einmal alle Nationen, welche die Fähigkeit haben, einen Statsgedanken als den ihrigen hervorzubringen, haben die sittliche Kraft, sich selber zu regieren und die Charakterstärke, um sich als nationale Staten zu behaupten. Die unfähigen bedürfen einer Leitung durch andere begabtere Völker, die schwachen sind genöthigt, sich mit anderen zu verbünden oder sich dem Schutze stärkerer

Mächte unterzuordnen. Die keltischen Nationen haben überall in Westeuropa der romanischen oder germanischen Statenbildung als passiver Stoff gedient. Die mancherlei Nationalitäten in Südosteuropa vermögen nur im Anschluss an einander statlich zu bestehen. Die Berechtigung der Englischen Herrschaft in Ostindien beruht auf dem Bedürfniss jener Nationen nach einer höheren Leitung.

Die volle Geistes- und Charakterkraft, um einen nationalen Stat zu schaffen und zu erhalten, haben strenge genommen nur die Nationen, in welchen die männlichen Seeleneigenschaften überwiegen. Die mehr weiblich gearteten werden schliesslich immer durch andere ihnen überlegene Mächte statlich beherrscht werden. Nur in jenen hat das Verlangen, Stat zu werden einen Sinn; diesen fehlt gewöhnlich mit der Kraft auch die Neigung zur Selbständigkeit.

2. Da das Wesen der Nation vorerst Kulturgemeinschaft, nicht Statseinheit ist, so kann es vorkommen, dass eine Nation sich ihrer Kulturverwandtschaft bewusst ist, aber in ihren politischen Ideen uneinig ist. Ein Theil der Nation kann monarchisch, ein anderer republikanisch gesinnt und jeder Theil entschlossen sein, das ihm zusagende Statsideal zu verwirklichen. Dann kann es geschehen, dass dieselbe Nation in verschiedenen Statsformen ihre Eigenthümlichkeit darstellt, und nur in dieser mannigfaltigen Statenbildung sich befriedigt fühlt. Dieser Zwiespalt ist zuweilen eine politische Schwäche einer Nation. Die hellenische Nation ist um der inneren Zerklüftung willen in eine Anzahl kleiner Städtestaten die Beute erst der Makedonischen Könige, dann der Römer geworden. Der Gegensatz zweier nationalen Staten kann aber auch die Wirkung einer ungewöhnlich reichen Anlage einer lebenskräftigen Nation sein. Das angelsächsische Brüderpaar der aristokratischen Monarchie von England und der repräsentativen Demokratie in Nordamerika ist ein Beleg für die letztere Möglichkeit.

3. Die Statenbildung setzt nach dem Zeugnisse der Geschichte ein Zusammenwirken von verschiedenen Ursachen voraus und ist das Ergebniss von Kämpfen verschiedener Potenzen. Die Nationalität ist nur Eine jener Ursachen, sie ist in unserer Zeit wohl die stärkste Ursache geworden, aber sie ist nicht die einzige Ursache. Auch die Natur des Landes, — die insulare Lage, ein von Bergen umschlossenes oder begrenztes Gebiet, ein Stromgebiet u. s. w. — übt abgesehen von der Nationalität der Bewohner ebenfalls eine Wirkung aus. Ferner üben politische Ideen, die vielleicht nur einen Theil der Nation, oder Theile von verschiedenen Nationen bewegen, einen bestimmenden Einfluss aus, z. B. die der Gemeinde- und städtischen Freiheit auf städtische Republiken, die eines Weltreiches auf einen halben Welttheil. Sodann beherrscht die Autorität einzelner Fürsten ihren Anhang, und es schliessen sich an Dynastien ganze Stämme, an erbliche Landesherren ganze Länder in Treue und Gehorsam an. Der Streit über geschichtliches Recht und der Trieb zur Umgestaltung erregt Thronfolgestreitigkeiten und Bürgerkriege. Auch die Herrschsucht der Machthaber und die Macht der Nachbarn sind von Einfluss. Zuletzt entscheidet im Kriege der Sieg und die Niederlage über das Dasein und den Umfang von Staten. Zu den menschlichen Kämpfen treten das Schicksal und die göttliche Leitung der Weltgeschichte hinzu und helfen den Sieg entscheiden. So wird die Statenbildung zu etwas anderem als der blossen konsequenten Entfaltung des nationalen Lebens. Durch die Macht der Geschichte wird dieselbe vielfältig begrenzt, getrennt, gespalten, verändert; und die Nothwendigkeit zwingt uns, die Ergebnisse der Weltgeschichte anzuerkennen.

4. Eine ihrer selbst bewusste Nation, welche auch einen politischen Beruf in sich fühlt, hat das natürliche Bedürfniss,

in einem State zu wirksamer Offenbarung ihres Wesens zu gelangen. Hat sie auch die Kraft dazu, diesen Trieb zu befriedigen, so hat sie zugleich ein natürliches Recht zur Statenbildung. Dem höchsten Rechte der ganzen Nation auf ihre Existenz und Entwickelung gegenüber sind alle Rechte einzelner Glieder der Nation oder ihrer Fürsten nur von untergeordneter Bedeutung. Die Bestimmung der Menschheit ist nicht zu erfüllen, wenn nicht die Nationen, aus denen dieselbe besteht, im Stande sind, ihre Lebensaufgabe zu vollbringen. Die Nationen müssen nach Graf Bismarks Ausdruck athmen und ihre Glieder bewegen können, damit sie leben. Darauf beruht das heilige Recht der Nationen, sich zu gestalten und Organe zu bilden, in denen sich ihr Leben entwickeln kann; ein Recht, das heiliger ist als alle anderen Rechte, das Eine, der Menschheit selber, ausgenommen, das alle übrigen begründet und zusammen fasst.

Aber ein nationaler Stat kann entstehen und dauern, wenn gleich nicht die ganze Nation in denselben aufgenommen wird. Die nationale Statenbildung erfordert nur die Erfüllung mit einem so grossen und so starken Theile der Nation, dass derselbe die Kraft hat, ihren Charakter und ihren Geist in dem State ganz und voll zur Geltung zu bringen. Die französische Nation hat schon seit langem in Frankreich einen nationalen Stat erhalten, mächtig genug, ihre nationale Eigenart zu schützen und zu vertreten, wenn gleich einzelne Theile der französischen Nation in Belgien und in der Schweiz andere Staten gebildet haben. Es ist daher eine übertriebene Forderung des Nationalitätsprincips, dass der nationale Stat so weit ausgedehnt werde, als die nationale Sprache reicht. Die Konsequenz würde dahin treiben, die Statsgrenzen ebenso beweglich zu machen, wie die Sprachgrenzen, was mit der Festigkeit der Statsperson und der allgemeinen Rechtssicherheit unverträglich ist.

5. Die Nationalität wirkt doch mehr auf die Politik eines States, als auf sein Recht. Die Statsverfassung und das Statsrecht haben nur theilweise eine nationale Form und Farbe. In höherem Grade sind sie durch menschliche Rechtsprincipien geordnet, nach allgemeinen Bedürfnissen bestimmt, durch Rücksichten der Zweckmässigkeit geleitet. Desshalb sehen sich die Einrichtungen der verschiedenen Völker doch trotz des Unterschiedes der Nationen, welche jene bilden, so sehr ähnlich. Desshalb bekommt die Rechtsbildung der höheren Civilisationsstufen einen gemeinschaftlichen, eher menschlichen als nationalen Ausdruck. Desshalb ist auch die höchste Statsidee menschlich.

Die Entwickelung der Menschheit setzt nicht bloss die freie Offenbarung und den Wettkampf der Nationen als Grundbedingung voraus, sondern sie verlangt hinwieder die Verbindung der Nationen zu der höheren Einheit. Die nationalen Staten erhalten durch die Bruchstücke von fremden Nationen, die sie aufnehmen, eine Ergänzung ihrer nationalen Beschränktheit, und diese fremden Bruchstücke können auch als Vermittelungsglieder dienen, welche den Zusammenhang mit der Kultur anderer Nationen herstellen und wirksam erhalten. Zuweilen wird diese Verbindung einzelner Bruchtheile einer fremden Nationalität mit einem stärkeren nationalen Volksstamm ebenso wohlthätig und förderlich für das Statsleben, wie die Legirung der Edelmetalle mit Kupfer sie erst für die Verkehrsmünzen brauchbar macht.

Die höchste Statenbildung beschränkt sich daher nicht auf Eine Nation, wenngleich sie sich vorzugsweise auf Eine stützt. Diese Stütze sichert ihre Einheit, die Verbindung mit Theilen fremder Nationen gewährleistet ihre Vielseitigkeit, sie bereichert ihr inneres Leben und erhöht ihre Lebensaufgabe.

Niemals darf daher über dem nationalen Princip das

höhere humane vergessen werden. Nur innerhalb des humanen hat das nationale Wahrheit und Berechtigung.

4. Die deutsche Nation und der deutsche Stat.

Keiner anderen Nation in Europa ist es so schwer geworden, einen nationalen Stat zu gründen, wie der deutschen. Aber auch in der deutschen Nation ist das Verlangen nach dem deutschen State endlich so stark geworden, dass es nicht länger überhört werden konnte und die neueste Umgestaltung Deutschlands zur Folge hatte.

Vor nicht sehr langer Zeit war die Meinung, die deutsche Nation habe ihren weltgeschichtlichen Beruf nur in dem Bereiche der Geisteskultur, und nicht in der Politik zu suchen, nicht nur bei fremden Völkern sehr verbreitet. In der Nation selbst war der Glaube an ihren politischen Beruf fast erloschen. Deutsche Geistesfürsten wie Lessing und Goethe hatten daran verzweifelt. In dem deutschen Bunde von 1815 hatten die deutschen Landesfürsten ihre Souveränetät mit bestimmter Absicht der deutschen Einigung als ein unübersteigliches Hinderniss entgegengesetzt und während eines Menschenalters galt seitdem die nationale Gesinnung als verdächtig und das Streben nach einem nationalen State als ein strafwürdiges Verbrechen. Die Privattugenden der Deutschen wurden wohl allgemein geschätzt. Man rühmte die Ehrbarkeit des deutschen Familienlebens und der Sitten, den Fleiss der Arbeiter, die Redlichkeit im Geschäftsverkehre. Man wusste auch die Körperkraft der deutschen Bevölkerung wohl zu werthen und ihre Hingebung zu benutzen, man fand in dem deutschen Bauernstande einen unerschöpflichen Vorrath für die Rekrutirung der Heere und für die Anstellung von Lohndienern. Die deutsche Reformation des sechszehnten Jahrhunderts hatte der Welt die Kraft des deutschen Gewissens und den Heldenmuth der deutschen Ueberzeugung geoffenbart, die deutschen

Reformatoren hatten Europa befreit von der römischen Knechtung der Geister. Die deutsche Litteratur des achtzehnten Jahrhunderts hatte durch ihren Reichthum an Gedanken und Empfindungen, durch den Adel und die Mannigfaltigkeit ihrer Formen und durch ihren humanen Charakter die Bewunderung aller gebildeten Nationen auf sich gezogen. Die deutsche Wissenschaft endlich der neueren Zeit hatte die höchsten Ehren erworben. Aber so hoch diese und andere Verdienste der deutschen Nation gepriesen wurden, ihre politischen Zustände wurden ebenso allgemein gering geschätzt. Die Vorstellung, dass die Deutschen berufen seien, die Welt mit den Schätzen ihres Geistes zu bereichern, als Lehrer zu wirken und Kultur zu verbreiten, aber unfähig, ein würdiges Statswesen zu bilden, war sehr verbreitet. Die Deutschen, sagte man, mögen vortreffliche Menschen sein, aber sie sind schlechte Politiker. Die Machthaber in Europa betrachteten Deutschland als ein widerspruchsvolles aus dem Mittelalter überliefertes Gefüge von schwachen Ländern, das nur noch eine passive Bedeutung in Europa habe und bestimmt sei, von Andern beherrscht, je nach Umständen auch als Entschädigungsmaterial verwendet und vertheilt zu werden.

Wer unbefangen das deutsche Naturel und die deutsche Geschichte untersuchte, dem konnten die ungeheuren Schwierigkeiten nicht verborgen bleiben, welche die deutsche Nation in ihrer Naturanlage und in den äusseren Verhältnissen zu überwinden hatte, um den deutschen Stat hervorzubringen und dadurch ihre politische Mission zu vollziehen.

Von Anfang an, seitdem die deutsche Geschichte beginnt, zeigt es sich, dass der Statssinn und der Statstrieb bei den Deutschen weniger stark und weniger entwickelt ist, als die Kraft der individuellen Eigenart und die Liebe der persönlichen Freiheit. Im schärfsten Widerspruche gegen den absoluten Cäsarenstat, der von Rom aus alle Nationen beherrschte und unterdrückte, waren sie in eine grosse Anzahl von freien Volksstämmen gespalten, ohne ein gemeinsames Centrum, ohne durchgreifende Statsgewalt, voll eigenwilligen Trotzes, ungeneigt zur Unterordnung unter das Ganze. Nicht einmal den Römern gegenüber hielten sie zusammen. Deutsche Fürsten waren Bundesgenossen der Römer wider ihr Vaterland, deutsche Söldnerschaaren kämpften in den römischen Heeren wider ihre Landsleute. Wenn sie sich einem höheren Herrn unterordneten, so thaten sie es am liebsten in jener Form des persönlichen Treuverbandes und der freiwilligen Hingebung an einen tapferen Gefolgsherrn. Dann aber hielten sie die Treue gegen den Fürsten für heiliger noch als die Treue gegen das Vaterland.

Nur wo germanische Fürsten romanische Provincialen zu Unterthanen und Räthen erwarben, gelangen ihnen eine grössere Statenbildung. Die grosse Masse der deutschen Stämme aber ist erst durch das fränkische Königthum und nur in Folge der Verbindung mit der romanischen Bevölkerung, nur mit Hülfe der römischen Statstradition zu Einem Reiche verbunden und gleichsam zum State erzogen worden.

Als sich die Deutschen von den Franzosen trennten und ein besonderes deutsches Königreich bildeten, entstand zuerst ein deutscher Stat. Das heilige römische Reich deutscher Nation war wirklich ein nationaler deutscher Stat, wie er dem Mittelalter entsprach. Die ganze vielgliedrige Gestalt des Reiches mit dem gewählten deutschen Könige als Haupt, den gewählten geistlichen und den erblichen weltlichen Fürsten, die sich immer mehr der Landesherrschaft in ihren Gebieten bemächtigten, mit den freien Reichsstädten und den bischöflichen und landesherrlichen Städten, mit den zahlreichen Abteien und ritterschaftlichen Grundherrschaften, mit seinen Reichstagen und Landtagen, mit dem Vasallenheere und den Reichs- und

Hofgerichten, hatte einen durchaus deutschen Ausdruck. Unter den europäischen Staten behauptete das deutsche Reich während des Mittelalters den höchsten Rang. Die deutschen Könige erwarben zugleich die römische Kaiserkrone. Damit übernahmen die Deutschen auch eine universelle Aufgabe für die Welt. Es gereicht ihnen das zur Ehre, wenngleich sie diese hohe Aufgabe nicht erfüllen konnten. Die Einheit des States war zu schwach, die Regierungsgewalt zu wenig ausgebildet, die innere Spaltung und Zerklüftung zu gross. Zwar retteten die Deutschen nochmals die europäische Welt vor der römischen Weltherrschaft, diessmal vor der despotischen Universalmonarchie der Päpste. Aber es geschah das nur mit dem Opfer des deutschen Königsthumes und des deutschen States.

Das deutsche König- und römische Kaiserthum konnte sich nicht mehr erholen von den schweren Wunden, die es in dem grossen andauernden Weltkampfe mit dem Papstthume erlitten hatte. Auch in diesem Kampfe hatte die Nation nicht einig zusammen gehalten. Ein grosser Theil der deutschen Fürsten, eifersüchtig auf die nähere Macht des Königs, und Willens seine Rechte sich anzueignen, hatte das Reichshaupt in der Gefahr verlassen und sich mit dem römischen Papste verbündet. Nach dem Untergange der Hohenstaufen ging das deutsche Reich unaufhaltsam und unabwendbar der allmählichen Auflösung zu. Das Leben der Nation wendete sich von dem Ganzen ab und den Theilen zu. Der partikularistische Trieb der Absonderung der Theile erwies sich wieder stärker als der Statssinn der Deutschen. Die Dynastien und die geistlichen Fürsten theilten sich in die königliche Verlassenschaft als eine willkommene Beute. Die Länder und die Städte nahmen eine Sonderstellung ein auf Kosten der Reichseinheit. Aber die unverwüstliche Lebenskraft der deutschen Nation ging doch nicht unter mit dem hinsiechenden und absterbenden Reichskörper, sondern erfüllte die Territorialstaten mit frischem Wachsthum. Es war allerdings ein Rückfall der deutschen Nation in ihre ursprüngliche Zerklüftung. Nur waren es nicht mehr die alten Stammesstaten, sondern neue Landesherrschaften, in welche sie zerfiel.

Auch der erneuerte Weltkampf der deutschen Reformation mit der römischen Kirche vermochte die deutsche Nation nicht wieder zu einigen. Eine Zeit lang schien es zwar, dass die aus der Tiefe des deutschen Gemüthes und Gewissens emporquellende Befreiung der Geister von der Autorität der römischen Kirche die ganze deutsche Nation ergreifen und begeistern werde. Aber die Strömung brach an dem mächtigen Widerstande des Kaisers aus dem Spanisch-Habsburgischen Hause und anderer deutscher Fürsten. Die Reformation wirkte befreiend für die Staten, für die Wissenschaft, für das Geistesleben der Individuen, aber diese Güter wurden vorerst doch nur auf Kosten der deutschen Weltmacht errungen. Die nächste Folge war der heftigste Zwiespalt zwischen den protestantischen und den katholischen Ständen, der zuletzt zu dem unglückseligen dreissigjährigen Kriege führte, in dem die Reichseinheit vollends gebrochen und mit dem Wohlstande der Nation auch ihre politische Macht und ihr Vertrauen auf sich selbst bis auf den Grund erschüttert ward. Nach dem Westphälischen Frieden hatte das altersschwache, aus tausend Wunden blutende römische Reich deutscher Nation nur noch eine Scheinexistenz. Ohne innere Widerstandskraft brach es nach den ersten Stössen der französischen Revolutionskriege aus einander. Man bemerkte es kaum in der Welt, als es zu Anfang unseres Jahrhunderts durch Napoleon I. aufgelöst wurde und der österreichische Kaiser Franz II. die deutsch-römische Krone niederlegte.

Der deutsche Stat des Mittelalters war nun todt und begraben. Aber die deutsche Nation überlebte seinen Untergang und erholte sich allmählich wieder von den schweren Schlägen des Schicksals. Sie fing an, sich an ihre frühere Grösse und Herrlichkeit zu erinnern und sich zu schämen über die unwürdige Zerrissenheit und Ohnmacht, in welche sie gerathen war. Der Aufschwung der deutschen Litteratur seit der Mitte des achtzehnten Jahrhunderts und die Arbeiten der deutschen Wissenschaft hatten ihren geistigen Stolz wieder aufgerichtet.

Ohne viel Widerstand hatte sich der grösste Theil von Deutschland, fast alle deutschen Staten ausser Preussen und Oesterreich der Napoleonischen Oberherrlichkeit gefügt. Nun aber wirkte der grosse Befreiungskampf, in dem die Preussen vorangingen, doch belebend auf die ganze deutsche Nation, erhob ihr Selbstgefühl und stachelte ihren Muth. An der Gluth der Reden Fichte's, durch die Schriften von Arndt und Görres, durch die Lieder von Rückert und Körner wurde das erstarrte Nationalgefühl wieder warm gemacht und eine vaterländische Begeisterung regte sich wieder. Neue Hoffnung wurde wach.

Wir verstehen es, wenn nun viele jugendlich edle Gemüther der alten Herrlichkeit wieder gedachten, des mittelalterlichen Kaiserreiches und für die Erneuerung desselben schwärmten. Der gothische Dom mit seinen Säulenschäften und Spitzbogen, mit seinen unzähligen Spitzen und Rosetten, mit seinem farbigen Dämmerlicht und den vielen heimlichen Schlupfwinkeln und Schaukeln für träumerische Gefühle und Phantasiebilder war das Vorbild des Statsideales, welches die romantische Schule als die Sehnsucht des deutschen Gemüthes verherrlichte.

Aber die nüchterne, kalte und harte Wirklichkeit duldet den romantischen Ueberschwang nicht. Die deutsche Nation besteht nicht mehr aus den mittelalterlichen Ständen und hat den mittelalterlichen Glauben nicht mehr. Sie ist eine völlig andere geworden, in Bildung und Gedanken, in Arbeit und Bedürfnissen. Ihre Aufgaben sind von denen des Mittelalters grundverschieden. Soll es ihr gelingen, wieder zum State zu werden, so muss daher der erneuerte deutsche Stat den modernen Charakter haben. Das mittelalterliche Reich gehört der Vergangenheit an und ist nicht wieder zu erwecken.

Die Bildung des Preussischen States ist gerade desshalb so entscheidend geworden für die Gründung des modernen deutschen States, weil jener keine Fortsetzung des mittelalterlichen Reiches, sondern im Gegensatze zu allen mittelalterlichen Autoritäten und Institutionen auf moderner Grundlage und nach modernen Ideen gebildet und gross geworden war.

Der Stat Preussen war völlig frei von der Herrschaft der römischen Hierarchie, der das Habsburgische Kaiserhaus so willfährig gedient hatte. Er war von dem Geiste des Protestantismus gehoben und von dem Geiste der modernen Philosophie erleuchtet. Es war von folgenreicher Bedeutung, dass das Haus der Hohenzollern der reformirten Kirche zugethan war und grossentheils eine lutherische Bevölkerung zu Unterthanen hatte, dann bald auch katholische Länder erwarb. Die Fürsten dieses Hauses wurden so durch ihre Lebensstellung darauf hingewiesen, verschiedene Konfessionen in Frieden und Eintracht neben und unter einander zu erhalten. Es war ein Segen für Preussen, dass sein grösster König auch ein freier Denker war, und indem er selbst über alle kirchliche Beschränktheit philosophisch und politisch erhaben war, die religiöse Bekenntnissfreiheit zum Preussischen Landesgesetze erhob.

Ebenso modern war der Preussische Statsgeist und die Preussische Statsidee. Erst nöthigten die Preussischen Fürsten mit eiserner Härte den trotzigen Adel zur Unterordnung unter den Stat. Es wäre ihnen das vielleicht nicht gelungen, wenn sie nur über germanische Stämme geherrscht hätten. Die Mischung der männlich-deutschen Volkselemente mit weiblich-slavischen Stämmen, die eher der obrigkeitlichen Autorität rücksichtslos gehorchten, kam der Bildung des Preussischen States vortrefflich zu Statten. Mit militärischer Zucht und militärischer Gewalt wurden Alle genöthigt, sich der gemeinsamen Statspflicht zu unterwerfen. Weder hoher Rang noch vornehme Geburt schützten vor dem strengen Walten der Statsnothwendigkeit. Herkömmliche Privilegien und ständische Vorrechte wurden zerbrochen und ins Feuer geworfen wie dürres Reis; aber eine gleichmässige bürgerliche Freiheit breitete sich zugleich aus als ein gemeines Landesrecht. Das Fürstenthum war absolut, in Preussen wie anderwärts, aber es war statenbildender als irgend ein anderes in Europa.

Als Friedrich der Grosse seine Statsidee in das fruchtbare Wort zusammenfasste: „Der Fürst ist der erste Diener des States", war er sich vollkommen bewusst, dass er damit ein modernes Statsprincip verkünde im entschiedensten Gegensatze zu dem überlieferten Statensysteme des Mittelalters, mit seinen göttlichen Herrscherrechten. Die Pflicht eines Jeden im State, des Höchsten wie des Niedrigsten, diese allgemeine Pflicht des Einzelnen gegen das Ganze, den Stat, das war der neue echt-moderne Grundgedanke des ganzen Preussischen States. Dieser Pflichtübung ist das mächtige Wachsthum des Preussischen States in den deutschen hinein vornehmlich zu verdanken.

Die stramme militärische Bildung des Preussischen Volkes, die arbeitsame und ehrenhafte Verwaltung, die unbeugsame Justiz verdanken diesem Pflichtgefühle vorzüglich ihren kräftigen und nachhaltigen Impuls. Die Preussischen Könige selbst können sich niemals diesem Gedanken entschlagen, dass auch sie ihr Leben dem Dienste des States zu widmen haben.

Etwas mehr als ein Jahrhundert lang schwankte die deutsche Nation in ihren Gefühlen und in ihrem Urtheile zwischen ihrer hergebrachten Verehrung für das alte österreichische Kaiserhaus und dem Respekte, den ihr das aufstrebende neue Königthum abnöthigte. Alle mittelalterlichen Gewohnheiten, partikulären Neigungen und dynastischen Sorgen hielten sie an Oesterreich fest, alle modernen Triebe und das nationale Streben wiesen nach dem nordischen State hin.

Die grosse deutsche Revolution des Jahres 1866, welche in Form des Krieges zwischen Preussen und Oesterreich und beziehungsweise Preussen und den deutschen Südstaten vollzogen wurde, machte diesem Schwanken ein Ende, und stellte im Gegensatze zu dem verderblichen Dualismus die Einheit für Deutschland insofern her, als es von da an nur Eine, und nun eine wahrhafte deutsche Grossmacht gab, den Preussischen Stat, mit seiner Erweiterung zum Norddeutschen Bunde und mit seiner wirthschaftlichen Ausbreitung auf den deutschen Zollverein.

Auf diese Neugestaltung von Deutschland hat die nationale Idee unzweifelhaft eine starke Einwirkung ausgeübt. Preussen rechtfertigte sein Vorgehen und seine Einverleibung einer Anzahl deutscher Länder mit seinem deutschen Berufe. Der grössere Theil der deutschen Nation billigte eben desshalb die gewaltsame Aenderung. Ganz Norddeutschland wirkte mit Preussen zusammen zu der Gründung des Norddeutschen Bundes, der von den sämmtlichen Staten der Welt als neue deutsche Grossmacht anerkannt ward, auch von denen, welche nur ungern und nicht ohne Beklemmungen diese Wandelung betrachteten. Unmöglich liess sich darin das Wachsthum des nationalen deutschen States verkennen. Aber es fehlte doch noch viel zu seiner vollen Gestaltung. Der Preussische Stat, der die Umbildung leitete, ist zwar ein moderner und ein deutscher, aber er ist noch nicht im vollen

Sinne des Wortes der nationale deutsche Stat. Das Preussische Volk war zwar ein grosses deutsches Volk, aber trotz seiner Vorzüge und seiner Ausdehnung im Norden doch noch nicht gleichbedeutend mit dem deutschen Volke. Auch in dem Preussischen Volke und in dem Preussischen State gibt es einen partikularistischen Zug, den der deutsche Stat nicht als ebenbürtig anerkennt, dem er sich unmöglich unterordnen kann. Es waren noch Mängel darin, die einer Ergänzung aus anderen deutschen Ländern und Stämmen bedurften*).

Schon der alte Historiker Sebastian Frank hat in den Tagen Luthers das Wort geschrieben: „Wo die Deutschen ihren eignen Reichthum wüssten und sich selbst verstünden, was sie im Wappen führen, sie würden keinem Volke weichen". Gerade in diesem noch nicht erkannten und noch nicht erschöpften Reichthume des deutschen Wesens liegt die unermessliche Schwierigkeit der deutschen Statenbildung. Eben um dieser Fülle von Kräften willen, welche in dem Geiste und Gemüthe der deutschen Nation zum Theil noch gebunden und unentwickelt ruhen, zum Theil in wilden Trieben überschiessen oder streitlustig einander bekämpfen, ist das Ideal des modernen deutschen States oder Reiches grösser und reicher, als die Wirklichkeit des Preussischen und des norddeutschen States. Die Herstellung und Ausbildung eines straffen Militärstates und zugleich die strenge Zucht eines königlichen Beamtenthums, waren wohl nothwendige Vorbedingungen, um zunächst die Unabhängigkeit der nordischen Macht zu sichern, dann ihre Ausbreitung zu fördern und die Deutschen zum modernen State zu erziehen. Aber diese Eigenschaften vermögen doch nicht, die deutsche Nation auf die Dauer zu be-

*) Zusatz der neuen Auflage. Die Gründung des deutschen Reiches nach dem französisch-deutschen Kriege 1870/71 hat diese Ergänzung vollzogen und den nationalen deutschen Stat wieder aufgerichtet.

friedigen. Die Preussische Schule ist heute noch unentbehrlich, aber erst wenn die Nation durch diese Schule hindurch gegangen ist, beginnt für sie das volle Leben in ursprünglicher Naturkraft. Die deutsche Nation kann erst dann sich selbst in dem deutschen State erkennen, wenn auch die süddeutsche Weise darin Platz gefunden hat und sich frei bewegen kann, das süddeutsche Naturel mit seiner Naturfrische und Originalität, mit seiner Sinnenlust und seinem Gedankenschwung, mit seiner Poesie und seinem Gemüthsleben.

Der alte weltgeschichtliche Beruf der Germanen, die von Rom beherrschte Welt wieder mit persönlicher Freiheit zu erfüllen und den natürlichen Rechten der Völker und der Individuen wieder Achtung zu verschaffen, ist noch nicht erfüllt. Er stellt seine Aufgabe auch dem modernen deutschen State. Nur theilweise haben die anderen grossen Nationen die moderne Statsidee verwirklicht. Es ist der Arbeit der deutschen Nation doch noch Manches vorbehalten, was jene nicht geleistet haben.

In der richtigen Verbindung der Gegensätze zu organischer Einheit liegen die höchsten Probleme des öffentlichen Lebens, wie überhaupt alles Leben sich in Gegensätzen bewegt. Nun gehört es unzweifelhaft zu der eigenthümlichen Natur und Geschichte der deutschen Nation, dass die politisch wichtigen Gegensätze in ihr in ganz besonderer Stärke vorhanden sind und gerade darum ihre Verbindung zur Einheit so ungewöhnlich schwer ist, aber auch, wenn sie gelingt, um so fruchtbarer wird. Noch ist das richtige Verhältniss von Stat und Kirche nicht hergestellt. Die deutsche Nation wird durch ihre konfessionelle Spaltung genöthigt, für den Stat eine neutrale Stellung ausserhalb des kirchlichen Gegensatzes zu behaupten, von welcher aus sie den konfessionellen Frieden sichert. Sie wird ferner durch ihr innerliches Gemüthsleben dazu getrieben, das religiöse Gewissen zu achten und durch ihre in der Wissenschaft bewährte freie Denkarbeit gemahnt, jede Geistesfreiheit voll und ganz zu wahren. Indem sie in der Kirche etwas Höheres sieht, als eine blosse vorübergehende Gesellschaft und ihr gerne Freiheit gewährt, kann sie doch weder die Freiheit und Würde des States, noch auch die Freiheit und Ehre der Individuen den hierarchischen Gelüsten Preis geben. Sie muss in moderner Form den alten Streit zwischen der römischen Hierarchie und der deutschen Freiheit zum Abschlusse bringen.

Aber auch innerhalb des statlichen Lebens hat sie die stärksten Gegensätze zu überwinden. Zwar ist der Dualismus von Oesterreich und Preussen durch einen scharfen Schnitt beseitigt oder doch zurück gedrängt, aber der Dualismus von Nord und Süd ist noch nicht befriedigt, so wenig als der zwischen nationalem Volksstat und particulärem Dynastenstat.

Der moderne Stat hat in England die Form einer parlamentarischen und aristokratischen Kabinetsregierung angenommen, ist in Frankreich in ein Schwanken gerathen zwischen Napoleonischer Autokratie und demokratischer Absolutie. In Amerika hat er die neue Statsform der repräsentativen Demokratie hervorgebracht. Alle diese bisherigen modernen Statsformen sind in wesentlichen Beziehungen unübertragbar auf Deutschland, wenn gleich die deutsche Nation von Engländern, Franzosen und Amerikanern Manches gelernt hat und noch lernen kann. Sie wird durch ihre Natur genöthigt, sich ein eigenes Statsideal zu schaffen und an dessen Verwirklichung zu arbeiten. Das preussische Königthum, welches die Mission hat, sich zum deutschen König- oder Kaiserthume*) zu erweitern und zu erhöhen, ist eine mächtigere Potenz in dem nordischen State als das englische Königthum und doch hinwieder nicht so absolut und gefestigter als das französische

*) Zusatz: Auch dieses Verlangen ist 1871 erfüllt worden.

Imperatorenthum. Indem es sich selbst voraus als Statsdienst bekennt und demgemäss handelt, erhebt es zugleich den Anspruch Statsmajestät und personifizirte Statsgewalt zu sein. Die deutsche Nation will auch nicht einen blossen obrigkeitlichen Königsstat haben, ihr Königsstat soll voraus Volksstat sein. Auch die deutsche Volkskraft fühlt sich in unbezwinglicher Stärke. In keinem anderen modernen State sind die beiden Mächte, Königsmacht und Volksmacht zugleich so stark und so enge mit einander verbunden, wie diess voraus in dem preussischen State sich zeigt. In den anderen Staten tritt bald die eine, bald die andere politische Potenz ganz entscheidend hervor, in Deutschland ringen sie beständig mit einander und ergänzen hinwieder einander. Aehnlich wie in Frankreich und in Amerika sind in Deutschland die gebildeten Mittelklassen von grösstem Gewichte und die aristokratischen Klassen haben lange nicht das Ansehen und die Autorität der englischen Aristokratie. Aber im Gegensatze zu Amerika gibt es doch in Deutschland auch bedeutsame und einflussreiche aristokratische Häuser; und im Unterschiede zu Frankreich sind die deutschen Bürger auch in der Gemeinde und in den Ehrenämtern zu selbständiger Theilnahme an den öffentlichen Dingen geneigt und darin geübt. Die deutsche Volksvertretung kann und will nicht regieren, wie die englischen Parlamentsparteien. Sie beschränkt sich williger auf die gesetzgeberische Thätigkeit und zieht eine wirksame Kontrole der Uebernahme der Statsverwaltung vor. Aber sie ist verwandt mit dem gebildeten Beamtenstande, der in Deutschland ebenso mächtig ist, als die Gentry in England und weniger abhängig von der Centralgewalt als die französische Beamtung.

Alle diese Dinge geben dem deutschen State in Verbindung mit der deutschen Schulbildung und der eigenthümlichen deutschen Heeresverfassung ein durchaus eigenartiges Gepräge, in welchem die nationalen Charakterzüge unverkennbar sind. Aber zu der vollen Durchbildung dieses Nationalcharakters ist es noch nicht gekommen.

Eben so wenig ist der politisch-wichtige Gegensatz der Centralisation und der Decentralisation bereits zu einer befriedigenden Ausgleichung gelangt. Auch da wird die deutsche Nation durch ihre Natur und ihre Geschichte zu einer neuen Lösung genöthigt. Sie muss mit der statlichen Einheit des Ganzen die Freiheit der Glieder zu verbinden suchen. Sie kann sich erst dann wohl fühlen, wenn der Statsautorität in Gesetzgebung, Regierung und Justiz Einheit gesichert ist, und zugleich den einzelnen Ländern und Provinzen eine relative Selbständigkeit und Eigenthümlichkeit verstattet wird. Auch der deutsche Stat kann nicht gedeihen ohne Einheit, aber die deutsche Nation verlangt zugleich für die freie Mannigfaltigkeit ihres Kulturlebens im Gegensatze zu gefährlicher und despotischer Uniformirung Anerkennung und Schutz des States.

Wir sehen, es sind dem deutschen Volke grosse eigene Aufgaben gestellt, die kein anderer Stat in derselben Weise erfüllen konnte. Der deutsche Stat darf daher nicht als eine blosse Kopie irgend eines anderen States gedacht werden. Die deutsche Originalität muss sich auch im State bewähren.

Wir haben auch nicht bloss innere Statsaufgaben. Es ist eine Charakter- und Geisteseigenschaft der Deutschen, dass sie nie ausschliesslich an sich denken und nicht bloss für sich arbeiten. So entschieden wir jene sentimentale Verirrung tadeln, welche das eigene Vaterland aus schwärmerischer Hingebung für fremde Autoritäten oder Zwecke Preis gibt, so hoch schätzen wir die der Menschheit zugewendete Polarrichtung des deutschen Wesens. Die Fähigkeit des Deutschen, sich in verschiedene Nationalitäten hinein zu denken, ihre Werke zu verstehen und nachzubilden, hat unsere Litteratur und Wissenschaft aufs reichste befruchtet. Gerade desshalb ist unsere nationale Litteratur und Wissenschaft in ihren besten Werken zur Weltlitteratur und Weltwissenschaft geworden. Dieser Zug darf auch in der deutschen Politik nicht unterdrückt werden; er wird richtig geleitet auch da zu den herrlichsten Thaten begeistern und die edelsten Früchte bringen. Nicht die Unterdrückung und Beherrschung fremder Völker, nicht einmal ihre Ausbeutung und nicht ihre Bevormundung oder Missachtung entspricht der deutschen Denkweise. Die Bestimmung des deutschen Volkes ist im Gegentheil die höhere, den fremden Völkern gerecht zu werden, indem sie jedes Volk nach seiner Natur erkennt und achtet. Der Völkerfriede und die Völkerfreiheit, die ungehemmte Entfaltung der Humanität, die Verbindung Aller zur Menschheit, das sind die leuchtenden Ideen, welche das deutsche Volk liebt und verehrt, für die es mit seiner Macht einzustehen bereit ist.

So schreitet langsam unter Leiden und Kämpfen, aber auch unaufhaltsam getragen von den gegenwärtigen und den künftigen Geschlechtern das jugendfrische Leben des nationalen deutschen States vorwärts, voll tiefen Ernstes, reichen Inhaltes, in majestätischer Hoheit, die Sehnsucht unserer Jugend und die Zuversicht unsers Alters.

V.

Die schweizerische Nationalität.

(1875.)

Der Gedanke, dass es eine eigenartige schweizerische Nationalität gebe, den neuestens Professor C. Hilty in Bern in seinen „Vorlesungen über die Politik der Eidgenossenschaft“ (Bern 1875) wissenschaftlich zu begründen gesucht hat, ist in der Schweiz nicht neu. Im Grunde ist schon der berühmte Geschichtschreiber der schweizerischen Eidgenossenschaft Johannes Müller zu Ende des vorigen Jahrhunderts und vor der helvetischen Revolution von demselben Gedanken ausgegangen. Er schilderte die Eidgenossen als eine eigenthümliche Nation, deren Glieder in Länder und Städte getheilt aber eng verbündet waren, welche die alte Freiheit wider die Gewaltherrschaft männlich vertheidigt, durch ihre Tapferkeit Ruhm erworben, durch ihre republikanischen Tugenden die öffentliche Wohlfahrt gefördert und geachtete glückliche Gemeinwesen geschaffen habe. Damals freilich unterschied man noch nicht so vorsichtig, wie es die heutige Wissenschaft thut, zwischen dem Kulturbegriffe Nation und dem statsrechtlichen Begriffe Volk. Da es ein Schweizervolk unzweifelhaft gab, damals freilich noch ohne einheitliche Organe seines Willens und gespalten in die selbständigen Kantone, so schloss man daraus auf die schweizerische Nationalität. Der Glaube an die Existenz einer besonderen Schweizernation neben der deutschen, der französischen, der italienischen Nationalität hat zwar seit Johannes Müller schwere Angriffe erfahren und ist in der herkömmlichen, naiven Form durch die geschichtliche Kritik als unhaltbar und irrthümlich bezeichnet worden, er hat sich aber trotzdem in der Volksmeinung erhalten. Heute wird er neuerdings in gereinigter Fassung wieder gelehrt.

Die Frage verdient wohl eine nochmalige Prüfung: Gibt es eine schweizerische Nationalität? Wir haben in unserm „nationalen Zeitalter“ die Macht des Nationalgefühles erfahren; wir sehen überall, dass die heutige Statenbildung mehr als früher von der Nationalität ihren Anstoss erhält und aus dem nationalen Gemeinbewusstsein ihre besten Kräfte zieht. Es ist daher für die Existenz und die Sicherheit der Schweiz nicht gleichgültig, ob sie ein nationales oder, wie die herrschende Meinung behauptet, eher ein internationales Statswesen sei. Je nach der Antwort auf diese Grundfrage wird die schweizerische Politik ihren Geist und ihre Richtung erhalten.

Damit eine neue Nationalität in der Geschichte sich bilde, muss eine eigenthümliche Geistesart, welche die nationalen Massen verbindet, auch in dem äusseren Leben deutlich sich offenbaren und sogar erblich in den Familien fortgepflanzt werden, und es muss überdem diese besondere Weise so entschieden die Gemeinschaft bewegen, dass sie sich von den anderen, nun fremd gewordenen Nationen, mit denen sie früher zusammenhing, lostrennt und sich von denselben abhebt. Es können verschiedene geistige Momente auf die Bildung der Nationalität einwirken, aber niemals entsteht eine Nation ohne einen besonderen Geist. In alter Zeit hat die Religion öfters die Menschen geschieden und verbunden und so national gespalten. Später wirkte der Unterschied der Sprachen und der Litteraturen stärker auf die Scheidung der Nationen. Zuweilen hat der Gegensatz der Interessen und der Wohnsitze die Trennung der einen von den anderen verursacht.

Wenn von schweizerischer Nationalität gesprochen wird, so kann dieselbe nicht auf die Sprache oder die Religion und nicht auf die Interessen begründet werden. In allen diesen Beziehungen sind die Schweizer von jeher mit den grossen Nationen, welche die Schweiz umschliessen, den Deutschen, den Franzosen, den Italienern nicht blos stammverwandt, sondern innig verbunden. Die Schweizer sprechen daher unbedenklich selber von der deutschen Schweiz und von der wälschen (romanischen), von der französchen und italienischen Schweiz.

Die schweizerische Nationalität wird vielmehr als das Werk der politischen Idee dargestellt. „Wir sind niemals vor 1291 (dem ältesten Bunde)", schreibt Hilty, „ja man darf sagen, wir sind vor 1798 (der helvetischen Revolution) keine Nation gewesen. Durch die beständig wirkende Macht wahrhafter Freiheit und Wohlfahrt über die blosse Gewohnheit, der politischen bewussten Idee über die rohe Naturanlage haben wir seither angefangen und müssen noch immer fortfahren, eine Nation zu werden. Die Bildung der schweizerischen Nationalität wird also nicht mehr in die Anfänge der Schweizergeschichte zurückverlegt, sie wird vielmehr als der Abschluss der früheren Geschichte und als die langsam herangereifte Frucht der Gegenwart betrachtet.

Wenn die heutige Statenbildung eine nationale genannt wird, so denkt man sich die Nationalität als die bewegende Kraft, als die Ursache und den nationalen Stat als die Wirkung dieser Ursache. In der obigen Erklärung der schweizerischen Nationalität wird das Verhältniss umgedreht. Die Nationalität wird zur Wirkung, das schweizerische Statswesen zur Ursache.

Gewiss ist es möglich, dass ebenso wie im Alterthume

die Religion neue Nationalitäten von anderen Nationen getrennt und zu besonderer Kulturgemeinschaft verbunden hat, so die Politik eine ähnliche Wirkung äussere. Schon in dem hellenischen Alterthume wurden die Spartiaten und dis Athener als besondere Nationalitäten betrachtet, wenngleich jene und diese durch die Religion, die Sprache, die Sitte und das Recht zu der gemeinsamen hellenischen Nationalität gehörten. Ebenso haben im Mittelalter Genuesen, Florentiner, Venetianer sich für besondere Nationalitäten gehalten. In der Schweiz selber standen sich ähnlich Züricher und Berner bald zur Seite, bald gegenüber, wie besondere Nationen. In allen diesen Beispielen war der statliche Zusammenschluss und der politische Gemeingeist die entscheidende Kraft, welche der Nationalität ihr Gepräge aufdrückte. Freilich wurden diese engen und unvollkommenen Nationalitäten später aufgelöst, als das Bewusstsein nationaler Zusammengehörigkeit in den weiteren Kreisen erwachte und die Politik grössere Statswesen verlangte und verwirklichte.

Die Nationalitätenbildung kraft der politischen Idee zeigt sich in neuerer Zeit vorzüglich bedeutsam und nachhaltig in der Unterscheidung der nordamerikanischen Nationalität von der englischen, mit welcher sie ursprünglich Eine gewesen war, und mit der sie in Religion, Sprache und Recht heute noch verbunden ist.

Freilich hat der Gegensatz zweier Welttheile, die durch das weite Meer geschieden sind, und völlig anderer Lebensbedingungen auf dem amerikanischen Kontinente als auf den altbevölkerten britischen Inseln einen sehr bedeutenden Antheil an dieser Spaltung der alten und der Ausbildung einer neuen Nationalität gehabt. Die Bildung der amerikanischen Nationalität hatte schon erhebliche Fortschritte gemacht, bevor sich die Kolonien von England lossagten. Die nordamerikanische Statenbildung war daher wesentlich Wirkung, nicht

Ursache der neuen Nationalität. Aber es lässt sich nicht leugnen, der Gegensatz der politischen Verfassung und der politischen Idee hat den Unterschied zwischen der englischen und der nordamerikanischen Nationalität schärfer ausgebildet und gekräftigt. Es zeigt sich also hier auch die Wechselwirkung der Nation und des Volkes.

Mich wundert, dass Hilty nicht neben der politischen Idee die Natur des Landes zu Hülfe rief, um den Gedanken der schweizerischen Nationalität annehmbarer zu machen. In der That hat die Schweiz einen landschaftlich eigenthümlichen Charakter. Wenn sich die Schweizer wie eine besondere Nationalität fühlen, so entspringt dieses Gefühl vornehmlich der Liebe zu ihrer schönen Heimat. Die wilden beschneiten und felsigen Hochalpen, die sonnigen Höhen des Mittelgebirgs mit ihrer reinen Luft, ihren herrlichen Aussichten, ihren saftigen Viehweiden, die jugendlich thalwärts stürzenden Bäche und Flüsse, die blauen Seeen, die wohlbebauten Thäler, die schmucken Höfe, Dörfer, Städte lassen in der Seele der Schweizer liebe Bilder zurück, welche die Freude an ihrem Vaterlande immer wieder neu entzünden und erheitern und in der Ferne die Sehnsucht des Heimwehs stacheln. Der Schweizer fühlt sich als Sohn der Gebirgsnatur im Gegensatze zu dem Flachländer und als Binnenländer zugleich im Gegensatze zu dem Küstenbewohner. Wohl gibt es auch ausserhalb der Schweiz Alpen, Berge, Seeen und Flüsse; aber das Schweizerland bildet doch ein so abgerundetes und reich gegliedertes Naturganze, dass auf diesem Boden wohl ein eigenartiges Gefühl gemeinsamer Heimat aufwachsen kann, welches die Bewohner, wenngleich sie in verschiedenen Thälern hausen und verschiedene Sprachen reden, doch gleichsam als Söhne desselben Vaterlandes verbindet.

Die Politik wirkt nur insofern und in dem Masse nationalitätenbildend, als sie nicht blos die Statsverfassung bestimmt und das Statsleben leitet, denn darin bewährt sich die Volksindividualität, sondern ausserhalb der Statseinrichtungen und Statshandlungen die Sitten und die Lebensweise der Bevölkerung eigenthümlich gestaltet und von anderen Nationen unterscheidet.

Dass die Uebung schweizerischer Politik auch derartige Wirkungen hervorgebracht habe, kann nicht bestritten werden.

Die von den Vorfahren ererbte, von den Nachkommen treu gehegte Freiheitsliebe, die Erinnerung an schwere und siegreiche Kämpfe zur Behauptung der Volksfreiheit wider die Herrschsucht der Fürsten und den Druck des Adels, die fortwährende Uebung eines Jeden in männlicher Selbsthülfe, die festgewurzelte republikanische Gesinnung und die Bewahrung republikanischer Thatkraft haben eine bedeutende Einwirkung gehabt auf den Charakter und das ganze Verhalten der Schweizer überhaupt. Sie haben ihr Selbstvertrauen gestärkt, ihr Bewusstsein von Menschenwürde gehoben, ihre Fähigkeit, jede Aufgabe des wechselvollen Lebens mit praktischem Sinne zu erfassen und muthig einzugreifen, wo es nöthig wird, entwickelt. Ein offener Sinn für natürliche Verhältnisse, gesunder Menschenverstand, praktische Gewandtheit sind in der Schweiz keine seltenen Eigenschaften. Auch der gemeine Mann urtheilt innerhalb des Bereiches der ihm bekannten Verhältnisse mit einer Klarheit und Einsicht, welche den höher gebildeten Fremden oft überrascht. Neben den lichten Tugenden fehlen freilich auch die Schatten nicht. Der Opferbereitschaft für öffentliche Zwecke steht ein harter Egoismus gegenüber, der rücksichtslos auf Erwerb und Geldgewinn los geht. Nur mühsam kann sich mitten unter dem realistischen Getriebe das feinere idealistische Streben Anerkennung verschaffen. Die Demagogie bemächtigt sich gelegentlich der Führung der Massen. Die Liebe zur Freiheit artet zuweilen in rohe Frechheit aus. Die Gewandtheit, sich in verschiedenen

Lagen zurecht zu finden, und der öftere Wechsel sowohl der Aemter als der Berufe wird auch zu einem Hindernisse höherer Berufstüchtigkeit und macht das Leben unsicher und schwankend.

Aber diese Züge sind bis auf einen gewissen Grad nationale Charakterzüge geworden. Sie geben dem schweizerischen Wesen eine eigenartige Gestalt, welche dasselbe von den anderen Nationen unterscheidet, und sie verbinden die deutschen mit den romanischen Schweizern zu einer Kulturgemeinschaft.

Eine ähnliche Wirkung übt die äussere Politik auf die Sitten und die Denkweise der Schweizer aus. Seit den unglücklichen Versuchen der Schweizer eine europäische aktive Politik zu verfolgen, welche zu Anfang des sechzehnten Jahrhunderts in Norditalien unternommen worden sind, ist die schweizerische Neutralität zu einem Grundzuge der eidgenössischen Politik geworden. Die sogenannte ewige Neutralität der Schweiz ist eine Garantie ihres Friedens und eine Schutzwehr ihrer republikanischen Freiheit. Aber sie bedeutet auch Enthaltsamkeit von auswärtiger Politik, Nichttheilnahme an den grossen Kämpfen und Thaten der europäischen Mächte.

Diese Gewöhnung an die Neutralität hat die Schweizer schärfer von den grossen Nationen abgetrennt, welche sie umgeben, und ihren Sinn wie ihre Lage mehr dem inneren vaterländischen Leben zugewendet. Die Schweizer beobachten die grosse Politik aus der Ferne, mit weniger Aufmerksamkeit als ihre kleineren Parteistreitigkeiten. Sie haben auch für jene ein geringeres Verständniss als für schweizerische Angelegenheiten. Die Schweiz ist nicht stark genug, nicht mächtig genug, um einen thätigen Antheil an den europäischen Kämpfen zu nehmen. Der Verzicht darauf ist ein Gebot bescheidener Klugheit, keine Bewährung der Thatkraft. Aber er wirkt mit dazu, den Schweizern das Gefühl einer für sich bestehenden Nationalität zu geben und zu erhalten. Würde die Schweiz diese Neutralitätspolitik aufgeben, so würde sie, einmal in die mächtige Strömung der grossen Nationen hineingerissen, in Gefahr gerathen, dass ihre verschiedenen Bestandtheile, von den verwandten Nationen angezogen nach dem Attraktionsgesetze, das wie in der Physik auch in der Politik seine Macht bewährt, mit denselben zusammenflössen und so die bisherige internationale Bedeutung der Schweiz von den nationalen Mächten zerrissen würde.

Inwiefern die Nationalität ihre Eigenschaften von dem Statsleben erhält und ein Ergebniss der Politik ist, insofern dient sie nicht zur Erklärung und nicht zur Begründung des States. Sie wird vielmehr selber aus dem State erklärt. Sie fällt dann mit dem statlichen Volksbegriff zusammen. Ihre Grenzen sind die Statsgrenzen. Sie kann wohl auf einzelne Individuen auch ausserhalb des Statsgebietes in fremden Ländern noch eine Weile fortwirken und ihre Eigenart in denselben darstellen, aber nicht in grösseren Massen. Eine solche Nationalität verstärkt wohl das Selbstgefühl des Volkes und steigert seine Gemeinschaft, aber sie steht und fällt mit dem State, aus dem sie geboren ist, der sie gross gezogen hat und der sie erhält. Sie kann den Stat nicht überdauern, sie gewährt unter günstigen Umständen einen Anhalt, um den geschwächten und sinkenden Stat eine Weile noch aufrecht zu erhalten und dessen Wiederherstellung zu ermöglichen, aber sie bedarf zu ihrer Existenz voraus der statlichen Hülfe und Sorge, sie wird durch den Stat zusammengehalten.

Indem die schweizerische Nationalität ohne Rücksicht auf Sprache, Litteratur, Religion, Wissenschaft, Interessen, Abstammung, Natur lediglich politisch begründet und erklärt wird, als das Werk der politischen Idee und des statlichen Gemeinlebens, wird auch die Unvollständigkeit und die

Unvollkommenheit dieser Nationalität zugestanden. Diese Mängel werden auch nicht durch die Höhe der politischen Aufgaben und Ziele gehoben, welche dem Schweizervolke zugleich als die Befriedigung seiner besonderen Nationalität und als leuchtendes Ideal gezeigt werden.

Wie die Schweiz einen eigenthümlichen Charakter als centraleuropäisches Gebirgsland hat, von dem aus die grossen europäischen Ströme, der Rhein, die Donau und der Po ihren Hauptursprung nehmen, und welches die grossen Nationen von Deutschland und Italien, von Frankreich und Oesterreich aus einander hält und doch wieder friedlich verbindet, so haben das Schweizervolk und die schweizerischen Republiken, sowohl die kantonalen als die Gesammtrepublik der Eidgenossenschaft auch grosse eigenthümliche Lebensaufgaben, welche nicht blos eine lokale, sondern eine europäische Bedeutung haben. Die zwar kleinen, aber kräftigen und in dem Vollgenusse politischer Gemeinfreiheit befindlichen Volksstaten können und sollen die Fragen, welche das Schicksal und die Entwickelung der Menschheit an die europäischen Nationen stellt, in ihrem befriedeten Lande, selbstthätig und mit natürlichem Sinne aufgreifen und für sich verständig und zeitgemäss erledigen. Sie wirken insofern auch vorbildlich für andere Völker und haben auch einen Antheil an der Fortbildung der Menschheit. Sie haben weniger Schwierigkeiten zu überwinden als die grossen Mächte, sie greifen rascher zu und packen die Probleme derber an; sie finden sich in den einfacheren gleichmässigeren Zuständen bequemer zurecht. Vor allen Dingen sind sie sich bewusst, dass sie ein geschichtliches Anrecht darauf haben, entschlossene und eifrige Vertreter bürgerlicher und politischer Freiheit zu sein, und sie sind stolz auf diese Freiheit. So lange das Schweizervolk diese Aufgaben muthig zu erfüllen trachtet und diesen Idealen nachstrebt, wird auch der europäische Fortbestand der Schweiz nicht ernstlich gefährdet werden, und wird auch die Eigenart der schweizerischen Nationalität sich fortbilden.

In der Schweiz begegnet man hier und da dem Glauben an einen schweizerischen „Musterstat“ in dem Sinne, dass die schweizerische Republik die vollkommenste und höchste Statenbildung in Europa wenn nicht bereits sei, doch zu werden bestimmt sei, welche die übrigen Völker nur nachzuahmen haben, um glücklich zu werden. Die Heranbildung dieses Musterstates wird dann als das höchste Ziel der schweizerischen Nationalität bezeichnet. Auch in den Vorlesungen von Professor Hilty schimmert dieser Glaube durch, wenngleich er besonnen vor jeder propagandistischen Politik warnt. Dieser Glaube schmeichelt der Selbstgefälligkeit und reizt zur Selbstüberschätzung, aber er hat keinen realen Boden und keinen Kern; er ist hohl und eitel.

Wir finden auch bei vielen anderen Völkern einen ähnlichen Glauben. Auch anderwärts rühmen die Leute, indem sie das Bild ihres Vaterlandes mit Liebe beschauen, ihren heimischen Stat als den herrlichsten und vollkommensten in Europa oder gar in der Welt. Nicht blos die Franzosen waren von dem Glauben erfüllt, die erste Nation der Welt und die Schöpfer des wahren modernen States zu sein, und sie sind sogar heute nach den furchtbaren Verfassungswechseln und nach den schweren Niederlagen, die sie erduldet haben, nicht völlig von dieser Eitelkeit geheilt. Der englische Stolz sieht ebenso mit wohlwollender Geringschätzung auf die übrigen Staten herab und zweifelt nicht, dass der englische Stat der vornehmste Musterstat der Erde sei. Lächelnd betrachten die Nordamerikaner diese Einbildung ihrer Vettern und halten jeden Zweifel für thöricht, ob wirklich die Union der vollkommenste und freieste Stat der Welt sei. Hunderttausende halten es für selbstverständlich, dass schliesslich alle anderen Völker dem nordamerikanischen Vorgange und Vorbilde nachfolgen werden. Die deutsche Nation war freilich während der letzten Jahrhunderte in der Periode der inneren Zerbröckelung und des Zwiespaltes, im Gefühle ihrer zerstörten Einheit und ihrer Schwäche gegenüber den fremden Grossmächten, zu einer bescheideneren Auffassung ihres Statslebens genöthigt worden. Aber im Mittelalter hatte sie auch das gehobene Gefühl, die mächtigste Nation in Europa und der Erbe der römischen Weltherrschaft zu sein. Und heute, nachdem sie endlich wieder einen nationalen Stat glücklich errungen hat und ihrer Macht wieder bewusst geworden ist, hat wieder die freudige Befriedigung die Meinung hervorgerufen, dass das Deutsche Reich keinem anderen State der Welt nachstehe, und dass die übrigen Staten noch manche und wichtige Dinge von ihm lernen können.

Kein einziges unter diesen Kulturvölkern betrachtet die Schweizerrepublik als seinen Musterstat. Keines denkt an Nachbildung der schweizerischen Einrichtungen. Jedes von ihnen ist überzeugt, dass die schweizer Verfassung, so passend und zeitgemäss sie für die Schweizer sein möge, ganz ungeeignet und unfähig wäre, auf die weiteren Länder und die grösseren Nationen mit ihren mächtigen Gegensätzen und ihren bedrohlicheren Gefahren, mit einer ganz verschiedenen Anlage und Geschichte, übertragen und angewendet zu werden.

Wenn der Glaube an den eigenen Musterstat die Kräfte der Nation zu tüchtigster Leistung spannt und antreibt, wenn er die Selbstvervollkommnung fördert, so mag man ihn ungestört wirken lassen. Wenn derselbe aber ein Volk verleitet, andere Völker gering zu schätzen und der eiteln oder hochmüthigen Selbstüberschätzung zu fröhnen, dann muss er bekämpft und zerstört werden.

In der bisherigen Erwägung der schweizerischen Nationalität ist aber eine Hauptsache noch nicht beachtet worden, die geradezu entscheidend ist. Es ist eine merkwürdige Eigenschaft der schweizerischen Politik und der schweizerischen Nationalität, dass sie wesentlich aus Bestandtheilen zusammengefügt und zusammengewachsen ist, welche ursprünglich verschiedenen Nationen angehörten und heute noch mit anderen grösseren Nationalitäten in lebendiger Verbindung sind. Wenn es eine schweizerische Nationalität gibt, so hat dieselbe in hohem Grade einen internationalen Charakter.

Die ursprüngliche Eidgenossenschaft der acht alten Orte, welche die schweizerische Freiheit begründeten (Uri, Schwyz, Unterwalden, Zürich, Bern, Luzern, Zug und Glarus), hatte diesen internationalen Charakter noch nicht. In den beiden ersten Jahrhunderten der Schweizergeschichte war die Zusammengehörigkeit der eidgenössischen Städte und Länder mit dem deutschen Reiche, und das Bewusstsein, dass die fast ausschliesslich alamannischen Bürger und Landleute Deutsche seien, sehr lebendig. Eben um die deutsche Nationalität und die deutsche Reichsunmittelbarkeit zu bewahren oder zu erkämpfen, waren die ersten Kriege der Eidgenossen mit den österreichischen Fürsten und ihrem Adel geführt worden. Auch als im fünfzehnten Jahrhunderte diese Kämpfe mit der österreichischen Landesherrschaft nicht mehr die Abwehr derselben, sondern das Uebergewicht und die Ausbreitung der eigenen Macht in den oberen Landen bezweckten, dachte doch Niemand daran, die Eidgenossenschaft von dem Deutschen Reiche abzutrennen, und noch weniger daran, die deutsche Nationalität zu verleugnen.

Seit den Burgunderkriegen und seit dem Schwabenkriege änderte sich das. Der steigende Einfluss der französischen Könige auf die schweizerische Politik, und die schroffere Unterscheidung der Schweizer — der Name war ursprünglich ein Spottname, den die Züricher zur Zeit ihrer Fehde mit den Schwyzern, den Verbündeten der Schwyzer beigelegt hatten — von den Deutschen, die allmähliche

Ablösung von dem deutschen Reiche, die Verbindung mit savoyischen Städten, die Eroberung italienischer Vogteien und savoyischer Herrschaften, die Ausbreitung der kantonalen Herrschaft über romanische Gebiete, bewirkten eine starke Mischung deutscher und wälscher Elemente.

Auch die Eidgenossenschaft der dreizehn Orte, welche nun während drei Jahrhunderten ohne grosse Aenderung fortdauerte, war noch sehr überwiegend aus deutschen Ständen gebildet. Von den fünf neuen Ständen (Freyburg, Solothurn, Basel, Schaffhausen und Appenzell) hatte nur Freyburg eine überwiegend französisch redende Bevölkerung, und das herrschende Patriziat war auch da deutsch. Aber das deutsche Bern hatte bereits eine grosse französische Provinz gewonnen. Die zugewandten Orte Neuenburg, Genf, Wallis, Graubündten gehörten ganz oder doch theilweise den wälschen Nationalitäten an. Die Südabhänge der Alpen mit ihren lombardischen und italienisch sprechenden Bewohnern waren unter die eidgenössische Herrschaft gerathen. Die französischen Kriegsdienste und die französischen Pensionen zogen auch einen grossen Theil der regierenden Familien in den deutschen Kantonen von der deutschen Verbindung ab und knüpften engere Beziehungen zu dem französischen Hofe an.

So wurde nach und nach eine Mischung von deutscher und französischer, beziehungsweise romanischer Sprache, Sitte, Kultur hervorgebracht, welche dem schweizerischen Wesen eine internationale Färbung gab. Am deutlichsten zeigte sich diese Mischung in dem mächtigsten Kantone Bern, indem die Berner Patrizier sogar im Verkehre unter sich und mit ihren Landsleuten eine Sprache redeten, von der Niemand sagen konnte, dass sie deutsch oder französisch sei, sie war aus beiden Sprachen gemischt und wechselte fort und fort ab zwischen deutschen und französichen Ausdrücken.

Diese Unsitte ist heute ziemlich aufgegeben; aber auch heute noch sind die Schweizer in gewissem Sinne zweisprachig. Es gehört zu der Erziehung der gebildeten Deutschschweizer, dass sie französisch lernen, und der gebildeten Wälschschweizer, dass sie deutsch lernen. Wenn auch selten einer beide Sprachen leicht und sicher spricht, so verstehen doch sehr Viele die beiden Sprachen. In den schweizerischen Räthen wird von dem einen deutsch, von dem andern französisch gesprochen. Der Redner rechnet darauf, dass er von Allen oder doch den Meisten verstanden werde.

Obwohl auch später die grosse Mehrheit der Schweizer deutsch-schweizerisch blieb und nur im Westen und Süden romanische Kantone entstanden sind, so bekam das französische Element in den letzten Jahrhunderten eine weit grössere Bedeutung, als die Volkszahl erwarten liess. Die Hauptgründe dieser Steigerung des französischen Einflusses waren die Ohnmacht des römisch-deutschen Reiches, die Uebermacht des französischen Königthumes, die Anziehungskraft und die Kulturmacht von Paris und der bedenkliche Unterschied der Volkssprache von der nationalen Kultursprache in der deutschen Schweiz, indem das alamannische Volk den alamannischen Dialekt beibehielt und nur in den Druckschriften die deutsche Sprache kennen lernte, während in der französischen Schweiz die gebildeten Klassen überall die französische National- und Weltsprache redeten, und das Patois nur als Redeweise der unteren Klassen fortdauerte.

Die ersteren Ursachen haben sich in unserem Jahrhundert gründlich geändert; die letzteren wirken heute noch fort. Auch heute noch sprechen hochgebildete Deutschschweizer unter einander im alamannischen Dialekte, und der Deutsche, der nach der Schweiz kommt, wird oft seltsam berührt, wenn er feine Damen der guten Gesellschaft geläufig alamannisch und nur mühsam und ungeschickt deutsch reden hört, eine Erfahrung, die er in Deutschland doch nur in bäuerlichen Klassen zu machen pflegte. Nur das hat sich geändert, dass die Predigt, und dass die Reden in den Rathssälen in neuerer Zeit entschiedener als früher „schriftdeutsch" geworden sind.

Das „Schweizerdeutsch" hat es aber nicht wie das Holländische zu einer eigenen Litteratur gebracht. Wohl gibt es alamannische Gedichte und Erzählungen, zum Theil vortreffliche. Aber der Reichthum der deutschen Litteratur, an welcher die Deutschschweizer beständig in produktiver und receptiver Weise Theil nahmen, und die Enge des alamannisch-schweizerischen Gebietes verhinderten die Ausbildung des Dialektes zu einer eigenthümlichen Sprache und zu einer selbständigen Litteratur.

Eben deshalb ist auch der innere geistige Zusammenhang der deutschen Schweiz mit Deutschland niemals abgerissen worden. Er ist heute vielseitiger, inniger, lebendiger als in den letzten Jahrhunderten. Die Schule, die Predigt, die Amtssprache, die Presse der deutschen Schweiz sind deutsch. Die Schriften der deutschen Klassiker sind überall bis in die unteren Volksklassen bekannt und werden fleissig und gern gelesen. Die deutsche Wissenschaft, die deutsche Kunst haben auch in der deutschen Schweiz eine sichere Heimstätte. In den schweizerischen Volksschulen, Gymnasien, Universitäten gibt es viele deutsche Lehrer. Hinwieder leben und wirken auch an deutschen höheren Schulen viele geborene Deutschschweizer. Die Verbindung ist eine enge; die wechselseitigen Beziehungen sind zahlreich. Die politische Nationalität ist nicht stark genug und nicht so leidenschaftlich einseitig, um diese Kulturgemeinschaft zu durchbrechen und zu entzweien. Die deutschen Schweizer bleiben in ihrer ganzen geistigen Kulturbildung Angehörige und Genossen der grossen deutschen Nation.

Ganz ähnlich ist es in der romanischen Westschweiz. Die französischen Schweizer unterhalten nähere Beziehungen zu der deutschen Schweiz und zu der deutschen Wissenschaft als die Franzosen. Fortwährend studiren sehr viele französische Schweizer auf deutschen Universitäten. Aber trotzdem fühlen sie sich in der Sprache, in den Sitten, in der Litteratur, in der gesammten Geisteskultur als Genossen der *französischen Nationalität*. In der Geschichte der französischen Litteratur und Wissenschaft nehmen die Genfer, die Waadtländer, die Neuenburger noch eine hervorragendere Stellung ein als die Züricher, Basler, Berner in der deutschen Kulturgeschichte. Der nationale Verband der westschweizerischen Bevölkerung mit der grossen Gemeinschaft des französischen Geisteslebens ist niemals abgebrochen worden. Er wirkt heute noch in voller Stärke.

Wenn wir daher eine relative Eigenartigkeit einer politischen Schweizernationalität anerkennen, so dürfen wir doch niemals die Fortdauer der *nationalen Kulturgemeinschaft* der deutschen Schweizer mit der deutschen Nation, der französischen Schweizer mit der französischen Nation und der italienischen Schweizer mit der italienischen Nation ausser Acht lassen. Die schweizerische Nationalität muss mit diesem ursprünglichen und mächtigen *Nationalitätsverbande* rechnen. Ihre Theile sind unablöslich mit den grossen Nationen zu einer Kulturgemeinschaft geeinigt, die ihr geistiges Leben bedingt. Um deswillen muss die politische Nationalität der Schweizer in allen Kulturbeziehungen *international* bleiben. Je entschiedener die eigentliche Nationalität Kulturgemeinschaft bedeutet, um so bedeutsamer macht sich dieser internationale Charakter der schweizerischen Nationalität geltend. Er ist zu einem Lebensprincip der Schweiz geworden und gibt ihr in der europäischen Statenfamilie eine Bedeutung, welche eine kleine einsprachige Völkerschaft von dritthalb Millionen Menschen nimmermehr behaupten könnte.

Die Schweiz hat in der That ein schweres Problem für sich glücklich gelöst, das für Europa noch nicht gelöst ist. Es ist ihr gelungen, die deutsche, die französische und die italienische Nationalität, soweit sie in Bruchstücken in ihr vertreten sind, friedlich zu verbinden und gleichzeitig mehreren Nationalitäten gerecht zu werden. Die Lösung der Aufgabe ist dadurch erleichtert worden, dass die einzelnen Kantone meistens einsprachig sind, dass die Bevölkerungen der Kantone entweder ausschliesslich oder ganz überwiegend bald deutsch, bald französisch, einmal italienisch sind. Aber in der Bundesregierung und in der Bundesversammlung, in der Armee und auf den Volksfesten sind doch deutsche, franzősische und italienische Schweizer mit einander verbunden und gemischt. Alle werden geeinigt durch das öffentliche Recht und durch die Liebe zu dem gemeinsamen Vaterlande. Die volle Freiheit, welche in allen Kulturbeziehungen den verschiedenen Nationalitäten gestattet wird, so dass Jeder, der Deutsche und der Wälsche, nach seiner Weise leben und sprechen kann, wie es ihm natürlich ist und wie er Lust hat, bewirkt die Zufriedenheit Aller. Aber sie allein erklärt nicht den grossen Erfolg, denn die Freiheit für sich allein kann auch die Gegensätze schroffer ausbilden und zum Streite reizen. Zu der Achtung der Freiheit ist das Rechts- und Statsbewusstsein hinzugetreten, welches seinem Wesen nach nicht national, sondern menschlich ist und die nothwendigen Grundbedingungen eines friedlichen und freundlichen Nebeneinanderseins und Zusammenwirkens ebenso der verschiedenen Nationalitätsangehörigen wie der verschiedenen Konfessionsgenossen erkennt und als Rechtsinstitutionen und Rechtsgesetze ausprägt.

Dadurch hat die Schweiz in ihrem Bereiche Ideen und Principien geklärt und verwirklicht, welche für die ganze europäische Statenwelt segensreich und fruchtbar, welche bestimmt sind, dereinst auch den Frieden Europas zu sichern. Sie hat der Freiheit und dem freundlichen Zusammenwirken der grossen romanischen, germanischen, und weshalb nicht auch der slavischen Nationalitäten als Genossen der civilisirten Menschheit durch ihr Beispiel die Wege gezeigt. Wenn dereinst das Ideal der Zukunft verwirklicht sein wird, dann mag die internationale Schweizernationalität in der grösseren europäischen Gemeinschaft aufgelöst werden. Sie wird nicht vergeblich und nicht unrühmlich gelebt haben.

VI.

Einwirkung der Nationalität auf die Religion und kirchliche Dinge.

(1869.)

1. Nationalität oder Universalität der Religion?

Wir leben in dem Zeitalter der nationalen Statenbildung; d. h. die grossen Nationen sind gegenwärtig in dem Streben begriffen, sich zu sammeln, politische Macht zu gewinnen, Organe zu schaffen, welche ihrem Willen Einheit und Thatkraft verleihen, den Stat und das öffentliche Leben mit ihrem Geist zu bestimmen und mit ihrem Charakter zu erfüllen. Wir müssen aus dieser Erscheinung schliessen, dass das Nationalbewusstsein heute stärker geworden ist, als in allen früheren Perioden der europäischen Geschichte, welche eine nationale Statenbildung noch nicht gekannt und nicht unternommen hatten.

Wenn aber in unserer Zeit die Politik eine nationale Richtung nimmt und der Stat eine nationale Gestalt erhält, so liegt die Frage sehr nahe: Wird die nationale Strömung nicht auch das religiöse Leben ergreifen und nicht ebenso die Kirche umgestalten? Dürfen wir nicht aus jener Entwickelung auf eine parallele Bewegung in diesen Dingen schliessen? Diese Fragen verdienen eine ernste Erwägung.

Jede Nation hat einen gewissen äusseren Typus, an

dem sie erkannt, eine besondere Physiognomie, durch welche sie von anderen Nationen unterschieden wird. Diese eigenartige Erscheinung wird durch die Eltern auf die Kinder überliefert. Sie wird rassemässig durch Geburt und Erziehung fortgepflanzt. Aber die Ursache und das Wesen der Nationalität ist doch nicht in dieser äusseren Erscheinung zu finden. Vielmehr ist diese selber die Wirkung von bestimmten seelischen Kräften und Eigenschaften, welche die Geistes- und Charakteranlage einer Nation bestimmen und von andern unterscheiden. Die Nation ist voraus Geistes- und Charaktergemeinschaft.

Die heutigen europäischen Nationen sind vorzüglich das langsam herangewachsene Gebilde der europäischen Kulturgeschichte. In dem früheren Mittelalter bestand während ungefähr eines Jahrtausends zwar auch eine Mischung von germanischen und romanischen Elementen, aber die Kultur war in weit höherem Grade universal, als national. Die Germanen herrschten überall in den europäischen Kulturstaten, und bestimmten grossen Theils die Rechtsbildung jener Zeit. Aber die Geisteskultur war vorzugsweise römisch. Die lateinische Sprache war die gemeinsame Kirchen- und Reichssprache. Die Wissenschaft wurde ausschliesslich in lateinischer Form gelehrt und betrieben.

Allmählich aber zweigten sich die romanischen Volkssprachen von dem gemeinsamen lateinischen Stamme ab und wurden durch die Verbindung mit dem frischen Volksleben mit kräftigem Wachsthume erfüllt. Sie bildeten sich selbständig aus und wurden nun auch Organe und Träger der volksthümlichen Litteratur und Wissenschaft. Ebenso fingen die germanischen Stämme an, in verschiedenen Ländern ihre germanische Volkssprache von der römischen Knechtschaft zu befreien und nach und nach zu Kultursprachen zu erheben. Mit den nationalen Sprachen entstanden so die verschiedenen europäischen Nationen. Seither unterschieden sich Spanier und Italiener, Franzosen und Deutsche, Engländer und Dänen. Die Nationalität ist daher vorzüglich Sprachgemeinschaft und insofern Geistesgemeinschaft.

Aber auch gewisse gemeinsame Charaktereigenschaften zeigten sich in den Nationen und entwickelten sich in ihrer Geschichte zu einer erblichen Bestimmtheit. Der Nationalcharakter liess sich so unterscheiden von dem individuellen Charakter der Einzelnen; jener bildete die gemeinsame Rasse, dieser trieb die mannigfaltigste Eigenart im Einzelnen heraus. Früher zeigte der Nationalcharakter sich in den Sitten und im Rechte, später wirkte er mit mehr Bewusstsein in der Politik.

Aber nicht immer hält die Klärung des nationalen Selbstbewusstseins gleichen Schritt mit dem nationalen Selbstgefühle. Oftmals ist jenes im Steigen, während dieses schwächer wird. In der Jugend der Nationen wirken die unbewussten Kräfte stärker, in reiferem Alter kennen sie sich selber besser und wissen auch andere Nationen besser zu würdigen. Die steigende Civilisation zerstört nicht die nationalen Tugenden, aber sie zerstreut die Vorurtheile der Nationaleitelkeit. Indem sie die gemeinsame Menschennatur erkennt und zur Geltung bringt, verbindet sie die Nationen unter einander und macht ihnen klar, dass die Geringschätzung und der Hass der Fremden nicht eine Bewährung, sondern eine Verirrung sei des Nationalbewusstseins.

Wenn aber die Nationalität vornehmlich auf geistigen Ursachen beruht, und in der Sprache, in den Sitten, im Recht, in der Politik sich äussert, sollten da die Religion und der Kultus unabhängig von ihr sein?

Allerdings hat es nationale Religionen gegeben. Aber wir müssen sehr weit zurückgehen in frühere Zeitalter der Geschichte, um dieselben aufzufinden. Bei den alten Hellenen hatte die heidnische Religion in der That einen nationalen Charakter, viel entschiedener als der hellenische Stat. Die Hellenen waren politisch in eine grosse Zahl von kleinen Staten und Stätchen getheilt und es fehlte ihnen eine gemeinsame nationale Bundesverfassung. Aber die zahlreichen Götter welche in jenen Staten verehrt wurden, bestimmte Götter vorzugsweise in bestimmten Einzelstaten, gehörten doch zusammen zu Einer grossen hellenischen Götterfamilie. Die Religion der Hellenen war wesentlich gemeinsam. An den heiligen Spielen zu Olympia betheiligten sich die Hellenen von allen Stämmen und Städten; das delphische Orakel wurde von Allen um Rath gefragt; der dunkle Hades nahm die Schatten aller verstorbenen Hellenen auf. Die einzige gemeinsame Bundes-Institution der Hellenen, der Rath der Amphiktyonen, hatte einen religiösen Charakter. Die Tempel, die Opfer der Hellenen hatten ein nationales Gepräge. In der Sprache und in der Religion vorerst erkannten sich die Hellenen als Brüder, als Genossen derselben Nation.

Auch bei unseren germanischen Vorfahren war es ebenso. Auch ihnen fehlte die nationale Einheit im Statsleben ursprünglich ganz. Politisch waren sie in Stämme getheilt, die sich nicht selten bekriegten. Aber religiös waren sie durch eine gemeinsame germanische Götterfamilie verbunden. Die Hoffnung der germanischen Helden, nach dem irdischen Tode in die Walhalla einzugehen und da mit den Kriegern aus früheren Geschlechtern ein männliches Leben in Spiel, Trunk und Kampf zu geniessen, bis der letzte grosse Weltkrieg zwischen den guten und den bösen Göttern herankomme, war allen Stämmen gemeinsam.

Allerdings lässt sich die Verehrung vieler Götter eher mit der nationalen Auffassung der Religion vertragen, als der Glaube an Einen Gott. Aber auch der Eine Jehovah der Juden wurde anfangs während vieler Jahrhunderte als Nationalgott verehrt. Er war in ganz besonderem Sinne der Gott Abrahams, Isaks und Jakobs, der Herr und König Israels. Die Leviten waren eine nationale Priesterschaft, der Tempel zu Jerusalem das Nationalheiligthum der Juden. Die Beschneidung war ein Kennzeichen sowohl der religiösen als der nationalen Gemeinschaft.

Aber die Nationalität bestimmt und scheidet die Religionen doch nur in den Anfängen der Kultur. Die höhere Entwickelung des religiösen Bewusstseins und Lebens durchbricht überall die engen Schranken der nationalen Gebundenheit und erhebt sich auf einen Standpunkt, von dem der Blick sich erweitert und die mancherlei Nationen als Theile der Menschheit erschaut. Die Religion wird dann universal.

Die grossen Religionen, welche heute noch in der Menschheit verbreitet sind, das Christenthum, der Buddhismus und der Islam haben alle diesen universellen Charakter.

Schon der spekulative Brahmagedanke, der das Universum als die Erscheinung des Einen Weltgeistes fasste, hat im Princip den alten nationalen Götterhimmel der indischen Arier aufgelöst. Aber die Brahmareligion hat trotz dieser Einheit Gottes und der Welt noch die indische Kastenordnung festgehalten und ist so noch immer an die Indische Nation gefesselt. Die energischere Spekulation und mehr als sie die menschliche Liebe Buddah's hat auch die Kastenordnung abgeschafft und die Welt von ihrem Drucke befreit. Dadurch ist die Religion Buddha's allgemein-menschlich geworden.

Ebenso hat die christliche Religion der Liebe die nationale Beschränktheit des Judenthums überschritten und die christliche Lehre ist allen Völkern gepredigt worden. Auch der Islam hat sich bald über die arabische Nation hinaus verbreitet.

Die Möglichkeit dieser Religionen, verschiedene Nationen zu ergreifen und dadurch zu Weltreligionen zu werden, beruht auf ihrem universellen Princip. Der Buddhismus hat so, obwohl in Indien entstanden, die Mongolei erobert und ist nach China vorgedrungen. Das ursprünglich von Palästina ausgegangene Christenthum hat die griechische und römische Welt, die germanischen und slavischen Nationen religiös ergriffen und seine Hauptsitze in der arischen, nicht semitischen Völkerfamilie in Europa und Amerika erworben. Der anfangs arabische Islam ist die Religion der arischen Perser, der Mauren, der Türken in Westasien und in Afrika geworden.

Der Glaube, dass Gott vorzugsweise der Gott Eines Volkes sei, erscheint dem entwickelteren Bewusstsein als eine thörichte Eitelkeit und der Grösse Gottes ebenso unwürdig, wie die noch beschränktere Annahme, dass die einzelnen Familien besondere Götter haben. Im Angesichte des Höchsten verlieren die Unterschiede der Nationen ihre trennende Bedeutung. Als wesentlich gilt nur das Verhältniss, sei es der einzelnen Menschen, sei es der ganzen Menschheit zu Gott. Die Zwischenstufen der Geschlechter, der Stämme, der Nationen und sogar der Rassen ändern dieses Verhältniss nicht.

Wenn aber die Hauptlehren der Religion und der Moral einen allgemein menschlichen oder göttlichen Inhalt erhalten, so liegt die Folge nahe, dass auch die Gottesverehrung, d. h. der Kultus von diesem universellen Geiste erfüllt seien. Die Buddhistischen Tempel, die christlichen Kirchen, die muhammedanischen Moscheen bewahren daher unter verschiedenen Nationen denselben Typus. Die Priester und Geistlichen verändern nicht nach Nationen ihre Stellung und Aufgabe. Die Institutionen und die Heilmittel, welche die Religionen hervorgebracht, haben durchweg einen universellen Charakter.

Das lässt sich nicht mehr ändern. Die Nationalisirung der Religion wäre daher ein Rückschritt in ein kindlich-naiveres Zeitalter. Ihr universeller Grundgedanke muss bewahrt bleiben.

2. Nationale Einflüsse. Rom und die Deutschen.

Die Universalität der christlichen Religion hindert aber nicht, dass die Nationalität in zweiter Linie doch einen erheblichen Einfluss übe auf die Art ihrer Auffassung und ihrer Ausbildung, und in höherem Grade auf die Gestaltung der Kirche und des Kultus. Die Geschichte des Christenthumes beweist das unwiderleglich.

Nachdem der erste Gegensatz der Judenchristen und der Heidenchristen zum Abschlusse gekommen war, übte die griechische Nationalität zunächst eine mächtige Einwirkung aus, theils auf die Festsetzung der christlichen Dogmen, theils auf die Form des Kultus und der Kirche. Das spekulative Talent und die philosophische Rechthaberei der Griechen fanden in dem Streite über den abstrakten Inhalt und die Formulirung der Dogmen einen willkommenen Spielraum, und der ältliche Charakter des Byzantinischen Reiches suchte Befriedigung in dem griechischen Kultus und Ruhe in der orthodoxen griechischen Kirche.

Wie mächtig der nationale Geist Roms auf die Ausbildung der römisch-katholischen Kirche gewirkt hat, weiss Jedermann. Von jeher haben die Römer die Herrschaft über die Welt angestrebt; und alle Zeit haben sie, so weit ihre Herrschaft reichte, die übrigen Nationen zu romanisiren versucht. In keiner anderen Nation mischen sich so der nationale Charakter und das universelle Streben. In der antiken Weltperiode war es ihnen für mehrere Jahrhunderte geglückt, die civilisirte Welt der römischen Statsgewalt unterthänig zu machen, und mit römischer Kultur zu erfüllen. Nachdem diese das ganze gesellschaftliche und öffentliche Leben beherrschende Macht des kaiserlichen Roms für immer gebrochen war, da unternahm es das päpstliche Rom die Christenheit zum zweiten Male in der geistlichen Form der katholischen Kirche zu romanisiren; und wiederum war das Streben während mehrerer Jahrhunderte von grossem Erfolge. An die Stelle der absoluten Autorität des römischen Kaisers trat nun die absolute Autorität des römischen Papstes. Hatte der Kaiser früher, als Träger der römischen Volksmacht, vom State aus auch das religiöse Gemeinleben beherrscht, so wollte nun der Papst als Stellvertreter der göttlichen Weltherrschaft von der Kirche aus auch den Stat leiten. Die Einheit des Glaubens galt nun für ebenso nothwendig, wie vormals die Einheit des Rechtes und der Politik. Der gesammte Klerus übertrug die römische Autorität und den römischen Kultus auf die ganze abendländische und einen Theil der morgenländischen Christenheit. Die Kirchensprache war überall lateinisch, das kanonische Recht war das Recht des kirchlichen Roms und forderte die Unterwerfung der Welt, wie vormals das römische Kaisergesetz. Sogar das römische Bürgerrecht dauerte fort in der Romanisirung der Kleriker, welche über die christliche Welt zerstreut unter verschiedenen Nationen überall sich als Römer betrachteten und benahmen. In dem Kultus der römischen Kirche sind heute wie vor tausend Jahren die feierliche Würde der römischen Priester, der stolze Pomp der römischen Kirche, die demüthige Unterwerfung der Gläubigen, die Pracht des Ceremoniels, die dramatische Wirkung der Symbole sichtbar. In alle dem erkennen und verspüren wir den Charakter der römischen Nationalität.

Wenn aber die katholische Kirche nicht zu verstehen ist ohne die Einsicht in das römische Wesen, so ist auch der Protestantismus nicht zu begreifen ohne die Beachtung der deutschen Natur.

Es war die weltgeschichtliche Mission der Deutschen, sowohl von Rom erzogen zu werden, als die Herrschaft Roms zu bekämpfen und zu überwinden. Von den Germanen war das alte kaiserliche Römerreich in Stücke zerschlagen und zerrissen und dadurch den verschiedenen Ländern und Stämmen die Freiheit gegeben worden, sich nach ihrer Weise national zu gestalten. Auch die Weltherrschaft der römischen Päpste hatte im Mittelalter ihre Schranke gefunden an dem Widerstande der deutsch-römischen Kaiser. Das Kaiserthum hatte freilich in dem grossen Weltkampfe mit dem Papstthum auch seine Statsgewalt verloren, aber auch das Papstthum hatte seine Pläne nicht durchsetzen können. Wiederum war die Selbständigkeit der Nationen vor der römischen Despotie gerettet.

In der deutschen Kirchenreform wurde auch die innerliche Befreiung des Gewissens und des religiösen Geistes von der formellen Autorität der römischen Kurie vollzogen. Der Protestantismus ist der Widerspruch der deutschen Wahrhaftigkeit und der deutschen Freiheit wider die Herrschaft der römischen Hierarchie. Es gab auch andere bedeutende Denker und tief religiöse Naturen vor Luther, welche der Autorität Roms zu widersprechen gewagt hatten, und auch sie hatten Anhang und Beistand gewonnen unter ihren Landsleuten; so die Albigenser und Waldenser in der Provence und in Piemont, der Engländer Wikleff, der Böhme Hus, der Florentiner Savonarola. Aber erst den deutschen Reformatoren glückte es, das Joch Roms dauernd abzuwerfen. Sicher hat an diesem Erfolge die deutsche Nationalität einen grossen Antheil.

Martin Luther war ohne Zweifel auch als Individuum, und ganz abgesehen von seiner deutschen Rasse, einer der grössten Männer der Weltgeschichte. Aber die specifisch deutsche Kernnatur, welche diesem Geiste als organische Ausstattung beigegeben war, diente ihm doch vortrefflich und war für das Gelingen seines Werkes von höchstem Werthe. Niemals hat ein Anderer es verstanden, den deutschen Nationalgeist so tief zu packen und so mächtig zu bewegen. Er hat das deutsche Gemüth in seinen geheimsten und eigensten Empfindungen aufgefunden und aufgeregt. Zuerst hat er die deutsche Volkssprache zu einer mächtig wirkenden Schrift- und Büchersprache erhoben und einen gewaltigen Anstoss gegeben zu der volksthümlichen Litteratur. Die deutsche Bibel wurde durch ihn zum Volksbuch; die deutsche Sprache wurde durch ihn zur deutschen Kirchensprache erhoben. Nicht blos die Predigt, auch der Kultus und das Lied wurden deutsch. In dem Protestantismus ist ein Geist der freien Persönlichkeit wirksam, die sich keiner äusseren Autorität völlig unterordnet und voraus der eigenen Natur treu bleibt, und dieser Geist ist ebenso unrömisch als er echt germanisch ist. Es ist daher ganz natürlich, dass die römisch-katholische Kirche sich vorzugsweise nur unter den romanischen Nationen in der Herrschaft behaupten konnte und dass der Protestantismus unter den germanischen Nationen allenthalben den Sieg erstritten hat. Die germanische Welt in Europa und Amerika ist ausschliesslich oder doch in ihren mächtigeren und kultivirteren Bestandtheilen protestantisch geworden.

Eine Zeit lang hatte es den Anschein, dass die ganze deutsche Nation sich in dem reformatorischen Gedanken zusammen finden werde. Auch im Süden, wie im Norden von Deutschland hatte die Reform einen grossen Theil der Geistlichen, die Mehrheit des Adels, die Bürger in den Städten und selbst unter den Bauern einen grossen Anhang gewonnen. Aber es ward der deutschen Nation von dem Schicksal nicht vergönnt, so leicht mit Einem Schlage den religiösen und kirchlichen Zwiespalt zu beseitigen und ihre religiös-nationale Einheit zu begründen. Die konfessionelle Einigung scheiterte hauptsächlich an der Macht des Kaisers, der wohl der Abstammung nach ein Deutscher, aber seiner ganzen Bildung nach ein Spanier war, an der Landeshoheit der geistlichen Kirchenfürsten, deren Erziehung nnd Beruf wieder römisch war, und der Politik einzelner weltlicher Fürsten, die ebenfalls in der Schule der römischen Kirche ihren Unterricht und ihre Geistesbildung erhalten hatten. Die zurückgebliebenen Elemente schlossen sich an diese Macht an. Der Romanismus sass leider der deutschen Nation im eigenen Leibe.

In dem skandinavischen Norden, in den Niederlanden, in England entstanden neue nationale Kirchen, die sich von Rom gänzlich lossagten; in Deutschland aber konnte der Protestantismus sich nur halten unter dem Schutze der Landesherren und es bildeten sich zahlreiche Landeskirchen, aber keine deutsche Nationalkirche.

Der Abschluss der reformatorischen Bewegung um die Mitte des sechzehnten Jahrhunderts war für Deutschland nicht günstig. Für das Reich bedeutete er den konfessionellen Zwiespalt und die feindselige Entfremdung der katholischen und protestantischen Reichsstände. Die Katholiken wendeten sich dem Concile von Trient zu, welches den universellen Charakter der römischen Kirche stärkte, und die nationale Besonderheit durch allgemeine Kirchengesetze zu unterdrücken bemüht war. Immer entschiedener setzte sich der Jesuitenorden in dem Centrum des römischen Kirchenregimentes fest. Die kirchliche Reaktion wurde auf dem ganzen Gebiete der katholischen Kirche herrschend, und sie duldete überhaupt keine Freiheit, also auch keine nationale Freiheit. Der deutsche Protestantismus aber zog sich in die Territorien zurück: in ihm wurde das partikularistische Element stärker, und es trat das nationale wieder in den Hintergrund. Auch für den Protestantismus beginnt eine Zeit der orthodoxen Erstarrung und des theologischen Absolutismus. Die christliche Liebe wird in beiden Kirchen zu kirchlichem Hasse versäuert; bis zuletzt an dem konfessionellen Hader der dreissigjährige Krieg entbrennt, in welchem die deutsche Nation selbstmörderisch wider sich selbst wüthet.

3. Erneuerte nationale Bewegung.

Erst der Anbruch der neuen Zeit hat das nationale Bewusstsein wieder geweckt und auch dem kirchlichen Leben eine neue Bahn eröffnet. Diesmal ging innerhalb der katholischen Kirche Frankreich voran: freilich mehr von dem Standpunkte der fürstlichen Souveränetät und der Einheit des ganzen öffentlichen Lebens aus, als von den Trieben der nationalen Freiheit geleitet. Derselbe König Ludwig XIV., welcher die Reformirten unterdrückte und die Hugenotten ausrotten wollte, wies die absolute Herrschaft Roms von dem französischen Reiche zurück und bekräftigte die alten „Freiheiten" der Gallikanischen, d. h. der französisch-bischöflichen Kirche. In beiden Fällen stützte er sich auf die Einheit der französischen Nation und auf ihre geistige Selbständigkeit, die sich eben damals in einer klassischen Litteratur glänzend bewährt hatte. Aber erst durch Voltaire, Rousseau und die Encyklopädisten wurde die Opposition gegen alle Hierarchie in Frankreich populär und bis zur Bekämpfung des Christenthumes selber gesteigert durch das Ueberstürzen der Bewegung aber einer späteren Reaktion Vorschub geleistet.

In dem Zeitalter der Aufklärung, welche die zweite Hälfte des achtzehnten Jahrhunderts als den Beginn einer durchaus modernen Weltepoche charakterisirt, ward es auch in anderen katholischen Ländern versucht, durch Ausbildung ihrer nationalen Selbständigkeit die absolute Herrschaft Roms zu beschränken. In Oesterreich wies Kaiser Joseph II. die absolute Autorität des päpstlichen Stuhles mit Verachtung ab; in Deutschland vereinigten sich die rheinischen Kirchenfürsten zu den Emser Beschlüssen (1786), welche die Herstellung einer deutschen Nationalkirche vorbereiteten. Selbst in Italien nahm die katholische Kirche von Toskana eine freiere Stellung ein. In der That der einzig gangbare Weg dem Despotismus Roms zu entgehen und dennoch in der katholischen Kirche zu bleiben, der Weg der Gestaltung von katholischen Nationalkirchen mit relativer Autonomie und Selbstverwaltung, wurde damals von den europäischen Kulturvölkern gewählt und ernstlich begangen. Da kam die französische Revolution und indem sie den Abgrund der Negation vor der erschreckten Welt eröffnete, schnitt sie diesen Weg ab und scheuchte die geängsteten Massen der lauernden Reaktion in die Arme. Seit der Restauration des Papstthumes und der gleichzeitigen Wiederherstellung des Jesuitenordens (August 1814) ist innerhalb der katholischen Kirche die antinationale, uniforme, weltbeherrschende Macht der römischen Kurie fortwährend ausschliesslicher, absoluter reaktionärer geworden. Dagegen gibt es keine Rettung, als die Wiederbelebung der nationalen Selbständigkeit und Freiheit.

Wirksamer erwies sich das Erwachen des nationalen Geistes für den Protestantismus. Auch für die deutsche Nation erschien nun eine glänzende Periode der nationalen Litteratur. Von neuem zeigte es sich, dass der Protestantismus der Ausdruck des deutschen Gewissens und des deutschen Geistes sei; denn wieder erblühten die herrlichsten Geisteswerke der grossen deutschen Dichter und Schriftsteller auf protestantischem Boden. Ihre Schriften sind nicht konfessionel gefärbt, das religiöse Element — noch bei Klopstock im Vordergrunde — tritt bald hinter dem philosophischen zurück. Aber schwerlich hätten sie die freudige Freiheit des Geistes, welche alle beseelte, gewonnen, ohne die religiöse Befreiung des Gewissens, welche den Reformatoren zu verdanken war. Unter den Fürsten der deutschen Litteraturepoche sind es vorzüglich zwei, Herder und Lessing, welche dem Protestantismus einen Anstoss zu freierem Aufschwunge gegeben haben. Herder hatte ein offenes und aufmerksames Gehör für die verschiedenen Stimmen, mit denen die mancherlei

Völker Gott preisen, und verband sie alle zu einem gemeinsamen Chore der Menschheit. Vor seinem humanen Geiste konnte die enge Ausschliesslichkeit und Selbsgerechtigkeit der orthodoxen Territorialkirchen nicht bestehen. Den Laien Lessing aber ehren wir als einen Hauptreformator der protestantischen Kirche. Luther hat die dunkeln Tiefen des Gemüthes mit seinem Glauben erleuchtet, Lessing aber hat das helle Licht der wissenschaftlichen Kritik und des scharf erkennenden Verstandes in die düsteren Räume der autoritätssüchtigen Theologie hineingetragen. Luther hat das persönliche Gewissen wieder zu Ehren gebracht, Lessing hat dem prüfenden und denkenden Geiste freie Bahn gemacht. Die Sprache Luthers ist genialer und wirkt gewaltiger, aber die Sprache Lessings ist genauer und seine Kritik schneidet schärfer und zerlegt reinlicher. Wenn wir in Luther den nationalen Helden der religiösen Reform verehren, so erkennen wir in Lessing den nationalen Führer der modernen Geisteskultur. Luther hat die deutsche Nation aus den Fesseln der römischen Hierarchie errettet, Lessing hat sie von den Banden der theologischen Orthodoxie befreit.

Wenn sich so die erneuerte Geistesreform an die klassische Epoche der deutschen Litteratur anschliesst und von den Arbeiten der deutschen Wissenschaft hauptsächlich gefördert worden ist, so ist die Machtentfaltung des deutschen Protestantismus und die Erweiterung seines kirchlichen Körpers vorzüglich dem Schutze und der Förderung Preussens zu verdanken.

Es war eine glückliche Fügung, dass das reformirte Haus Hohenzollern den nordischen Stat gründete und regierte, dessen Bevölkerung durchweg der lutherischen Kirche zugethan war. Ebendeshalb blieb der preussische Stat von der ausschiesslichen Engherzigkeit der besonderen Konfession bewahrt, und die Kurfüsten von Brandenburg und die Könige von Preussen hielten die Verträglichkeit und wechselseitige Duldsamkeit in religiösen Dingen für einen Fundamentalgrundsatz ihrer Politik. Ebenso förderlich war es, dass der philosophisch gebildete und freie Denker Friedrich II. zuerst das Princip der Glaubens- und Bekenntnissfreiheit zum Statsgesetze erhob. Diese Freiheit ist die Lebensluft des echten Protestantismus.

Als dann König Friedrich Wilhelm III. die Union einführte zwischen den Jahrhunderte lang getrennten Reformirten und Lutheranern, so war diese Einigung der beiden protestantischen Kirchen zu Einer kirchlichen Gemeinschaft eine That, deren nationale Bedeutung anfangs eher gefühlt als erkannt worden ist, aber unaufhaltsam in dem Masse wächst, in welchem ihr Princip voll und ganz begriffen und ihre Anwendung entschiedener durchgeführt wird. Auch ausser Preussen, vorzüglich in Südwestdeutschland wurde der nationale Werth der Union sofort erkannt, und was anfangs als weises Königswerk gegeben war, von der Gemeinde als Nationalgut angeeignet. Auch wo heute noch die Union nicht angenommen ist, da sind nicht die Gemeinden, da sind nicht die weltlichen Glieder ihr entgegen, sondern es widerstreben nur die beschränkteren und herrschsüchtigen Elemente der Geistlichkeit.

Wie nur die nationale Idee die Kraft hat, die deutsche katholische Kirche vor der erdrückenden Despotie Roms zu sichern und ihr eine relative Selbständigkeit zu gewähren, so hat sie allein die Macht, die deutsche protestantische Kirche über die Enge der landesherrlichen und territorialen Beschränkung zu erheben und ihr eine höhere Würde und einen weiteren Horizont zu verschaffen. Die Zukunft des religiösen Gesammtlebens in Deutschland hängt daher wesentlich davon ab, dass der nationale Gedanke nicht blos den Stat durchdringe, sondern auch über die Kirchen Macht gewinne und sie allmählich fort- und umbilden werde.

Zunächst freilich wird die Union nur als eine Einigung und Gemeinschaft auf die deutschen Protestanten wirken, und als Anlage einer protestantischen Nationalkirche fruchtbar werden. Indem sie den dogmatischen Gegensatz der Lutheraner und der Reformirten nicht unterdrückt, aber als unwesentlich der nationalen Gemeinschaft unterordnet, wird es ihr leicht, den dogmatischen Meinungen und Unterschieden unter den Protestanten überhaupt ihre trennende Macht zu entziehen, und die Einigung allgemeiner zu machen. Aber es ist das nur die nächste, nicht die letzte Aufgabe. Völlig gelöst ist das nationale Problem doch erst dann, wenn dereinst der nationale Geist, welcher die protestantische Union erzeugt hat und wachsen macht, schliesslich auch die deutschen Protestanten mit den deutschen Katholiken verbinden wird. Heute schon regt sich das Bedürfniss dazu, unter den liberalen Protestanten, wie unter den liberalen Katholiken. Es wird zunehmen mit der Zeit und die Wege zur Einigung auffinden.

Einstweilen aber halten wir an der erkannten Wahrheit fest: Das Wesen der Religion ist nicht national, sondern allgemein-menschlich; die Verfassung der Kirche aber und die Form des gemeinsamen Gottesdienstes müssen ein nationales Gepräge haben, damit die Nationen ihren Geist und ihren Charakter auch vor Gott darstellen und frei entwickeln können. Das religiöse Leben der deutschen Nation insbesondere wird durch den nationalen Gedanken zugleich emporgehoben und befreit.

VII.

Ueber das Verhältniss des modernen States zur Religion.

(Vorgelegt an den Protestantentag zu Bremen 1868.)

I. Thesen.

1. Der moderne Stat ist nicht Religions- sondern Rechtsgemeinschaft, nicht religiöse, sondern politische Einheit.

2. Wie die Religion wesentlich unabhängig ist von der Politik, so ist die Politik wesentlich unabhängig von der Religion.

3. Der moderne Stat erfährt aber die mittelbare Wirksamkeit der Religion in hohem Grade, theils indem die religiösen Stimmungen und Meinungen der Massen einen grossen Einfluss üben auf ihre politischen Ansichten und Bestrebungen, theils weil die Priesterschaft beziehungsweise Geistlichkeit eine Autorität und in Folge dessen eine Macht hat, die sie je nach Umständen für oder gegen den Stat verwenden kann.

4. Der moderne Stat kann sich daher nicht gleichgültig verhalten, weder gegen die religiöse Erziehung der Nation noch gegen die religiösen Einrichtungen der Kirchen in seinem Lande.

5. Der Massstab, nach welchem der Stat den Werth der Kirchen bemisst und die Regel, welche sein Verhältniss zu denselben bestimmt, ist nicht der religiöse Glaube noch die

religiöse Wahrheit, sondern theils die rechtliche Erwägung, in wiefern eine Kirche ein berechtigter Körper sei, theils die politische Rücksicht, auf die wohlthätige oder schädliche Einwirkung derselben auf die Volkswohlfahrt.

6. Wenngleich der moderne Stat zunächst Menschenreich, nicht Gottesreich ist, so ist er deshalb weder gottlos noch religionswidrig.

Der moderne Stat verehrt in Gott die ewige und unbegrenzte Macht, durch welche die Existenz der Menschen bedingt ist und welche das Schicksal der Völker leitet.

7. Aber der moderne Stat hat kein besonderes religiöses Bekenntniss. Er ist nicht mehr, wie der mittelalterliche Stat, ein Religionsstat und nicht mehr, wie in den letzten Jahrhunderten, Konfessionsstat.

8. Die Bezeichnung der heutigen Staten als katholische oder protestantische Staten ist statsrechtlich unrichtig und hat nur insofern noch einen geschichtlichen und politischen Sinn, als die katholische oder protestantische Religion ausschliesslich oder doch vorherrschend die Gesinnung des Volkes bestimmt, welches im State lebt.

9. Die Glaubenseinheit der Nation ist für den modernen Stat insofern eher ein Nachtheil als ein Vorzug, als dieser eher durch jene in die Gefahr geräth, dass sein Recht und seine Politik von der Konfession bestimmt und von der Kirche beeinflusst werde.

10. Die Verbindung verschiedener Konfessionen in Einem Lande ist für den modernen Stat deshalb vortheilhafter, weil seine natürliche Stellung ausserhalb der Kirchen dadurch ausser Zweifel gesetzt wird, und er in seinen Entschlüssen freier erscheint.

11. Die einzelnen modern-europäischen Staten sind insofern christliche Staten, als die europäische Civilisation grossen Theils auf christlicher Erziehung beruht und die grosse

Mehrheit der Bevölkerung aus Christen besteht aber nicht in dem Sinne, dass sie die christliche Religion als eine Bedingung ihres Rechtes fordern.

12. Wenn manche Philosophen und Publizisten die christliche Religion als statsfeindlich oder doch als ungeeignet für den civilisirten Stat erklären, so wird diese Behauptung durch die Thatsache widerlegt, dass der civilisirte Stat vorerst nur in christlichen Ländern entwickelt worden ist.

13. Aber es ist eine zugleich religiöse und politische Wahrheit, dass das Christenthum eine vom State unabhängige, zunächst nicht für den Stat bestimmte Religion ist. Das Christenthum schreibt keine besondere Statsverfassung noch bestimmte Statsgesetze vor.

14. Die dogmatischen Sätze und Gegensätze der christlichen Konfessionen sind kein Ausdruck des statlichen Bewusstseins. Der Stat braucht sich darum nicht zu bekümmern, sondern hat dieselben dem Glauben und der Freiheit der Kirchen und der einzelnen Individuen zu überlassen.

Kein Dogma ist für den Stat rechtsverbindlich.

15. Von mehr Interesse und Bedeutung für den Stat als das Dogma der verschiedenen Kirchen ist ihre Verfassung deshalb, weil in ihr ein Element der Macht und Autorität zu Tage tritt, welches der Stat verspürt.

16. Einen höheren Werth als Dogma und Verfassung der Kirchen haben für den modernen Stat die sittlichen und humanen Kräfte, welche in der christlichen Religion wirksam sind. Diese Kräfte zu schonen und zu schützen, ist eine Pflicht und Sorge des modernen States.

II. Begründung.

Die grosse Frage über das Verhältniss des modernen States zur Religion und zum Christenthum wird meistens von religiösem und kirchlichem Standpunkte aus betrachtet. Dieselbe kann aber auch von dem Boden des States aus erwogen werden. Beide Betrachtungsweisen sind berechtigt und geeignet, sich wechselseitig zu kontrolliren und zu ergänzen. Wäre die Aufgabe, diese Frage zu erörtern, einem unserer geistlichen Vereinsgenossen gestellt worden, so hätte er wohl den ersten Standpunkt gewählt und es versucht, dieselbe mit dem Lichte des religiösen Bewusstseins und der göttlichen Offenbarung zu beleuchten. Meiner wissenschaftlichen und politischen Lebensstellung lag es näher, den zweiten Standpunkt vorzuziehen, auf dem ich mich sicherer zu halten und freier zu bewegen weiss. In diesem Sinne habe ich die sechzehn Thesen verfasst, deren kurze Erklärung und Begründung mir nun obliegt.

Zu 1. In allen früheren Perioden unserer Geschichte war die Gemeinschaft der Religion entweder eine Grundbedingung oder eine Hauptwirkung der Statsgemeinschaft. In den antiken Staten waren noch Religion und Recht aufs innigste verbunden und gemischt. Bei den Juden war das ganze Recht von der Religion bestimmt und beruhte auf dem Gesetze Gottes, nicht der Menschen. Bei den Römern war die Religion, soweit sie in der Verehrung der Götter sich darstellte, eine Anordnung des States und beruhte auf dem Gesetze des römischen Volkes. Der alte jüdische Stat war Religionsstat, die römische Religion war Statsreligion. Jene Verbindung war dem State schädlich, diese Mischung trübte die Religion.

Seitdem das Christenthum die Religion von der Autorität des States befreit und in der Kirche eine eigene Gestaltung des gemeinsamen religiösen Lebens geschaffen hat, war zwar die Unterscheidung der beiden Körper, Stat und Kirche, eingeleitet; aber der mittelalterliche Stat und sein Recht blieben trotzdem religiös gebunden. Volles Recht im State hatten nur die orthodoxen Christen und der Stat selbst, als das

Reich des Leibes, gerieth in eine knechtische Abhängigkeit von der Kirche, als dem Reiche des Geistes. Auch die Kirchenreform, die unter dem Schutze des States vollzogen ward, änderte nur das Verhältniss von Stat und Kirche, und ordnete jenen in äusserlichen Dingen über diese. Aber der Stat blieb dennoch Konfessionsstat. Der Kirchenstat ist die ausgeprägteste Institution der römisch katholischen Grundansicht des früheren Mittelalters, die englische und die deutschen Statskirchen sind die klarsten Darstellungen der protestantischen Meinungen in den ersten Jahrhunderten nach der Reformation.

Erst mit dem Beginne der wahrhaft neuen Zeit, und wir dürfen sie nicht vor 1740 datiren, ersteht der moderne Stat mit seinem geistigen und freieren Statsbewusstsein. Erst von da an erkennt sich der Stat als Rechtsgemeinschaft und nicht mehr als Religionsgemeinschaft, und erwirbt damit die Fähigkeit, seinen Einwohnern religiöse Freiheit zu gewähren und verschiedene Kirchen mit gleichem Rechte zu umschliessen. Das moderne Stats- und Privatrecht ist nicht mehr gebunden an ein bestimmtes religiöses Bekenntniss. Wir wissen nun, dass der Rechtszwang keine Macht über das innere Seelenleben und dessen Beziehungen zu Gott üben darf, und hüten uns davor, mit den Mitteln der Statsgewalt das religiöse Gewissen zu knechten, das nur dann echt und wahr sein kann, wenn es frei ist. Das moderne Recht ist in weit höherem Grade als das mittelalterliche ein gemeines und gleiches Recht für Alle, gerade deshalb, weil es nur da und überall da ordnend einwirkt, wo die Nothwendigkeit dessen mit menschlichen und nationalen Gründen erwiesen werden kann und daher von Allen anerkannt werden muss, mögen sie so oder anders über Gott denken.

Gewiss ist der moderne Stat nicht blosse Rechtsgemeinschaft. Die Bedingungen seines Lebens, die Kräfte, über die er verfügt, die Ziele, die er anstrebt, sind nicht durch den Rechtsbegriff zu erfüllen und zu bestimmen. Er ist voraus als Organisation eines Volkes auch eine politische Person. Der Geist, der in ihm lebt und wirkt, ist politischer Geist. Die Kirche findet ihre Einheit in dem religiösen Gemeingefühle, der Stat die seinige in dem politischen Gesammtbewusstsein. In der Kirche ist die Verbindung der Menschen mit Gott, im State die Verbindung der Menschen mit den Menschen massgebend. In jener waltet der Glaube, in diesem der Wille. Die Kirche bedeutet Hingebung der Menschen an Gott, der Stat bedeutet Selbstbestimmung des Volkes.

Zu 2. Der Stat kann nach eigenem freiem Ermessen seine äusseren Zustände ordnen und sein Leben bestimmen. Aber alle Macht und alle Energie des States reichen nicht aus, um eine religiöse Wahrheit zu begründen oder zu entkräften. So wenig der Stat seiner Natur nach eine wissenschaftliche Autorität besitzt, ebensowenig kommt ihm eine religiöse Autorität zu. Ein einfacher, armer Gelehrter kann in wissenschaftlichen Dingen Recht behalten gegenüber dem mächtigsten State, weil die stärkste Armee die überzeugende Macht einer richtigen Beobachtung und eines logischen Schlusses nicht zu überwinden vermag. Ebenso kann das fromme Gemüth eines machtlosen Privatmannes oder einer schwachen Frau voller und tiefer von göttlichem Geiste ergriffen sein, als der Stat in seiner Majestät.

Kein anderer Religionsstifter hat die Unabhängigkeit der Religion von der Politik entschiedener anerkannt und bewährt als Christus. Weder die Interessen der jüdischen noch die der römischen Politik bestimmten sein Leben. Er wies sie entschieden weit von sich weg, so oft auch die Versuchung an ihn heran trat, an den politischen Kämpfen seines Zeitalters sich zu betheiligen. „Mein Reich ist nicht von dieser Welt.“ Im Widerspruche mit dem Judenstate und mit dem

Römerstate breitete sich die christliche Religion erst in Palästina und unter den Juden, dann in dem weiten römischen Weltreiche aus. Die christliche Wahrheit und die christliche Gesinnung leiten ihre Kraft nicht ab von dem Gebote des States.

Aber auch der Gegensatz ist wahr. Der Stat ist wirklich das Reich dieser Welt, von selbstbewusstem menschlichem Geiste erfüllt, von eigenem männlichem Willen bestimmt. Wie Christus die Unabhängigkeit der Religion von dem State erkannt und begründet hat, so haben schon die Römer die Selbständigkeit des States auch der Religion gegenüber begriffen. Ihr Irrthum war nur die Ueberspannung dieser statlichen Freiheit zur Herrschaft auch über die Religion. Der moderne Stat behauptet jene Freiheit in vollem Umfange und masst sich diese Herrschaft nicht mehr an. Wenn er seine Gesetze gibt, so erwägt er in verständiger Prüfung der Gründe das für das Gemeinleben Nothwendige, wenn er handelt, so verfolgt er menschliche Ziele mit menschlichen Mitteln. Er weist jene Autorität der jüdischen Propheten, die im Namen Gottes bald hemmend, bald aufregend in die Politik eingriffen, als statswidrig weg. Nicht was die Priester fordern, sondern was die Statsmänner zweckmässig finden, will er ausführen. Der Gegensatz der Religion und der Politik ist in keiner Epoche der Weltgeschichte klarer hervorgetreten und wahrhaftig nicht zum Schaden weder der Religion, noch der Politik, als in der unsrigen.

Zu 3. Die sorgfältigere Unterscheidung von Religion und Politik, Kirche und Stat macht zwar beide reiner und freier, aber sie zerreisst doch nicht die zahlreichen Beziehungen beider zu einander und hindert nicht ihre Wechselwirkung.

Was die Begriffe und die Institutionen scheiden, das fliesst in den einzelnen Menschen und in den Völkern wieder zusammen. Derselbe Mensch wird je nach Umständen religiös oder politisch bewegt: und nur seltene Ausnahmen sind diejenigen Menschen, welche ganz und gar entweder nur der Religion oder nur der Politik leben. Die Natur der Völker ist nicht einseitig und folgt nicht ausschliesslich der einen Richtung.

Allerdings wird der moderne Stat nicht mehr vorzugsweise von religiösen Motiven geleitet, wie der mittelalterliche Konfessionsstat. Nicht blos der Religionskrieg, auch eine konfessionelle Friedenspolitik ist heute ein Anachronismus. Aber jeder unbefangene Blick auf die heutigen Staten überzeugt sofort von der fortwirkenden Macht der religiösen Gegensätze auch in politischen Dingen.

Der moderne Stat ist in hohem Grade national; und schon die Betrachtung der Völkerfamilien zeigt, dass Konfession und Nation in einer gewissen Beziehung zu einander stehen. Es ist kein Zufall, dass unter den romanischen Nationen der Katholizismus, unter den germanischen Völkern der Protestantismus, und bei den Slaven die griechische Religion überwiegt. Es besteht ein Zusammenhang zwischen der Geistesanlage dieser Rassen und ihrer Religion.

Eine Nation, welche in religiösen Dingen sich der Autorität ihrer Priesterschaft gedankenlos und gläubig unterwirft, wird eher zu bestimmen sein, sich auch der Autorität der Statsgewalt widerstandslos und demüthig zu unterwerfen, freilich nur so lange, als die obrigkeitliche Autorität nicht der priesterlichen widerspricht. Sie läuft überdem die Gefahr, dass ihre politischen Häupter in geistige Knechtschaft gerathen gegenüber der Hierarchie, welche sich mit dem Nimbus göttlichen Lichtes und heiliger Unfehlbarkeit umgibt. Die enge Allianz der absoluten Monarchie in Spanien. Italien und Oesterreich, theilweise auch in Frankreich, mit dem kirchlichen Absolutismus während Jahrhunderten erklärt sich aus dieser verwandten Seelenstimmung der Häupter des States und der Kirche. Wenn in neuerer Zeit auch die katholischen Fürsten, nach dem Vorgange der französischen Könige, eine selbständigere Stellung gegen die päpstliche Kurie eingenommen haben, so folgen sie hierin nur dem politischen Charakter der modernen Weltperiode. Wie schwer es aber auch heute noch den katholischen Fürsten und den katholischen Nationen wird, wahrhaft frei zu werden von der Herrschaft der Hierarchie, und wie leicht hier wieder der politische Geist von religiösen Vorurtheilen getrübt und verwirrt wird, das zeigt am deutlichsten die Existenz und die Macht der ultramontanen Partei in Deutschland und in ganz Europa. In dieser Partei sind mittelalterliche Romantik und hierarchische Herrschsucht zu einem gefährlichen Tranke gemischt. Fürsten und Völker, welche sich an dieses Gebräu gewöhnen, verlieren das Verständniss für den heutigen Stat und ihr politischer Charakter wird entmannt. Grösser ist die Macht des Ultramontanismus im Süden als im Norden. Aber sie ist auch für den Norden beunruhigend, denn sie ist eine ernste Gefahr für den Frieden Europas und für die Kulturentwickelung der Menschheit. Soll der Fortschritt der Menschheit gesichert werden, so muss noch einmal mit dieser Macht, die mit ihren Netzen die Höchsten und die Niedersten umsponnen hält, abgerechnet und diese Kardinalfrage zum Abschlusse gebracht werden. Für diesen bevorstehenden Weltkampf hat auch der Protestantenverein an seinem bescheidenen Orte Etwas zu leisten. Er soll auf der protestantischen Wache stehn. Er soll das Bewusstsein protestantischer Wahrhaftigkeit lebendig erhalten. Kein protestantisch-orthodoxes System hat die Macht, den Ultramontanismus geistig zu überwinden. Die ultramontane Orthodoxie ist stolzer, zuversichtlicher und konsequenter als alle protestantische Orthodoxie. Nur die protestantische Geistesfreiheit ist der ultramontanen Beschränktheit überlegen. Nur sie kann dieselbe niederkämpfen.

Eine Nation dagegen, welche in religiösen Dingen den Priestern keine absolute Autorität zugesteht und sich zu freier, verständiger Prüfung auch des kirchlichen Glaubens hinneigt — das ist aber der Grundcharakter des Protestantismus — eine solche Nation wird auch in politischen Dingen sich eher gegen den Absolutismus zu wehren verstehen und auch die Statsgewalt kontrolliren wollen. Im Besitze religiöser Freiheit wird sie die politische Freiheit früher erwerben und entschiedener bewahren. Die protestantisch-germanischen Völker haben daher vor den romanisch-katholischen die politische Freiheit errungen, und der moderne Stat hat bei jenen früher als bei diesen Wurzeln geschlagen. So gingen die germanischen Niederlande nicht blos Spanien, sondern sogar dem halbromanischen Belgien voraus. Auf dem protestantischen Boden Englands hat sich zuerst die konstitutionelle Monarchie, in den protestantischen Kolonien von Amerika hat sich zuerst die repräsentative Demokratie entwickelt. Innerhalb der deutschen Nation hat in dem protestantischen Preussen Friedrich der Grosse zuerst die moderne Statsidee proklamirt und verwirklicht. Es wäre thöricht, alle die grossen Erscheinungen ausschliessich aus dem Protestantismus erklären zu wollen, aber kein Unbefangener kann verkennen, dass der Protestantismus eine der Grundbedingungen dieser freieren Statenbildung war.

Manche ultramontane Publicisten haben desshalb den Protestantismus den Machthabern als revolutionär verdächtigt und die kirchliche Reformation des sechzehnten Jahrhunderts beschuldigt, die Vorstufe und Vorbereitung der Revolution des achtzehnten und neunzehnten Jahrhunderts zu sein. Sie haben bei dieser Fälschung der Geschichte freilich die Thatsache verschwiegen, dass die Revolution viel heftiger die katholischen als die protestantischen Länder erschüttert hat und mit rascherem Erfolge in diesen als in jenen durch fruchtbare Reformen überwunden worden ist. Das Wort unseres Dichters, dass wohl der Sklave, der die Kette bricht, aber nicht der freie Mann die sittliche Weltordnung bedroht, hat sich darin bewährt.

Wie demnach die Religion der Massen als eine ideale Lebensmacht auch die politische Beachtung verdient, so ist die Bedeutung der religiösen Führer dieser Massen, der Priester oder Geistlichen, nicht minder gewichtig für die Politik.

Gegenüber dem Mittelalter hat sich freilich auch dieser Einfluss sehr vermindert. Sogar noch im sechzehnten und siebenzehnten Jahrhundert waren die leitenden Statsminister oft zugleich Priester. Heute werden diese Aemter immer nur von Laien bekleidet. Aber der mittelbare Einfluss mancher Beichtväter und Hofprediger auf die Verwaltung und Politik wird heute noch in vielen Staten sehr empfindlich verspürt. Wenn es ihnen nicht gelingt, die Statshäupter selber zu gewinnen, so wissen sie nicht selten das weibliche Herz zu rühren und durch Vermittelung der Frauen die Männer zu beherrschen.

Die Macht der Priesterschaft zeigt sich überdem fast noch mehr in der Bereitung von Hindernissen, welche sie der statlichen Entwickelung entgegensetzt, als in dem Einflusse auf die leitenden Statsmänner. Wiederum erscheint hier der Gegensatz zwischen dem katholischen Klerus und der protestantischen Geistlichkeit als entscheidend für das Verhältniss zum State. Die katholische Hierarchie, mit ihren Erinnerungen an die mittelalterliche Weltherrschaft, mit ihrem lebendigen Centrum in Rom, mit ihrer über den Erdkreis ausgebreiteten Peripherie, universell begründet, losgerissen durch den Cölibat von der Familie, und durch die lateinische Erziehung von der nationalen Sprache und dem nationalen Geiste, ihre eigenen Zwecke in traditioneller Richtung verfolgend, ohne ein Herz für das nationale Vaterland und voll instinktiver und ausgesprochener Abneigung gegen den modernen Stat und die moderne Civilisation, ist noch eine grosse Weltmacht, welche den Statsmännern der Gegenwart unzählige heimliche und offenbare Schwierigkeiten bereitet, mit der im günstigsten Fall ein Waffenstillstand zu erreichen, unter keinen Umständen ein dauernder Friede abzuschliessen ist; denn dieser wäre nur möglich, wenn entweder der Stat sich selbst aufgeben wollte, was unmöglich ist, oder wenn die Hierarchie ihre Ansprüche auf Unfehlbarkeit und Weltherrschaft fallen liesse, wozu sie nicht geneigt ist. Die protestantische Geistlichkeit dagegen, mit der Familie verwachsen, national erzogen, durch ihre Geschichte auf den Schutz des States angewiesen, durch ihre Bildung von der modernen Kulturentwickelung erfasst und bewegt, benimmt sich regelmässig als Freundin, nicht als Feindin des States. Als Vertreterin der religiösen Gesinnung und der sittlichen Grundsätze warnt sie wohl den Stat vor Gefahren und Abwegen, aber sie setzt ihm keine Hemmnisse und Schwierigkeiten entgegen.

Zu 4. Indem der Stat die Macht der Religion in seinem eigenen Leben empfindet, und bald einen freundlichen, bald einen feindlichen Einfluss von Seiten der Kirche erfährt, wird er genöthigt, diesen geistigen Mächten gegenüber Stellung zu nehmen. Aus diesem Bedürfnisse des States erklären sich alle die besonderen Rechte des States, welche die älteren Juristen jura circa sacra genannt haben und wir mit dem Namen der Kirchenhoheit des States zusammenfassen, wie z. B. die Befugniss der Statsgewalt, bei der Besetzung der höheren Kirchenämter mitzuwirken und nicht zu gestatten, dass erklärte Feinde des States in seinem Gebiete die Macht der Kirche zu seiner Bekämpfung missbrauchen, die Prüfung, ob kirchliche Erlasse nicht die Statsgesetze verletzen, das sogenannte Placet und das Recht, dem Missbrauche kirchlicher Autorität zum Schaden der persönlichen Freiheit und des öffentlichen Rechtes zu wehren (recursus ob abusum). Weil die Kirche in Folge ihrer grossartigen, dem State ähnlichen Organisation und kraft des in ihr wirkenden, die Massen beherrschenden Geistes etwas anderes und höheres ist, als irgend eine Privatgesellschaft, so bedarf, mindestens in Europa und da, wo die katholische Kirche sich als Macht fühlt und benimmt, dieses eigenthümliche Verhältniss des States zur Kirche auch einer eigenthümlichen Ausbildung.

Wie schwierig es ist, dieses Verhältniss friedlich auf dem Gebiete zu ordnen, auf welchem sich die beiden Mächte, Stat und Kirche, nothwendig begegnen, in der Erziehung der Jugend, das haben wir in den Kämpfen der Gegenwart erfahren. Wo immer die Einrichtung der Volksschule und der religiösen Vorbildung der nachwachsenden Geschlechter in Frage kam, da entbrannte sofort ein heftiger und hartnäckiger Kampf der Meinungen und der Autoritäten. Noch ist dieser Streit nicht geschlichtet und in manchen Ländern schwankt noch der Sieg.

Unter den Statsmännern selber, wie unter den Kirchenmännern sind die Meinungen noch sehr getheilt und manche Behauptung der einen oder anderen haben überdem nur eine bedingte Geltung und ändern sich je nach den Zeiten und Ländern. Es wäre vermessen, wollte ich auch nur die wichtigsten Gegensätze gleichsam im Fluge vorüber eilend zu schildern unternehmen. Nur wenige Grundwahrheiten möchte ich andeuten, die vom Standpunkte des States unangreifbar sind:

a) Da die Religionsgemeinschaft das Wesen der Kirche ist, nicht des States, so ist der moderne Stat verpflichtet, zunächst die religiöse Erziehung der Pflege der Kirche anzuvertrauen und nicht berechtigt, ihr Seelenleben durch seine Leitung zu stören.

b) Weil der Stat Rechtsgemeinschaft und politische Einheit ist, so ist er ebenso berechtigt, wie verpflichtet, dafür zu sorgen, dass die nationale Gemeinschaft auch nicht durch die Einwirkung der Kirche in dem Herzen der Jugend zerrissen und die nachwachsenden Geschlechter, die Kinder Eines Vaterlandes, mit Hass und Vorurtheilen wider einander erfüllt werden.

c) Sein Interesse und seine Pflicht nöthigen den Stat, zu verlangen, dass auch die Erziehung der Geistlichen in Harmonie bleibe mit der Kulturentwickelung der Nation und mit dem öffentlichen Rechte, das alle Statsbürger, geistliche wie weltliche, zu Einem Ganzen einigt. Er darf nicht eine Vorbildung der Priester dulden, welche die Feindschaft gegen den Stat zum Ziele hat.

d) Das Recht und die Pflicht des States an der Volksschule erstrecken sich auf die ganze Nation in allen ihren Klassen, für beide Geschlechter, für alle Konfessionen. Im Verhältnisse der Unfähigkeit der Familie, für die allgemeine Kulturbildung zu sorgen, wächst die Pflicht des States, diese Sorge zu übernehmen. Noch zeigen sich arge Missstände. In Frankreich werden die Töchter grossentheils klerikal erzogen, die Söhne rational. Der Zwiespalt in Glaube und Wissen entzweit daher die Ehegatten und zerreisst das Familien- und das nationale Leben.

Zu 5. Der heutige Stat findet oft mehr als Eine Kirche auf seinem Gebiete wirksam. Er wird daher genöthigt, den mehreren Kirchen gegenüber eine bestimmte Stellung zu nehmen. Jede von ihnen behauptet, im Besitze der religiösen Wahrheit zu sein, und jede ist geneigt, auch dem State ihren Glauben als den wahren zu empfehlen. Nur darin unterscheiden sich die Kirchen von einander, dass die eine zuversichtlicher und stolzer ihren Glauben für den allein selig machenden erklärt, und die andere, bescheidener und freier gesinnt, alle menschliche Auffassung der Wahrheit für mangelhaft und vervollkommnungsfähig erachtet. Der Stat aber kann nicht von der Prüfung dieser Wahrheit sein Rechtsverhältniss abhängig machen und hat guten Grund, sich vor der Rolle des Paris zu hüten, der den Preis der Schönheit einer der streitenden Göttinnen zuspricht und damit die tödtliche Feindschaft der anderen auf sich zieht. Er hat weder die Mittel, den Werth oder Unwerth der religiösen Glaubenssätze zu prüfen, noch kommt ihm die Autorität zu, darüber zu richten. Er kann nur über die Dinge richten, welche in den Bereich des äusserlich erkennbaren Rechtes gehören, und nur da Autorität üben, wo die Nothwendigkeit des Gemeinwesens ihm dazu die Macht in die Hände gegeben hat.

Der Stat ist meistens nicht in der Lage, frei zu prüfen, zu welcher der Kirchen er sich mehr hingezogen fühle. Gewöhnlich hat der Gang der Geschichte schon entschieden. Wenn der Kern seines Volkes sich zur Zeit der religiösen Kämpfe für diese oder jene Konfession entschieden hat, und in Folge dessen eine bestimmte Kirche zur überwiegenden Landeskirche geworden ist, so kann er sich diesem geschichtlichen Ergebnisse nicht leicht entziehen und wird durch die Macht des Bestehenden genöthigt, die geschichtlichen Rechte dieser Kirche zunächst anzuerkennen und zu beachten. Der sächsische Kurstat behielt seinen protestanischen Grundcharakter, obwohl das herrschende Kurhaus selbst seiner glorreichen Mission untreu geworden war und sich wieder der katholischen Kirche zugewendet hatte. In Oesterreich behielt die katholische Kirche ihre vorherrschende Machtstellung, ungeachtet Kaiser Joseph II. mit Rom und mit den Traditionen der katholischen Politik vollständig gebrochen hatte.

Immer wird der Stat die Religion der Mehrheit seiner Bevölkerung mit besonderer Sorgfalt achten müssen, auch dann, wenn er als Stat sich nicht zu derselben bekennt; aber nichts hindert ihn, die Religion der Minderheit ebenso zu achten. Im Zweifel hält er gleiches Recht wie überhaupt für alle Existenzen, so auch für alle Glaubensgenossenschaften. Gerade weil die Bedingung seines Rechtsschutzes nicht die religiöse Wahrheit, sondern lediglich die friedliche Existenz ist, liegt es ihm näher, die existirenden Kirchen gleichmässig zu behandeln, als einer von ihnen einen Vorzug einzuräumen.

Die Politik aber bewegt sich freier als das Recht. Desshalb thut der Stat kein Unrecht, wenn er in seiner Politik auch seiner Neigung folgt, und seine Neigung wird politisch bestimmt durch die Rücksicht auf seine und seines Volkes Wohlfahrt. Schon seit Jahrhunderten hat die katholische Kirche die Maxime, sich mit jeder Statsform und allen politischen Mächten je nach Umständen freundlich oder feindlich zu stellen, indem sie ihr Verhalten nicht nach ihrer Einsicht über den Vorzug einer Statsform vor der anderen, sondern lediglich durch die Erwägung bestimmen lässt, ob sie von diesen Mächten für ihre religiösen und kirchlichen Zwecke Förderung oder Schädigung erwartet. Wir haben sie als Alliirte bald der Fürsten bald der Stände gesehen. Zuweilen stachelte sie die Reaktion auf, zuweilen unterstützte sie die Revolution. Wenn sie im Zweifel eher dem Absolutismus in der Monarchie und in der Demokratie zugethan ist, als den konstitutionellen Staten, so liegt auch dafür der Grund lediglich darin, dass jener Absolutismus ihrer eigenen absoluten Herrschaft verwandter und zugleich ergebener scheint. Sobald er es wagt, auch ihren Wünschen entgegenzutreten, tritt sie sofort auf die Seite derer, welche den Absolutismns der Statsgewalt bekämpfen.

Der Stat kann den Kirchen gegenüber nicht anders

handeln. Er urtheilt nicht über die Trefflichkeit der Kirchenverfassung und nicht über die Richtigkeit des kirchlichen Dogmas. Aber er wendet vernünftiger Weise eher der Kirche seine freie Neigung und seine Gunst zu, welche ihn unterstützt und seine Bestrebungen fördert, und ist kühler, vorsichtiger, misstrauischer gegen die Kirche, welche seiner freien Bewegung Hemmnisse bereitet und die Entwickelung der Volkswohlfahrt in geistigen und wirthschaftlichen Dingen behindert.

Zu 6. Keine Statsform passt weniger zu dem Charakter und Geist des modernen States als die Theokratie. Er weist daher alle Versuche der hierarchischen Parteien, den Stat als unmittelbares Gottesreich in theokratischer Weise zu leiten, mit Verachtung ab. Nichts ist ihm klarer, als dass sein Recht und seine Politik mit menschlichem Verstande zu begründen und zu bestimmen sei. Aber daraus, dass er sich seiner Männlichkeit bewusst ist, folgt nicht, dass er von Gott abgefallen, dass er gottlos geworden sei im Principe. Wenn der mönchisch gesinnte Gregor VII. den Stat gelegentlich als das Reich des Teufels bezeichnet hat, zum Unterschiede von der Kirche, als dem Reiche Gottes, so lächelt die heutige Welt, welcher überhaupt die Persönlichkeit des Teufels unfassbar geworden ist, über diesen Irrthum eines geistreichen Papstes; sie bemüht sich nicht mehr denselben zu widerlegen. Gefährlicher ist es, wenn moderne Radikale den atheistischen Stat als den wahren Stat preisen. Aber auch diese Verirrung hat keinen Bestand, wie am besten die Geschichte der französischen Revolution beweist. Die civilisirten Völker sind nicht und nirgends atheistisch gesinnt. Sie alle verehren Gott und dienen Gott, wenn auch in mancherlei Zungen und Gebräuchen. Sie wissen alle, dass sie sich nicht selber geschaffen haben, und dass die reiche in sich harmonische, aber beschränkte und sterbliche Menschennatur, welche auch die Grundlage des States ist, nur ein abgeleitetes Dasein hat, abgeleitet von der ewigen Macht Gottes, welche die ganze unermessliche Natur erfüllt und beherrscht. Sie glauben alle an die göttliche Leitung der Weltgeschichte. Das zeigt sich nie deutlicher als in den grossen Kreisen des Völkerlebens, wenn alle ruhenden Naturkräfte in Thätigkeit versetzt sind, und in dem gewaltigen Schicksale die Fügung Gottes erkannt wird.

Da die Völker nicht ohne Gott existiren und nicht ohne Gott leben können, so kann auch der Stat nicht gottlos sein.

Das ist nicht etwa nur die Meinung der grossen Massen, das ist auch die Ueberzeugung aller grossen Statsmänner. Unter diesen hatte sich keiner mehr abgewendet von dem traditionellen Glauben der Kirche, auch von der lutherischen Konfession seines Landes und dem reformirten Bekenntnisse des königlichen Hauses, als Friedrich der Grosse. Aber er war trotzdem in dem tiefsten Grunde seiner Seele religiös und hatte ein lebendiges Gottesbewusstsein. Seine Gottesidee war anders, als die seiner Prediger, aber sie war voll Geist, Wahrheit und Leben. Ebenso voll Gottvertrauen war der edle Washington, der moderne Republikaner. Wie ernstlich auch Napoleon I. über Gott nachgedacht hat, wie tief von dem Gottesgedanken der grosse Pitt, der mächtige Stein und der liberale Cavour erfüllt waren, um der entscheidenden Statsmänner der Gegenwart nicht zu erwähnen, weiss Jedermann.

Es mögen daher immerhin Einzelne, Gelehrte oder Ungelehrte, Gottes entrathen zu können wähnen, die Thatsache steht dennoch fest, dass die grossen Kulturvölker und ihre Führer an Gott glauben.

Desshalb ist es gewiss: Der moderne Stat ist Gottesverehrer.

Zu 7. Die religiösen Bekenntnisse sind ein Ausdruck

des gemeinsamen Kirchenglaubens. Es wird heute sogar den Kirchen schwer, sich darüber zu einigen. Die katholische Kirche besitzt einheitliche Organe, welche ihren Glauben mit absoluter Autorität feststellen. Was die allgemeinen Concilien mit Zustimmung des Papstes festsetzen, das ist kirchliches Gesetz, welches unbedingte Unterwerfung von den Gläubigen fordert. Aber auch in der katholischen Welt ist es dahin gekommen, dass der grossen Mehrheit der gebildeten Männer der vorgeschriebene und traditionelle Kirchenglaube zu einer blossen Form geworden ist, der man gelegentlich und scheinbar huldigt, die man nicht offen angreift, um deren Inhalt man aber sich nicht kümmert, an deren Wahrheit man nicht mehr glaubt.

Die Bekenntnisse der protestantischen Kirchen, im sechzehnten und siebenzehnten Jahrhunderte verfasst, tragen das Gepräge ihrer Zeit an sich, einer Zeit, deren Weltansicht eine andere war, als die heutige ist. Ihr Werth ist vorzugsweise ein geschichtlicher. Sie beurkunden die Meinung eines von religiösen Ideen tief bewegten Zeitalters. Im Kampfe mit der katholischen Kirche entstanden und von dem Streite der Theologen auch innerhalb des Protestantismus zugespitzt, haben sie eine polemische Gestalt und verrathen hier und da die Bitterkeit der theologischen Schulen. Sie sind von grosser und nachwirkender Bedeutung für den Zusammenhang der kirchlichen Entwickelung. Aber sie sind nicht geeignet, die ganze Zukunft zu beherrschen und dürfen nicht die Fortschritte der Erkenntniss verhindern. Wollten sie das, so würden sie dem Lebensprincipe des Protestantismus widersprechen.

Für den Stat sind diese Bekenntnisse in keiner Weise bindend. Er hat dieselben nicht zum Statsgesetze gemacht, oder wo er es theilweise gethan hat, so lange er Konfessionsstat war, da musste er das Gesetz ändern, so bald er inne wurde, dass er nicht mehr Konfessionsstat sei.

Einem ihm fremden Kirchengesetze kann sich der Stat nicht unterwerfen, ohne seine statliche Souveränetät aufzugeben. Diese Unterwerfung würde Selbstmord des States sein.

Zu 8. In den letzten Jahrhunderten noch, so lange die Staten Konfessionsstaten waren, konnten sie mit Recht mit dem Namen ihrer Konfession bezeichnet werden. Die Weltgeschichte, welche vorzüglich in den germanischen Staten verschiedene Konfessionen mit einander zu Einem Volke verband, hat den konfessionellen Charakter der Staten unmöglich gemacht, bevor die fortschreitende Wissenschaft und Rechtsbildung das Verfassungsrecht von der konfessionellen Gebundenheit befreite. Der paritätische Stat ist der Vorläufer geworden des modernen konfessionslosen States. Seitdem in Preussen Protestanten und Katholiken Rechtsgleichheit erlangt haben, ist Preussen kein protestantischer Stat mehr im staatsrechtlichen Sinne des Wortes. Ebensowenig ist Bayern noch ein katholischer Stat, seitdem es protestantische Provinzen erworben und denselben gleiches Recht gewährt hat.

Aber wenn der Ausdruck nicht statsrechtlich gemeint, sondern im politischen Sinne verstanden wird, so verhält es sich doch auch heute noch anders. Kein Stat kann sich von seinen geschichtlichen Grundlagen völlig losreissen, und die Politik eines jeden States wird zu grossem Theile durch seine traditionellen Verbindungen bestimmt. Der Geist, der in dem inneren Statskerne lebt, behält seine Macht, auch wenn der Stat sich über andere Gebiete ausbreitet, in denen ein anderer Geist waltet. Er erleidet durch die Mischung wohl einige Aenderung, die schroffe Einseitigkeit desselben wird durch den Zuwachs gemildert und ergänzt. Aber sein Grundcharakter wirkt in der Wandelung fort. Insofern kann man Preussen im Gegensatze zu Oesterreich heute noch einen protestantischen Stat nennen. Der Geist des Nordens ist durch die strenge und nüchterne Schule des Protestantismus hindurchgegangen und hat in derselben scharf denken gelernt. Die Dynastie Hohenzollern ist durch ihre ganze Geschichte und durch die Aufgabe, welche das Schicksal ihr gestellt hat, vorzugsweise bestimmt worden, den Protestantismus in Deutschland zu schützen und in Europa zu repräsentiren. Sie ist auferzogen worden in dem protestantischen Geiste strenger Pflichtübung und geistiger Freiheit. Ebenso ist Frankreich, obwohl die katholische Religion nicht mehr ausschliessliche Statsreligion ist und auch die reformirte Kirche als berechtigt anerkannt wird, noch eine katholische Macht, und die Idee, dass Frankreich berufen sei, das römische Papstthum zu schützen und die katholischen Interessen in der Welt zu vertheidigen, wirkt heute noch in dem Lande, dessen grösster Schriftsteller Voltaire während eines langen fruchtbaren Lebens den Katholizismus auf Leben und Tod bekämpft hat, bestimmend auf die französische Politik ein.

Zu 9. und 10. In den früheren Jahrhunderten galt es als ein politisches Axiom, dass die Glaubenseinheit eine Grundbedingung der Statseinheit, und das Nebeneinander verschiedener Kirchen eine grosse Statsgefahr sei. Dieser Wahn trieb die Machthaber dazu, die Andersgläubigen mit Gewalt zu bekehren oder, wo das unmöglich war, dieselben aus dem Lande zu vertreiben. Das Schrekensregiment des Herzogs Alba in den Niederlanden, die blutige Verfolgung der Katholiken durch König Heinrich VIII. von England, das Verderben des dreissigjährigen Krieges in Deutschland, die Greuel der Bartholomäusnacht in Paris und die Dragonaden Ludwigs XIV. sind aus diesem unseligen Irrwahne entsprungen. Der Glaubenseinheit zu Liebe wurden die Länder verwüstet und die Völker ruinirt. Das war die unglückliche Politik, welche sich von religiöser Leidenschaft und theologischer Verdammungssucht leiten liess und meinte Gott zu gefallen, wenn sie die Menschen unmenschlich behandelte. Diese konfessionelle Politik ist von dem Gange der Weltgeschichte, welche über sie hinweggeschritten ist und ihre Thaten mit Unfruchtbarkeit gestraft hat, verurtheilt worden. Nicht der Segen, sondern der Fluch und die Verachtung der Völker haben sie zu Grabe geleitet.

Allerdings ist es bequemer, ein Land zu regieren, in welchem nur Ein Glaube die ganze Bevölkerung erfüllt, aber nicht anders, als es leichter ist, eine unwissende Masse von Sklaven zu beherrschen, als ein freies Volk zu leiten. Wenn in einem glaubenseinheitlichen Lande die Statsgewalt mit der kirchlichen Autorität verbunden ist, so kann sie, ohne Widerspruch zu erfahren, die Gemüther wie die Drathpuppen mit der Schnur in Bewegung versetzen, wie es ihr gefällt.

Aber für den Stat ist diese Bequemlichkeit kein Vortheil. Die Bedeutung der Staten wächst mit der Kraftentwickelung der Völker und mit der Arbeitstüchtigkeit ihrer Führer. Jene ist aber nicht da zu finden, wo die geistesträge Ruhe die natürliche Anlage erschlafft und verfaulen lässt, sondern da wo der Gegensatz und der Kampf die Kräfte anspannt und übt, und diese ist nicht da zu treffen, wo Regierung Genuss, sondern da wo Regierung Arbeit bedeutet.

Ueberdies ist die Gefahr für den Stat in dem glaubenseinigen Lande gross, dass er dann unter die Herrschaft der Kirche komme, während die Selbständigkeit des modernen States vorzüglich da gesichert erscheint, wo er genöthigt ist, zwei oder mehreren Kirchen gegenüber seine Freiheit zu wahren. Da wird es den Völkern klar, dass der Stat *ausserhalb*, nicht innerhalb *der Kirche* stehe; denn wenn er mehreren Kirchen gleiches Recht gewähren muss, so kann er unmöglich durch eine von ihnen sich binden und dadurch den anderen Kirchen gegenüber in einen feindlichen Gegensatz bringen lassen. Er muss eine unbefangene und daher freie

Rechtsstellung behaupten, von welcher aus er die Beziehung zu den sämmtlichen Kirchen ordnet.

Die Mischung der Religion und Kirche in Einem Lande hat daher sehr vieles dazu beigetragen, dass das moderne Statsbewusstsein sich unabhängig machte von allen konfessionellen Banden, und frei von dem kirchlichen Einflusse.

Schon im Alterthume zeigten sich ähnliche Erscheinungen. Es war eine der schönsten und fruchtbarsten Perioden der Indischen Geschichte, als Brahmanismus und Buddhismus einen Geisteskampf mit einander rangen und der König Açoka zum ersten Male in der Weltgeschichte den Grundsatz der religiösen Freiheit zum Statsgesetze erhob. China verdankt seine frühe und friedliche Kulturentwickelung vornehmlich der Duldsamkeit, welche die kaiserliche Statsregierung der Lehre ihres religiösen und wissenschaftlichen Führers Confucius gemäss den anderen in der Bevölkerung verbreiteten Religionen von Anfang an gewährt hat. Die Toleranz der alten Römer für die mancherlei Religionen der vielen dem römischen Reiche einverleibten Nationen war für den Stat viel nützlicher als der orthodoxe Einheitseifer der byzantinischen Kaiser. In neuerer Zeit hat die Kultur Bayerns erst wieder Fortschritte gemacht, seitdem die frühere Glaubenseinheit durch den Beitritt der protestantischen Bevölkerung gespalten wurde; und das paritätische Recht Preussens hat dem State mehr Vortheil gebracht, als der Vorzug, den Oesterreich allzulange der katholischen Glaubenseinheit zugewendet hat, dem Ostreiche.

Zu 11. Unter den geistigen Mächten, welche die Erziehung der modernen Statsvölker geleitet haben, nimmt das Christenthum in religiöser und sittlicher Beziehung die erste Stelle ein. Sein Einfluss auf unsere Civilisation und die heutige Gesittung ist viel grösser, als sich Manche vorstellen, die dem hergebrachten Kirchenglauben entfremdet worden sind. Neben dem bewussten Christenthume wirkt nach dem Ausdrucke unseres unvergesslichen Freundes Rothe auch das unbewusste Christenthum fort in der Seele der gebildeten Menschen und reinigt, heiligt und befruchtet ihre Gesinnung und ihre Gedanken. Es ist nicht möglich, den Antheil, welchen die christliche Religion an der Bildung der europäisch-amerikanischen Menschheit genommen hat, und die Wirkungen der christlichen Erziehung auszuscheiden von den Einwirkungen, welche wir der Ueberlieferung der antiken hellenisch-römischen Kultur und den Errungenschaften der neueren Wissenschaft und Technik verdanken. Aber wer sich einen unbefangenen Blick in die Geschichte der Kulturvölker bewahrt hat, der kann nur mit ernstester Besorgniss für das sittliche und geistige Wohl der Menschheit die Versuche betrachten, jene Lebenspulsader zu unterbinden und die moderne Welt von dem Christenthume abzutrennen.

Würde es den hierarchischen oder theologischen Eiferern gelingen, alle Die aus der Gemeinschaft der christlichen Kirche hinauszutreiben, welche ihre Auffassung des Christenthumes für irrig oder veraltet halten, und nur die als Christen gelten zu lassen, welche ihr Dogma gläubig nachsprechen, dann freilich würden wir es in Bälde erleben, dass die Mehrzahl der Gebildeten von diesem Banne betroffen wäre. Dann aber würde das Christenthum auch einen grossen Theil seiner Autorität über die Gemüther und seines Einflusses auf die moderne Welt verlieren und es würde auch dem State auf die Dauer unmöglich gemacht, den Namen eines christlichen States fortzuführen.

Gottlob ist die Macht dieser Eiferer ebenso beschränkt, als ihr enger Gesichtskreis; es wird ihnen doch nicht gelingen, das Christenthum und die fortschreitende Geistesbildung zu unversöhnlichen Feinden zu machen.

Indem der moderne Stat die grosse sittliche und religiöse Macht des Christenthumes dankbar und willig anerkennt, indem er mit Hochachtung und Vertrauen den Mahnungen der christlichen Religion Gehör gibt, indem er aus ihrem Lebensquelle auch für sich Nahrung und Stärkung schöpft, darf er sich wohl, ohne unwahr zu reden, als christlichen Stat benennen.

Nur soweit kann der moderne Stat seine Christlichkeit nicht treiben, dass er das christliche Bekenntniss zu einer Bedingung macht seines öffentlichen und Privatrechtes. Das Recht mit seinem nöthigenden und befreienden Charakter ist das gemeinsame Gesetz der Christen und der Nichtchristen. Dem konfessionell gesinnten Mittelalter erschienen die Ungläubigen noch als rechtlose Wesen. Das heutige Rechts- und Statsbewusstsein aber ist menschlich und national gesinnt. Es achtet und schützt jede Existenz, welche die anderen Existenzen nicht beleidigt noch verletzt.

Zu 12. Die zahlreichen Philosophen und Publizisten, welche das Christenthum für eine dem State nicht nützliche oder geradezu als eine antistatliche Religion erklärt haben, berufen sich vornehmlich darauf, dass das Christenthum das irdische Leben gering schätze, dass es die Güter dieser Welt verachte, dass es seine Blicke vorzugsweise dem Jenseits zuwende und im Streben nach einem phantastischen Himmel die wirkliche Lebensaufgabe auf der Erde vernachlässige. Sie machen auf den spiritualistischen Charakter des Christenthum aufmerksam und halten die Weltflucht der Mönche und Einsiedler, welche sich von der Familie, der Gemeinde und dem State lossagen und in klösterlicher Abgeschiedenheit oder in der Einöde ausschliesslich dem Gottesdienste und der Busse leben, für die höchste Spitze des christlichen Lebens. Sie führen aus, dass diese Denk- und Lebensweise dem State ans Leben greife, dass alle Kräfte, deren der Stat bedürfe, bei solcher Geistesrichtung verkümmern und verderben und alle Güter, welche der Stat zu erringen strebe, bei solcher

Gesinnung für ihn unerreichbar oder werthlos werden müssten. Sie erinnern daran, dass manche Vorschriften der christlichen Moral für den Stat ganz unbrauchbar seien. Die Mahnung: „Sammelt nicht Schätze", für Missionäre passend, sei doch nicht ein für die Statswirthschaft anwendbares Princip; das Verbot: „Richtet nicht" würde zur Vernichtung aller statlichen Rechtspflege führen. Das Gebot, dem Feinde Gutes zu thun und, wenn einer uns auf den einen Backen schlage, dann auch den andern hinzuhalten, würde den Stat um seine männliche Ehre, um sein Recht und um seine Freiheit bringen. Der Stat bedürfe weit mehr der bürgerlichen Tugenden, des Muthes, der Tapferkeit, des Fleisses und Wirkens, des Strebens auch nach äusserer Vervollkommnung, als der christlichen Tugenden der Demuth, der Entsagung und des Leidens.

Mir scheint, bei allen diesen und ähnlichen Einwürfen gegen das Christenthum werden zwei Dinge nicht genug beachtet, einmal das Wesen des religiösen Geistes, sodann die Entwickelungsfähigkeit auch des Christenthumes.

Es ist die Eigenart des echt religiösen Geistes, dass die menschliche Seele, indem sie Gott sucht, ganz und gar und rücksichtslos dem Ewigen zustrebt. In dem religiös gehobenen Momente tritt allerdings alles Uebrige, was sonst dem Menschen werthvoll erscheint, in den Hintergrund zurück, weil es von der Verbindung mit Gott ablenken und ihre volle Hingebung stören könnte. Die Erde und alle ihre Güter erscheinen dann wirklich klein und werthlos im Vergleich mit dem höchsten Gute, das die Seele erfüllt. Aber es ist nicht die Bestimmung des Menschen, in diesem Zustande fortwährend zu verharren. Der Mensch hat auch die Lebensaufgaben zu erfüllen, die ihm gesetzt sind, je nach seinen Gaben und nach den Bedürfnissen seiner Mitmenschen. Er ist berufen und mit den erforderlichen Kräften ausgestattet, um auf diesem Felde der menschlichen Arbeit und der Vervollkommnung der menschlichen Zustände auch die Gesetze dieser Thätigkeit selber zu erkennen und in bewusster Freiheit anzuwenden. Auf diesem Gebiete ist der Stat gegründet, der Körper des männlich wirkenden Volksgeistes.

Das Christenthum spricht nun jene religiöse Wahrheit in vollkommenster Weise aus, aber es will keineswegs dieses Gesetz der menschlichen Arbeit und des States verkünden. Wird das Gesetz der Religion, d. h. der Verbindung der Menschen mit Gott, auch zum Statsgesetze gemacht oder wie ein Statsgesetz beurtheilt, so ist das der Fehler Derer, welche diese verschiedenen Dinge verwechseln, und nicht der christlichen Religion, welche nur das religiöse Leben und nicht das politische Leben bestimmt hat. Die volle und ungehemmte Versenkung der menschlichen Seele in Gott entnervt nicht für das thätige Leben, sondern stärkt und ermuthigt den Menschen in seinen Arbeiten und Kämpfen. Es besteht also kein Widerspruch zwischen der religiösen Zumuthung, vor dem Ewigen des Vergänglichen sich zu entäussern und dem Statsbedürfnisse der Anstrengung der menschlichen Kräfte; und es kommt nur darauf an, die beiden Beziehungen, jede an ihrem Orte und zu ihrer Zeit, zu beachten. Werden die obigen Einwendungen von diesem Gesichtspunkte aus betrachtet, so fallen sie zum guten Theile hinweg. Manche Vorschrift ist ganz richtig für das religiös bewegte Gemüth, welche unpassend wird, wenn die statliche Pflicht mit ihren Anforderungen an die männliche Thatkraft wieder in den Vordergrund tritt.

Es kommt aber noch eine zweite Rücksicht in Betracht. Jene statswidrige Weltflucht, welche im Mittelalter die Klöster bevölkert und den Cölibat der Priester begünstigt hatte, entsprach wohl der Auffassung des Christenthumes, wie sie dem unklaren Gemüthsdrange des Mittelalters gefiel. Seither aber haben sich die Ansichten vom Christenthume erheblich verändert. Während damals die mönchische Entsagung als höchste Tugend gepriesen wurde und der Einsiedler, der ein unfruchtbares Leben in Busse und Gebet verbrachte, wie der vollkommenste Mensch und Christ verehrt ward, so ist dagegen die heutige verständigere Welt eher geneigt, Mönche und Einsiedler als thörichte Müssiggänger gering zu schätzen. Das Mittelalter erkannte die christliche Eigenschaft vorzugsweise in der reuigen Selbstkasteiung und in dem Glaubenseifer, die heutige Welt eher in den Werken der Menschenliebe und in der Bewährung der Sittlichkeit. Das Christenthum ist also entwickelungsfähig, wie der menschliche Geist, der es aufgenommen hat, in dem es fortlebt. Nur diejenige Religion kann das Leben der Menschheit begleiten, welche mit diesem Leben fortzuschreiten fähig ist. Die, welche dem Christenthume diese Entwickelungsfähigkeit absprechen und meinen, es habe in einer früheren Periode der Geschichte seinen vollkommensten Ausdruck erlangt, an dem unter allen Umständen festgehalten werden müsse, wissen es nicht, dass sie damit dem Christenthume das Leben absprechen. Denn immer und mit Nothwendigkeit stösst das fortwachsende frische Leben die starrgewordenen und daher todten Formen des früheren Lebens aus. Dieselben fallen von dem Lebensbaume ab, wie dürres Laub.

Wir unsererseits können uns der Wahrnehmung erfreuen, dass das heutige Christenthum reiner, verständiger, thätiger, vorurtheilsfreier und humaner geworden ist, als in irgend einer früheren Epoche der Weltgeschichte.

Vor einem Protestantenvereine bedarf die Behauptung keines weiteren Beweises, dass auch die christliche Kirche mit all ihren Autoritäten, Päpsten und Concilien auf Irrwege hat gerathen können. Der Protestantismus ist ja ein Protest wider die Irrthümer und Verirrungen der römisch-katholischen Hierarchie. Auch die protestantischen Kirchen als menschliche Anstalten sind nicht minder dem Irrthume ausgesetzt, und die christliche Erkenntniss kann ebenso wachsen, wie alles andere Wissen. Die Arbeiten der Menschheit sind nicht vergeblich. Es können neue Wahrheiten entdeckt und erwiesen werden, in deren Licht auch die religiöse und kirchliche Ueberlieferung, auch die in den Bekenntnissschriften formulirte und selbst die in den heiligen Schriften beurkundete Ueberlieferung der früheren Zeitalter berichtigt werden müssen. Diesen Fortschritten der geistigen Erkenntniss darf sich auch das Christenthum nicht verschliessen. Wenn die Menschheit weiser und humaner wird, so geschieht das nicht auf Kosten der christlichen Religion. Sie kann in demselben Verhältnisse auch christlicher werden. Freilich nicht im Sinne irgend einer starren Orthodoxie, aber im Sinne des Christenthumes, das Geist und Leben ist.

Zu 13. Die meisten Religionsstifter waren zugleich Gesetzgeber ihrer Völker. Indem Moses sein Volk mit eiserner Zucht zur Verehrung des Einen Gottes antrieb, gründete er zugleich die Fundamente des jüdischen States. Das Gesetzbuch Manûs umfasst zugleich alle göttlichen und menschlichen Dinge und ordnet die heiligen Gebräuche wie die Verfassung der Indischen Staten. Die Reinigungsgesetze von Zarathustra enthalten zugleich politische Vorschriften. Die Lehre von Confucius ist mehr noch Stats- als Religionslehre. In seinem Koran hat Muhammed das religiöse und das bürgerliche Gesetz zu einem Ganzen verbunden. Die heidnischen Götter der Hellenen und der Römer waren zugleich Götter der Städte und Staten, in denen sie ihren Wohnsitz hatten. Nur Buddha und entschiedener sogar als dieser hat Christus sich aller statlichen Gesetzgebung auf das sorgfältigste enthalten, eben damit die Reinheit der Religion keine Trübung erleide durch die Beimischung politischer Interessen. Er wollte das Reich Gottes in das Herz der

Menschheit einpflanzen, er wollte nicht das statliche Reich dieser Welt einrichten, nicht das Reich „des Kaisers“ umgestalten.

Insofern ist das Christenthum eine unstatliche Religion und verträgt sich desshalb mit den verschiedensten Statsverfassungen.

Aus diesem Grunde sind daher alle Versuche einer specifisch christlichen Statslehre von dem heiligen Augustinus an bis auf Bossuet, de Maistre und Stahl gescheitert. Sie sind ein hölzernes Eisen, ein Widerspruch in sich, und weder christlich rein noch statlich korrekt.

Ob in einem State ein Individuum regiere, ob eine Aristokratie, ob der Demos die Gewalt selber übe, ob der Volksvertretung bestimmte politische Rechte zukommen und welche, wie die Rechtspflege zu organisiren, mit welcher Schutzwehr die bürgerliche Freiheit zu sichern sei, wie die Heeresverfassung am besten einzurichten sei, das Alles kann nicht von der christlichen Religion aus bestimmt werden; denn alle diese Dinge sind für das religiöse Verhältniss der Menschen zu Gott völlig gleichgültig. Das Christenthum verträgt sich daher mit allen Statsverfassungen, monarchischen und republikanischen, freien und unfreien, absoluten und beschränkten, weil keine Statsform die Verbindung der menschlichen Seele mit Gott zu verhindern vermag, und in jeder Statsverfassung die Obrigkeit und die Unterthanen Christen sein können. Mit diesem Principe des Christenthumes stimmen die Erfahrungen aller Zeiten und aller christlichen Völker zusammen.

Zu 14. So lange der Stat Konfessionsstat war, war er noch bis auf einen gewissen Grad auch dogmatisch gebunden. Auch zur Zeit der Kirchenreform noch erachtete sich der Stat pflichtig, die von seinen Theologen siegreich bewährte Auslegung der heiligen Schrift als massgebend zu betrachten, selbst für seine Rechtsgesetze, z. B. für das Eherecht. Die Autorität der Bibel wurde in England und in Schottland noch im siebenzehnten Jahrhundert ebenso wie in dem calvinistischen Genf und in den neu-englischen Kolonien von Nordamerika, in den Niederlanden und in den protestantischen Staten Deutschlands auch für die Statsgesetzgebung ganz gewöhnlich als entscheidend, angerufen. Seitdem der Stat wirklicher Rechtsstat und politischer Volksstat geworden ist, seitdem er die konfessionelle Beschränkung abgestreift hat, bedarf die obige Wahrheit keiner weiteren Begründung. Sie ist selbstverständliche Folge des frei gewordenen Statsbewusstseins.

Die Dogmen können schon desshalb, so wichtig sie immer sein mögen für das religiöse Leben einzelner Individuen oder kirchlicher Genossenschaften, für den Stat nicht rechtsverbindlich sein, weil ihre Wahrheit nur den Gläubigen, nicht aber den Nicht- oder Andersgläubigen einleuchtet, und die Rechtsgesetze des States eine Begründung erfordern, welche Allen verständlich ist und gleichmässig für Alle gilt. Der Inhalt des Dogmas ist eine religiöse Wahrheit und der Stat hat weder die Berechtigung noch die Fähigkeit, über religiöse Wahrheiten zu entscheiden. Die Berufung auf das Dogma, wenn Statsgesetze oder Statsgeschäfte in Frage sind, ist daher allemal Berufung an eine unstatliche und daher in diesen Dingen nicht kompetente Autorität und desshalb unzulässig.

Zu 15. Kann der Stat sich der Autorität der Dogmen einfach dadurch entziehen, dass er erklärt, keinen dogmatischen Beruf zu haben, und dass er sich davor hütet, seine Anordnungen auf Dogmen zu stützen, so kann er sich dagegen den oft empfindlichen Einwirkungen der verschiedenen Kirchenverfassungen weniger leicht entziehen.

Ein tieferer Denker wird zwar auch einen Zusammenhang entdecken zwischen dem kirchlichen Dogma, das von der Masse oder ihren Führern geglaubt wird, und dem Charakter des States, in dem jene Masse oder diese Führer eine entscheidende Stimme haben. Aber der magnetische oder elektrische Rapport, in welchem der religiöse Glaube und der politische Wille zu einander stehen, wirkt mehr im Verborgenen als offenbar, eher mittelbar als unmittelbar und ist nur sehr schwer zu bemessen. Dagegen der Einfluss der Kirchenverfassung auf die Statsverfassung tritt überall in sichtbarer Gestalt und in messbaren Verhältnissen zu Tage. Die Kirche ist eine geistige und leibliche Macht, welche der geistigen und leiblichen Macht des States gegenübertritt, mit der er sich auseinanderzusetzen, die zu beachten der Stat durch die Verhältnisse gezwungen ist.

Die grosse Frage über das Verhältniss von Kirche und Stat, welche im Mittelalter während Jahrhunderten die Politik der Päpste und Kaiser bewegt und die Nationen entzweit hat, ist heute noch eines der schwierigsten Probleme, auch für den modernen Stat. Wir deuten sie hier nur an, wir versuchen es nicht, sie zu beantworten. Die Erinnerung daran schon genügt, um es anschaulich zu machen, in welch hohem Grade diese Frage auch eine Machtfrage ist zwischen Stat und Kirche.

Zu 16. Das Dogma ist dem State fremd, der Glaube gehört dem individuellen Leben und der religiösen Genossenschaft an. Die Kirchenverfassung steht dem State als ein anderer Körper gegenüber. Aber die sittliche Macht des Christenthumes verspürt der Stat in seinem eigenen Leben. Indem der moderne Stat die nationale Volksgemeinschaft gestaltet und veredelnd fortbildet, indem er an der Vervollkommnung der Menschheit arbeitet und die Blüthen und Früchte der Humanität entwickelt, erfährt er an sich selber die weltbewegende, die Menschheit veredelnde und erhebende Macht des Christenthumes. Die moralischen Kräfte auch der heutigen Völker werden durch das Christenthum erzogen und gekräftigt, ihr sittliches Leben wird durch dasselbe gereinigt und vervollkommnet. Christliche Ideen leuchten noch an dem Horizonte der civilisirten Menschheit, christliche Tugenden wirken fort in dem menschlichen Herzen, christlicher Trost richtet, wie vormals, die Unglücklichen wieder auf und särkt die Verzagten. Christliche Demuth zähmt den ausschweifenden Uebermuth; christliche Freiheit erfüllt die Menschen mit dem Bewusstsein, Kinder Gottes zu sein; christliche Liebe treibt die Menschen einander wohlzuthun. Zuweilen leuchtet auch die christliche Seligkeit mit ihrem Sonnenglanze über die Menschheit und erhebt sie zu der Höhe, auf welcher der Mensch den Strahl des göttlichen Lebens in der eigenen Brust gewahr wird. Auf diese praktische Seite des Christenthumes muss der moderne Stat den höchsten Werth legen. Dieses Christenthum zu schützen und wirksam zu erhalten, ist für seine eigene Wohlfahrt von grösster Bedeutung.

Der deutsche Protestantenverein, welcher „eine Erneuerung der protestantischen Kirche im Geiste evangelischer Freiheit und im Einklange mit der gesammten Kulturentwickelung unserer Zeit anstrebt" und die ethische Bedeutung des Christenthumes höher schätzt, als die dogmatische Form, weiss sich in dieser Hinsicht in vollster Harmonie sowohl mit dem lebendigen Geiste des Christenthumes, als mit dem Streben des modernen States.

VIII.

Der Jesuitenorden und das deutsche Reich.

(1872.)

1. Die Wiederkehr des Jesuitenordens und die Erneuerung des deutschen Reiches.

Die älteren Männer, die heute noch leben, haben während ihrer Lebenszeit zwei Mächte von weltgeschichtlicher Bedeutung, wenngleich von sehr verschiedenem Charakter und Werthe, wieder aufleben gesehen, welche ihre Väter als abgestorbene Gebilde des Mittelalters zu Grabe gebracht hatten. Die eine Macht ist der Jesuitenorden, die andere das deutsche Reich und die deutsche Kaiserwürde.

Der Jesuitenorden war im Jahre 1773 von dem Papste Clemens XIV. für ewige Zeiten aufgehoben worden, und wurde im Jahre 1814 von einem Nachfolger desselben auf dem römischen Stuhle, von Pius VII. wieder hergestellt. Das alte deutsche Reich und die alte Kaiserwürde waren im Jahre 1806 für erloschen und todt erklärt worden; und im vorigen Jahre wurde wiederum das deutsche Reich neu begründet und die deutsche Kaiserkrone in strahlendem Glanze erneuert.

Als der Jesuitenorden nach einer gewaltigen Wirksamkeit von mehr als zweihundert Jahren endlich der allgemeinen Verwünschung der Fürsten und der Völker erlag, fühlte sich die katholische Welt wie von einem schweren Drucke erlöst und von einer grossen Gefahr befreit. Die Wiederherstellung des Ordens aber wurde anfangs kaum beachtet und machte sich erst nach Jahrzehnten durch ihre Wirkungen für die moderne Welt fühlbar.

Das deutsche Reich des Mittelalters hatte ein wechselvolles Leben von nahezu einem Jahrtausend zurückgelegt, aber es war schon seit mehreren Jahrhunderten in einer unaufhaltsamen Zerbröckelung und Auflösung begriffen und völlig altersschwach und ohnmächtig geworden, als es endlich den Stössen der französischen Revolution und den Schlägen der Napoleonischen Siege zum Opfer fiel und sang- und klanglos begraben ward. Die Mitwelt hatte so sehr den Glauben an die Lebensfähigkeit des Reiches aufgegeben, dass sie den Hinscheid desselben kaum bemerkte. Die Erneuerung des deutschen Reiches dagegen wird allgemein wie eine Wendung der Weltgeschichte, je nach dem Standpunkte des Beobachters bald freudig bewillkommt, bald grollend gescheut, aber von Niemandem gleichgültig betrachtet. Wir haben mit steigender Theilnahme es erlebt, wie allmählich die getrennten Glieder zunächst im deutschen Norden und im Anschlusse an den preussischen Stat zu einem lebenskräftigen Bunde sich zusammen fügten, wie dann die erneute Gefahr des französischen Angriffes die ganze deutsche Nation in der Tiefe ihrer Seele aufregte und ihre politische Wiedergeburt beschleunigte, wie die deutschen Volksheere den Feind zu Boden schlugen, und wie die französische Kaiserkrone Napoleon III. vom Haupte fiel, und in dem französischen Königsschlosse zu Versailles der siegreiche Heldenkönig Wilhelm zum deutschen Kaiser ausgerufen ward, wie ganz Deutschland nunmehr zu einem mächtigen deutschen Reiche geeinigt ward. Wir haben das Alles in den letzten Jahren erlebt und danken Gott dafür, so Grosses erlebt zu haben.

Das Auferstehen der beiden Mächte aus dem Grabe hat fürwahr einen sehr verschiedenen Sinn in jedem der beiden

Fälle. Nur eine scheinbare Parallele täuscht vorerst den oberflächlichen Blick. Der Gegensatz der beiden Erscheinungen und Richtungen zeigt sich um so schroffer, je aufmerksamer man beide prüft.

Der im neunzehnten Jahrhunderte wieder erweckte Jesuitenorden nämlich ist ganz und gar der alte Jesuitenorden der früheren Jahrhunderte. Das neue deutsche Reich und die deutsche Kaiserwürde von heute sind von Grund aus verschieden von dem mittelalterlichen römischen Reiche deutscher Nation und von dem römischen Kaiserthume der deutschen Könige. Dort nehmen wir den Versuch wahr, eine mittelalterliche Institution in dem modernen Weltalter wieder zu erwecken, hier sehen wir eine Neuschöpfung der neuen Zeit, die nur in den Namen an die mittelalterlichen Zustände erinnert, in allen wesentlichen Beziehungen aber nichts mit jenen mittelalterlichen Gestalten gemein hat.

2. Der Jesuitenorden als Revenant.

Der restaurirte Jesuitenorden ist nichts Anderes und will nichts Anderes sein, als der alte Jesuitenorden vor seiner Aufhebung gewesen ist. Der bekannte Spruch, wie die einen sagen eines Jesuitengenerals, wie die anderen behaupten eines Papstes: „Sint ut sunt, aut non sint!“ „Sie sollen sein, wie sie sind, oder nicht sein“ hat heute noch dieselbe Bedeutung, wie im achtzehnten Jahrhunderte. Er schliesst die Möglichkeit einer Reform aus und verstattet nur die Wahl zwischen Fortbestand des alten Ordens oder Untergang desselben. Als im Jahre 1820 zum ersten Male wieder seit der Wiederherstellung des Ordens eine Kongregation der Väter in Rom zusammen trat, erklärte dieselbe unter einstimmigem Beifalle der versammelten Professen, dass sie „auf den Fusstapfen der alten Väter verharren und nicht im geringsten von ihrem heiligen Institute abweichen wollen“. Diese Congregation selber nannte sich die zwanzigste, indem sie sich unmittelbar den neunzehn älteren Congregationen anreihte.

Ausdrücklich wurden die alten Ordensstatuten (Konstitutionen genannt), wie dieselben seit der Zeit der beiden ersten Stifter und Generale des Ordens, Ignatius Lojola und Lainez, erlassen worden, als Verfassung auch des restaurirten Ordens anerkannt. Heute wie vor Jahrhunderten berufen sich die Jesuiten auf die Privilegien der Päpste des sechszehnten Jahrhunderts Paul III., Paul IV. und Gregor XIII.

Ganz ebenso wie vor Alters werden die Zöglinge des Ordens durch die Exercitien, welche grossen Theils von dem Stifter des Ordens vorgeschrieben sind, zum Eintritte in den Orden vorbereitet. Da wird die empfängliche Seele der schwärmerischen Jünglinge durch Stillschweigen und Selbstpeinigung für den Dienst des Ordens eingeschult und in Entsagung und in der Knechtschaft geübt, mit phantastischen Legenden der Heiligen gereizt, mit den Schilderungen der Sünde und der Höllenpein geängstigt und zu dem grossen Weltkampfe des Ordens für die Herrschaft des Gekreuzigten wider den Satan, zu dem die Compagnie Jesu berufen sei, vorbereitet. Da auch wird jener absolute Gehorsam gegen die Befehle der Ordens-Obern, zu oberst des Generals, in welchem die Jesuiten „nicht einen Menschen, sondern den Stellvertreter Gottes verehren" müssen, angelernt und andressirt. Auch die Keime der religiösen Weltherrschaft, welche das Ziel des Ordens ist, werden da zuerst künstlich in die Herzen der strebenden Jünglinge eingepflanzt.

Heute noch bestehen die alten vier Klassen fort, der Neulinge (Novizen), der Schulmänner (Scholastiker), der Ordenshelfer (Coadjutoren) und der vollberechtigten Meister des Ordens (der Professen). Sie schwören Alle noch jenes alte Gelübde, welches den freien Willen aufhebt und den Jesuiten für immer zu einem Werkzeuge des Generals macht im

Dienste des religiösen Fanatismus und der kirchlichen Weltherrschaft:

„Ich N. N. mache das Bekenntniss und verspreche dem allmächtigen Gott vor seiner jungfräulichen Mutter (!), vor dem ganzen himmlischen Hofe und vor allen Umstehenden und Dir dem hochwürdigen Vater N., dem vorgesetzten General der Gesellshaft Jesu, der Du Gottes Stelle vertrittst, und Deinen Nachfolgern (oder Dir dem hochwürdigen Vater N., der Du als Vertreter des Generals der Gesellschaft Jesu und seiner Nachfolger die Stelle Gottes vertrittst) ewige Armuth, Keuschheit und Gehorsam, eine besondere Sorge für den Unterricht der Knaben, gemäss der Lebensregel, welche die apostolischen Briefe der Gesellschaft Jesu und ihre Konstitutionen vorschreiben.“ Die Professen fügen den drei Gelübden noch das vierte hinzu: „Ueberdem verspreche ich den besonderen Gehorsam dem Papste betreffend die Missionen, wie solches in den erwähnten apostolischen Briefen enthalten ist“*). Dadurch werden sie verpflichtet, jeden Augenblick zu jedem Auftrage bereit zu sein, welcher in den entferntesten Gegenden der Welt zu vollziehen ist. Der Jesuit hat keine Heimat und wird, je nach dem Willen seiner Oberen, plötzlich aus allen bisherigen Lebensverhältnissen herausgerissen und unter fremde, vielleicht feindliche

*) Die lateinische Formel lautet: „Ego N. N. professionen facio et promitto omnipotenti Deo coram ejus virgine matre et universa coelesti curia ac omnibus circumstantibus et tibi Patri Reverendo N. N. Präposito Generali societatis Jesu locum Dei tenenti et successoribus tuis (vel tibi Reverendo Patri vice praepositi Generalis societatis Jesu et successorum ejus, locum Dei tenenti), perpetuam paupertatem, castitatem et obedientiam, peculiarem curam circa puerorum eruditionem, juxta formam vivendi, in litteris Apostolicis societatis Jesu et in ejus Constitutionibus contentam. Insuper promitto specialem obedientiam summo Pontifici circa missiones, prout in eisdem litteris Apostolicis continetur.“

Nationen oder Stämme versendet. Er muss augenblicklich dahin abreisen.

An der Spitze des Ordens steht heute noch wie früher der Ordens-General, mit den Ansprüchen eines Souverains und mit diktatorischer Gewalt über alle Glieder des Ordens. Von Rom aus beherrscht er sein geistliches Heer, das ihm zu unbedingtem Gehorsam verpflichtet ist. Seine Befehle werden von den Jesuiten wie Gottes Befehle geachtet, und sie vollziehen seinen Willen als den Willen Gottes. In allen Welttheilen und unter allen Nationen und Stämmen, wo sich Jesuiten finden oder wohin er Jesuiten schickt, greift er so durch seine Untergebenen in die Verhältnisse ein.

Der universelle Charakter des Ordens ist derselbe geblieben wie von Anfang an. Der Jesuiten-General zu Rom überschaut von der Höhe der kirchlichen Welt- und Hauptstadt aus den Erdkreis, als den weiten Bereich der Ordensthätigkeit und der Ordensherrschaft. Zu diesem Behufe wird die Welt in sogenannte Assistenzen und Provinzen des Ordens getheilt. Das alte deutsche Reich, obwohl in dem früheren Mittelalter der wichtigste Stat in Europa, war in den Augen des Ordens doch nur ein Stück einer grösseren Assistenz. Ausser Ober- und Niederdeutschland wurden noch Oesterreich, Böhmen, Polen, Belgien und selbst England zu einer jesuitischen Assistenz zusammen gefasst. Auch das heutige Deutsche Reich bildet nur eine von den vielen Jesuiten-Provinzen.

Wie früher hat der Orden, wo immer in einer Weltgegend er zugelassen wird, seine Professhäuser und Kollegien daselbst, seine Stationen und Anstalten. Auch die Unterrichtsmethode ist in der Hauptsache die alte geblieben. Noch wie im Mittelalter gilt ihm die lateinische Sprache als die wahre und herrschende Sprache sowohl der Religion als der Wissenschaft. Die nationalen Sprachen beachtet er nur, soweit ein Zugeständniss an die heutige Sprechweise der Völker unvermeidlich ist.

Selbst die Tracht des Ordens hat sich nicht geändert. Noch besteht sie aus der schwarzen Robe, welche bis an das Fussgelenk reicht. Noch tragen die Jesuiten den schwarzen Hut, dessen vorn und hinten vorspringende breite Krämpen den Kopf in dunkle Schatten hüllen, damit er sicherer die Anderen beobachte, schwerer von Anderen erkannt werde.

Der ganze Geist des Ordens ist derselbe wie er in den früheren Jahrhunderten gewesen ist. Der Orden voraus ist der Träger und Verfechter jener mittelalterlichen Ideen der kirchlichen und päpstlichen Herrschaft über die Welt, der Todfeind des modernen States und der modernen Kultur. Als der Papst Pius IX. dem modernen Zeitgeiste wie der modernen Wissenschaft, dem modernen Rechte und der modernen Freiheit durch seine Encyklika vom 4. December 1864 und den beigefügten Syllabus errorum den unversöhnlichen Vernichtungskrieg ankündigte, handelte er im vollsten Einverständnisse mit dem Jesuitenorden, und verlieh er nur der Lehre des Jesuitenordens die päpstliche Weihe.

Nur in einer Hinsicht ist der Orden mit der Zeit fortgeschritten, aber auch das wieder in Uebereinstimmung mit seinen ursprünglichen Vorsätzen. Er weiss die modernen Mittel des Einflusses und der Macht sich anzueignen und dieselben für seine mittelalterlichen Ideale gegen die modernen Bestrebungen zu verwenden. Mit dem Papste verdammt er alle die Freiheiten, welche die moderne Rechtsbildung zuerst erkannt und der moderne Stat zuerst geschützt hat, die Pressfreiheit, die Vereinsfreiheit, die Unterrichtsfreiheit, die Bekenntniss- und Kultusfreiheit als gefährliche, verderbliche, hassenswerthe Irrthümer unserer Zeit. Würde der Orden die Herrschaft wieder verwirklichen können, welche er früher zum Theil besessen hat und die heute wiederum das Ziel seines Strebens ist, so würde er ohne Zweifel alle diese Freiheiten als Ausgeburten der Revolution und Erzeugnisse des Teufels gänzlich unterdrücken und vernichten.

Aber da er die Herrschaft noch nicht in dem Masse besitzt, um seine freiheitsmörderischen Plane auszuführen, so beutet er vorläufig alle diese Freiheiten möglichst für seine Zwecke aus und wendet so die Waffen der Freiheit wider die Freiheit. Von der verhassten Pressfreiheit, jenem „Wahnsinne" der modernen Welt, macht er den rücksichtslosesten Gebrauch. Er hat sich überall eines grossen Theiles der Zeitungspresse bemächtigt und eine Menge vorzüglich auch kleiner Blätter gegründet, welche die Pfarrer und Vikare unter die Massen bringen. Vergeblich wird man in dieser Jesuitenpresse eine Belehrung suchen über die Ereignisse der Zeit, über die leitenden Ideen, über die realen Bedürfnisse. Die Liebe zur Wahrheit ist denselben ebenso fremd, wie die Liebe zum Vaterlande. Dagegen sind sie voll von persönlichen Schmähungen und Rohheiten, reich an Stacheln der Leidenschaften und Verhetzungen, immer im Dienste des Einen Zieles, der absoluten Herrschaft der römischen Hierarchie und der Unterdrückung aller Regungen des freieren Geistes. In Rom selbst führt die Civilta Cattolica, der Jesuiten-Moniteur, in einer gewählteren Sprache, aber in demselben Geiste den Chor der übrigen Blätter an, das Lieblingsorgan Pius IX., dessen Artikel der Papst selber oft prüft und gutheisst, bevor sie veröffentlicht werden. Von Genf aus gibt die Jesuitische Correspondenz die Schlagwörter aus. In Berlin, in München, in Wien stehen wie in Paris grössere Blätter zur Verfügung des Ordens, gleichsam als Pressstäbe, von denen die niedrigeren Lokalblätter und Blättchen die Parole bekommen.

Ganz ebenso weiss der Orden die Vereinsfreiheit, welche Deutschland der Revolution von 1848 verdankt, für seine geistliche Kriegsführung zu benutzen. Er hat eine ganze Masse von katholischen Vereinen, Marienbrüderschaften, Casino's,

Gesellenvereinen gegründet und bearbeitet so alle Schichten der Bevölkerung, theils unmittelbar, theils indem er sie mittelbar an seinen Zügeln hält und leitet.

Wo es ihm verstattet wird, Schulen zu halten, da beutet er die verstattete Freiheit des Unterrichtes bis zur Verdrängung der statlichen Aufsicht aus oder sucht, wo das unmöglich ist, die Aufsicht zu täuschen und unwirksam zu machen. Da voraus lehrt er jene knechtische Unterwürfigkeit unter die kirchlichen Autoritäten, wie wenn sie Religion wäre, und erstickt im Aberglauben den natürlichen Verstand.

Wenn endlich der Stat sich genöthigt sieht, seine und die Rechte der Menschheit zu wahren gegen die Angriffe pfäffischer Herrschsucht, dann erhebt er einen lauten Klage- und Weheruf über Bedrückung der Kultusfreiheit und über Verletzung der Religionsfreiheit. Wo er herrscht, duldet er niemals eine abweichende religiöse Meinung. Wo er nicht herrscht, dient ihm die Glaubensfreiheit als ein Mittel, die Herrschaft über die besorgten Gewissen zu erobern.

Also: Der Jesuitenorden von heute ist die Fortsetzung des Jesuitenordens der letzen Jahrhunderte. Er ist der echte „Revenant“ aus der Vergangenheit: ein Institut der letzten mittelalterlichen Reaktion, künstlich in der neuen Zeit wieder von den Todten erweckt. War er schon dem alten deutschen Reiche gegenüber eine feindliche Macht, so steht er dem neuen deutschen Reiche noch fremder, unverträglicher entgegen.

3. Das deutsche Reich eine Neuschöpfung.

Das heutige deutsche Reich ist Gott sei Dank ein völlig anderes Wesen als das im Jahre 1806 für immer begrabene heilige römische Reich deutscher Nation. Nur der Boden, die Luft und der Volksstoff sind dieselben geblieben, und einige Namen erinnern noch an die gleichbenannten Institute des

Mittelalters. Alles Uebrige, der Körper und der Geist des Reiches sind von Grund aus umgestaltet und anders geworden.

Die alten Reichsgesetze mit ihren goldenen Bullen und kaiserlichen Wahlkapitulationen gelten nicht mehr, so wenig als die alte Verwirrung des früheren Reichsrechtes und der vormaligen Reichspublizistik. An ihrer Statt haben wir eine moderne Verfassung, moderne Gesetze und eine moderne Wissenschaft.

Die alten Reichstage, auf denen mit den deutschen Königen die Kurfüsten, die Hunderte von Fürsten und Bischöfen, Grafen und Aebten und die Vertreter der Städte in verschiedenen Ordnungen und auf besonderen Bänken zusammensassen, sind nicht wiedergekehrt, so wenig als die späteren Reichsversammlungen, auf welchen die Gesandten der angeseheneren Landesherren zusammen traten, aber das deutsche Volk nirgends eine Vertretung fand und keine Stimme hatte. In dem heutigen deutschen Reiche hat auch das deutsche Volk in allen seinen Klassen eine gemeinsame Repräsentation und eine einflussreiche Stimme erhalten. Es hat einen bedeutsamen Antheil an der Gesetzgebung des Reiches und übt eine Kontrole aus gegenüber der Regierung und Verwaltung der Reichsangelegenheiten. Anstatt der reichsständischen Verfassung des Mittelalters haben wir heute die modern repräsentative eingeführt. Das Mittelalter hatte es niemals zu einer wahren Einheit des nationalen Willens und der That gebracht. Das neue deutsche Reich hat beides in vollem Masse erreicht.

Während mehrerer Jahrhunderte war das alte Reich in zunehmender Auflösung in die territorialen und partikulären Einzelstaten begriffen, bis zuletzt der deutsche Boden mit seinen fleissigen und geduldigen Bewohnern als ein bequemes Entschädigungsmaterial für die Ansprüche fremder Fürsten und als eine sichere Beute für eroberungssüchtige fremde Mächte betrachtet und behandelt wurde. Das neue Reich aber ist das Werk des erwachten Nationalgeistes, der die spröde Natur jenes ererbten engherzigen und kleinlichen Partikularismus durch seine begeisterte Wärme flüssig gemacht und überwunden hat. In dem Riesenkampfe mit dem feindlichen Nachbar, der in den letzten Jahrhunderten so oft die deutschen Länder überfallen und bald Stücke des deutschen Bodens weggerissen und sich angeeignet hat, bald sich die deutschen Höfe dienstbar zu machen oder wider einander zu verhetzen gewusst hat, hat die deutsche, nunmehr geeinigte Kraft ihre Ueberlegenheit siegreich bewährt, den Feind gedemüthigt und ihm die frühere Beute wieder entrissen. Die deutsche Politik hat in der Dynastie Hohenzollern ihr glorreiches Haupt und sie hat in dem grossen preussischen Statsmanne, der zum deutschen Statsmanne hervorgewachsen ist, ihren richtigen Führer gefunden.

Jener mittelalterliche deutsche König und römische Kaiser hatte weder ein Heer noch hatte er Geld zu seiner Verfügung. Dem alten aristokratischen Vasallenheer fehlte die Einheit. Sogar damals als der deutsche König auf dem Gipfel seiner Macht stand, war er der Treue seiner mächtigen Vasallen nicht sicher und von ihrem guten Willen gänzlich abhängig. Selbst der gewaltige Friedrich Barbarossa konnte es nicht hindern, dass der stolze Welfenfürst mit seinen Truppen ihn in der gefährlichen Krisis verliess. In den letzten Zeiten war vollends die buntscheckige, zerfahrene Reichsarmee der Spott der Weiber und Kinder geworden.

Wie ganz anders steht es jetzt. Das deutsche einheitlich geschulte und geführte Heer mit seiner Linie von 400,000 Mann, mit seiner Reserve und Landwehr, deren jede mindestens ebenso viel Mann ins Feld stellen, ist heute die grösste Kriegsmacht der Welt. Diese Armee ist in der strengen Zucht, welche das preussische Heer und den preussischen Stat gross gemacht hat, aufgewachsen und sie gehorcht freudig und willig dem Einen Befehl des deutschen Kaisers.

Der römische Kaiser deutscher Nation hatte keinerlei gesicherte Einkünfte vom Reiche, das selber bettelarm geworden war. Die alten königlichen Domänen waren längst unter die Landesherren zerstreut und an die Städte veräussert, die früheren Reichszölle und die Regalien an die Territorien abgetreten worden. Die unbedeutenden Matrikularbeiträge der Reichsstände für Erhaltung des Reichskammergerichtes, die sogenannten Kammerzieler von ungefähr 100,000 Thaler mussten tropfenweise zusammen gebettelt werden und waren doch nicht regelmässig beizubringen. Das heutige deutsche Reich dagegen verfügt über ein Jahresbudget von mehr als eine halbe Milliarde Mark und über einen Reichsschatz von 120 Millionen Mark.

Das heutige deutsche Kaiserthum ist aber auch nicht mehr ein römisches, wie im Mittelalter. Es hat die konfessionelle Fessel abgestreift und ist nicht mehr in Gefahr wie ein Dienstmann des Papstes betrachtet zu werden. Die konfessionelle Spaltung, welche das alte Reich in zwei feindliche Körper trennte, den katholischen und den evangelischen Reichskörper, ist in dem modernen Reiche glücklich gehoben, dessen Recht und Politik nicht konfessionel gebunden und beschränkt sind und das alle Deutschen, gleichviel welchem Glauben sie huldigen, zu Einem Volke zusammenfasst. Das frühere Kaiserhaus der Habsburger und ihrer Erben, der Lothringischen Fürsten, war durch seine Hingebung an den römischen Stuhl und seine Neigung, eine specifisch katholische Politik zu treiben, von Alters her zu einem specifisch katholischen gestempelt. Das alte Kaiserthum war mit Rom verwachsen und hatte die priesterliche Weihe. Das protestantische Haus der Hohenzollern dagegen hatte schon seit Jahrhunderten den Grundsatz der Toleranz und der religiösen Freiheit verkündet und bewährt. Der heutige deutsche Kaiser ist kein römischer Kaiser und weder an Rom noch an konfessionelle Schranken gebunden. Auf dem Boden des modernen States und des modernen Rechtes stehend schützt der deutsche Kaiser die gleiche Freiheit Aller auch in religiöser Hinsicht, und seine Politik steht nicht im Dienste einer bevorzugten Kirche, sondern sorgt für die gemeinsamen Interessen der ganzen deutschen Nation, mögen ihre Glieder Protestanten oder Katholiken, Christen oder Nichtchristen, Gläubige oder Ungläubige sein.

Das neue deutsche Reich also ist nicht wie der Jesuitenorden ein Revenant des Mittelalters, nicht die Fortsetzung des alten römischen Reiches deutscher Nation, wie sich das wohl die Romantiker der ersten Jahrzehnte unseres Jahrhunderts geträumt hatten, sondern eine Schöpfung der modernen Gedanken und der modernen Rechtsbildung.

4. Der Jesuitenorden im alten Reiche.

Selbst dem alten mittelalterlichen deutschen Reiche stand der ebenfalls mittelalterliche Jesuitenorden wie eine feindliche Macht gegenüber. An dem Verfalle des Reiches und an dem Unglücke der deutschen Nation in den letzten Jahrhunderten hatte der Jesuitenorden einen sehr erheblichen Antheil. Mit dem neuen deutschen Reiche unserer Tage ist derselbe natürlich noch weit weniger verträglich.

Schon die Gründung des Ordens geschah im entschiedensten Widerspruch zu dem Wesen und Leben des deutschen Geistes. Die deutsche Nation war damals ergriffen von der reformatorischen Bewegung, welche in der Tiefe des religiösen Gewissens und Glaubens die Kraft schöpfte, um die Kirche von den Missbräuchen zu reinigen, und gestützt auf die Autorität der Bibel die bisher unbestrittene Autorität des römischen Papstes und der Bischöfe verwarf. In der Absicht, die erschütterte Herrschaft Roms über die Geister und der päpstlichen Hierarchie über die Welt herzustellen, die von Deutschland ausgehende Reform zu bekämpfen, die Ketzerei auszurotten, wurde von dem glaubenseifrigen Spanier der neue Orden gestiftet. Der spanisch-romanische Fanatismus sammelte in demselben seine Kraft, um mit dem deutsch-germanischen Geiste des religiösen Gewissens und der religiösen Freiheit den Kampf auf Leben und Tod aufzunehmen.

Gewiss war jener Ignatius Lojola, in dem sich die Eigenschaften eines waffengeübten und ehrgeizigen spanischen Edelmannes, eines feinen Hofmannes, eines eifrigen Theologen und eines phantastischen Mönches seltsam gemischt hatten, einer der bedeutendsten Männer des Jahrhunderts. An Glaubensinbrunst und an Willensenergie war er unserem Martin Luther wohl ebenbürtig, so verschieden auch der Glaubensinhalt und die Richtung der beiden Männer waren. An Menschenkenntniss, an berechnender Klugheit und an der politischen Fähigkeit, Macht zu erwerben und auszuüben war der Spanier dem Deutschen sehr überlegen. Dagegen stand jener hinwieder hinter diesem weit zurück an natürlichem Menschenverstande, an dem offenen Sinne für die Lebensbedürfnisse des Volkes und an sittlicher Gesundheit. Ignatius Lojola war zugleich ein kalter dialektischer Doktrinär und ein glühender Schwärmer für den herkömmlichen Kirchenglauben. Seine Phantasie war aufgeregt durch Wunder, Legenden, Mythen. Er glaubte an den Zauber der kirchlichen Heilmittel. Seine Weltanschauung war mit den Bildern eines Weltkampfes erfüllt zwischen dem Reiche des Gottes am Kreuze, des Herrn des Himmels, und dem Reiche des Satans auf der Erde. Er wollte dem Gotte eine Schaar auserwählter Krieger und Heiliger, die Kompagnie Jesus als geweihte Hülfstruppe zuführen. Er bildete sich ein, die „Mutter Gottes“ sei ihm erschienen und habe seinen Entschluss gesegnet. In der römischen Kirche sah er das verwirklichte Gottesreich. Desshalb sollten alle Völker und Fürsten ihre Kniee beugen vor dem Papste, dem Oberhaupte der Welt. Er war beherrscht von der Vorstellung, dass die Gegner dieser Hierarchie gottlose Menschen seien, welche den ewigen Qualen der Hölle verfallen. Die südliche Leidenschaft des spanischen Fanatismus und der heftige Hass der römischen Reaktion wider die deutsche Freiheit sprühten in seiner Seele zur verzehrenden Flamme auf, aber zugleich war er schlau und berechnend genug, um den Kampf durch die strengste militärisch-religiöse Disciplin und durch die Benutzung der römisch-hierarchischen Organisation wirksamer zu führen.

Mit dem Jahre 1540, in welchem der Papst Paul III. zuerst den Jesuitenorden bestätigte, beginnt jene absolutistische Periode von zwei Jahrhunderten, welche das Mittelalter abschliesst. Es war das für den Orden eine sehr günstige Zeit; denn der Jesuitenorden war der rücksichtsloseste und schärfste Ausdruck des absolutistischen Geistes, welcher damals die Welt beherrschte. Niemals in der Weltgeschichte ist das Princip der Autorität absoluter verstanden, niemals der unbedingte Gehorsam unter die Oberen energischer gehandhabt und durchgeführt worden, als in der Kompagnie Jesus. Die Ideen des Ordens waren sogar damals nicht neu; es war keine Entwickelung, keine Fortbildung der Menschheit darin. Die alte, wankende Papst- und Priesterherrschaft, wie sie das Ideal Gregors VII., Innocenz III., Bonifacius VIII. gewesen war, sollte wiederum und strenger als zuvor hergestellt werden. Das Neue war nur, dass der Orden die Wiederherstellung mit allen, auch mit den neuen Mitteln der Zeit unternahm. Die universelle Herrschaft des Papstes über die Welt setzte daher die Eroberung der Welt durch den Orden voraus. Indem der Orden zunächst die Geister seiner Leitung und Herrschaft unterwarf, und dann vermittelst der Geister auch die Güter und Kräfte der Welt in seine Gewalt bekam, verwirklichte er jenes Ideal. Seine Weltherrschaft und die päpstliche Weltherrschaft flossen so in Eins zusammen. Jede von beiden bedurfte der anderen und konnte nur mit der anderen bestehen.

Auf dieser inneren Sympathie zwischen dem absolutistischen Zeitgeiste und dem absolutistischen Charakter des Jesuitenordens beruhen grossen Theiles die raschen und grossen Erfolge desselben im sechzehnten und siebenzehnten Jahrhundert und in der ersten Hälfte des achtzehnten Jahrhunderts.

Zunächst freilich musste sich der Orden auf die Romanen stützen, denn er war gegen die Germanen gerichtet. Alle jene Männer, welche zuerst in dem Kloster Montmartre bei Paris zusammentraten und sich durch ein feierliches Gelübde verpflichteten, ihr Leben der höheren Ehre Gottes zu weihen, waren Romanen, vorzugsweise Spanier, wie Ignatius Lojola selber aus Biscaja, Jakob Lainez aus Navarra, Franz Xaver aus Toledo, Nikolaus Bobadilla aus Valencia; Petrus Faber stammte aus Savoyen. Weit die meisten Jesuitengenerale waren Romanen, Spanier, Franzosen, Italiener. Die Deutschen, welche sich früher schon für den Orden gewinnen liessen, nahmen meistens nur eine untergeordnete Stellung ein. Ein einziger Deutscher hat es zur Würde eines Jesuitengenerals gebracht, jener Goswin Nickel, welcher mit dem grössten Nachdrucke daran mahnte, dass der Orden ein universelles Institut sei, und den Nationalgeist als „den geschworenen Feind des Ordens“ verdammte und dem Hasse der Väter Preis gab*). Wollte er durch diese Verdammung alles nationalen und daher auch des deutschen Geistes vergessen machen, dass er ausnahmsweise ein Deutscher unter den Wälschen sei? Fürwahr, spanische Bigotterie und römische Herrschsucht sind wesentliche Bestandtheile des Ordensgeistes.

Es kann uns daher nicht befremden, dass der Orden

---

*) Epistola de nationali provincialique pernicioso Spiritu in Societate vitando. Im Auszug bei Buss, Die Gesellsch. Jesu, S. 1188.

vorzüglich in den romanischen Ländern Europas, in Italien, Frankreich, Spanien, Portugal und ebenso in den romanischen Kolonien in Mittel- und Südamerika leichter Eingang fand und Einfluss erwarb, als unter den germanischen Völkern, welche von jeher dem Absolutismus Roms weniger gefügig und deshalb dem Protestantismus geneigter waren.

Aber von Anfang an hat der Orden sein Augenmerk ernstlich auf Deutschland gerichtet. Hier hatte die kirchliche Reform ihren Ursprung genommen. Sie hatte unter den Deutschen ihre Führer und in der deutschen Nation ihre sicherste Stütze gefunden. Daher sollte sie auch voraus in Deutschland bekämpft werden. Lojola selber schickte von Rom aus seine besten Gehülfen nach Deutschland, wie Bobadilla, Le Jay, Canisius und andere, und er schon bestimmte den Papst Julius III. in Rom neben dem Collegium Romanum ein Collegium Germanicum zu gründen (1552), in welchem die deutschen Jünglinge durch die Jesuiten zu römischen Priestern erzogen werden sollten. Mit Vorliebe pflegte der Stifter des Ordens dieses Collegium Germanicum, das nach dem passenden Ausdrucke von Buss, dem Lobredner der Jesuiten, wie ein geistiger Polyp sich vermehrte und seine Arme über Deutschland ausbreitete. Da werden den deutschen Schülern im rothen Rocke mit schwarzem Gürtel die deutschen Sitten und die deutsche Denkweise ebenso gründlich ausgetrieben, wie einst den in römische Kriegsgefangenschaft gerathenen Söhnen deutscher Helden in den altrömischen Gladiatorenschulen. Da wird ihnen der Geist der römischen Hierarchie und die Verehrung des Papstes als des absoluten Herrn der Welt anerzogen. In dieser Anstalt werden jene Doctores Romani herangebildet, welche die katholische Kirche in Deutschland verwalten und verderben. Zu Ende des achtzehnten Jahrhunderts rühmte sich das Collegium Germanicum einen Papst (Gregor XV.), 24 Kardinäle, 6 geistliche Kurfürsten,

19 andere geistliche Fürsten, 21 Erzbischöfe, 121 Bischöfe und 106 Weihbischöfe erzogen zu haben. Auch von den heutigen deutschen Bischöfen haben viele ihre Bildung in dieser römischen Anstalt erhalten. Von den Interessen und der Wohlfahrt der deutschen Nation ist natürlich in dieser Erziehung keine Rede, so wenig als von deutscher Wissenschaft, deutscher Bildung, deutscher Gesinnung. Die Herrschaft Roms über die Deutschen ist der Grundgedanke der ganzen Abrichtung.

Welche Wirkungen hat nun der Jesuitenorden für Deutschland hervorgebracht? Wir reden hier nicht von seinen Thaten und Unthaten im Einzelnen und Kleinen. Wir betrachten jene Wirkungen nur im Grossen und Ganzen, wie sie aller Welt deutlich genug offenbar sind. Es genügt uns an drei unbestreitbare Wirkungen zu erinnern, welche drei Jahrhunderten angehören, dem sechszehnten, siebenzehnten und achtzehnten, und das Verhältniss des Ordens zu dem alten deutschen Reiche und der deutschen Nation scharf bestimmen.

1) Die kirchliche Restauration des XVIten Jahrhunderts.

Die deutsche Reformbewegung des XVIten Jahrhunderts hatte die ganze deutsche Nation im Norden und im Süden und in allen Stämmen erfasst. Sie war der Protest des deutschen Gewissens und der deutschen Freiheit wider die habsüchtige Ausbeutung und den herrschsüchtigen Druck der römischen Hierarchie. Wohl gab es wie in allen Wendungen der Geschichte auch in Deutschland Anhänger der alten Autoritäten und des hergebrachten Kultus, welche den Neuerungen der Reform misstrauisch oder abgeneigt entgegen standen. Aber seit dem Religionsfrieden von 1532 war doch die Aussicht auf eine friedliche Gestaltung der Verhältnisse für ganz Deutschland gegeben. Der Adel, die Bürger, und allmählich auch die Bauern waren von dem Bedürfnisse der Reform überzeugt und in der Mehrheit auch entschlossen, dieselbe durchführen zu helfen. Ebenso war die Mehrheit der Pfarrgeistlichen für die Reform gewonnen. Sogar einzelne Kirchenfürsten waren bereit, dieselbe zu fördern. Unter den weltlichen Fürsten war die Hinneigung zu der Kirchenreform, welche ihnen ebenso nützlich wie innerlich berechtigt erschien, im Wachsthume begriffen. Man rechnet, dass ungefähr neun Zehntheile der deutschen Nation der Reform zugethan waren. In den österreichischen Landesherrschaften war es ebenso, wie in dem übrigen Deutschland. Auch in dem bayrischen Gebirge hatte die Reform grosse Fortschritte gemacht.

Ohne die Jesuiten hätte die deutsche Nation damals schon Rom gegenüber ihre freie Stellung erworben. Wir hätten eine nationale deutsche Kirche erhalten. Dem Einflusse der Jesuiten und ihrer in der That unermüdlichen Thätigkeit ist die furchtbare katholische Reaktion vorzüglich in Oesterreich und im Süden von Deutschland zuzuschreiben, und die konfessionelle Verbitterung und Spaltung der Nation.

Die Jesuiten begannen den Kampf mit dem unermüdlichen Glaubenseifer von Fanatikern und zugleich mit der schlauen Berechnung viel erfahrener Diplomaten. Von Anfang an setzten sie ihre Hebel an der richtigen Stelle an. Wir finden sie an dem Hofe des Kaisers Karls V., dessen spanisch-religiöse Bildung sie zu benutzen wussten, wenn gleich der Kaiser ihnen Anfangs misstraute, bei dem frömmeren Bruder des Kaisers, dem nachherigen Könige Ferdinand I., und an dem Hofe der bayrischen Herzoge. Sie sind immer mit vortrefflichen Empfehlungsbriefen ausgestattet und bekommen geheime Aufträge der Fürsten an ihre Verwandte. An jedem Hofe gewinnen sie höchstgestellte Frauen, deren Beichtväter und geistliche Rathgeber sie werden. Dann bereisen sie die Höfe der geistlichen Fürsten und verwenden da die Mittel der hierarchischen Autorität, um den Reformern entgegen zu wirken und die Anhänger des Alten zu stärken. Wir begegnen ihnen auf den Reichstagen wie bei den Zusammenkünften der Fürsten. Mit der religiösen verbindet sich ihnen die diplomatische Thätigkeit.

Sie wissen sich in Bälde der Erziehung vieler vornehmer junger Herren, dann auch der höher gebildeten Jugend in den Städten zu bemächtigen. Man erstaunt über die ungeheueren Erfolge, welche der Orden in kurzer Zeit macht. Ueberall gründet er Kollegien, Stationen, Jesuitenschulen. Wir finden solche innerhalb einiger Jahrzehnte in München, Wien, Prag, Graz, Insbruck, Mainz, Trier, Olmütz, Köln u. s. w. Nur unter dem Schutze der Fürsten hatte die Reform sich entwickeln können. Mit der Hülfe der Fürsten unternahmen es nun die Jesuiten, die deutschen Länder wieder für Rom zu erobern.

Aus den zahlreichen Erscheinungen der Art will ich wenigstens Eine hervorheben, welche wohl geeignet ist, den Charakter aller anderen anschaulich zu machen. Ich meine die Erinnerung an jenen unseligen Erzherzog, späteren Kaiser Ferdinand II.

Die Erziehung des Erzherzoges war von seinen altgläubigen Eltern den Vätern der Gesellschaft Jesu anvertraut worden. Insbesondere wachte die ehrgeizige und glaubenseifrige Mutter, die Erzherzogin Marie, eine geborene Herzogin von Bayern, mit fleissiger Sorge darüber, dass der junge Fürst voraus mit dem Geiste der alten Kirche erfüllt werde. Auf der Universität Ingolstadt, an welche der Herzog Wilhelm von Bayern die Jesuiten berufen hatte, studirte er zugleich mit seinem etwas älteren Vetter, dem Herzog, späteren Kurfürsten Maximilian von Bayern unter der Leitung der Jesuiten. Sogar in der Politik wurde er von einem Jesuiten unterrichtet, und nur den juristischen Unterricht erhielt er von einem Laien. Da bekam sein Geist die Richtung für das übrige

Leben. Als das oberste Statsinteresse und als höchste Pflicht eines Regenten wurde ihm da die Sorge für das Seelenheil der Unterthanen und für den rechten Glauben gelehrt. Er widmete nun sein Leben und die Macht, die ihm von Gott gegeben war, dieser Sorge. Die Unterdrückung der Häresie und die Herstellung der römischen Autorität war das Ideal seines ganzen Strebens.

Bevor er die Regierung seiner Erblande, Steyermark, Krain und Kärnthen antrat, machte er noch eine Wallfahrt nach Rom zu dem Papste und nach Loreto zu dem Bilde der „Mutter Gottes". Hier gelobte er vor dem wunderthätigen Marienbilde, die Sekten und die Sektirer aus seinen Ländern zu vertreiben. Oft erklärte er: er werde „Alles, Land und Herrschaft, Blut und Leben für dieses Ziel einsetzen". Er hielt es für besser, über ein verwüstetes Land und unglückliche aber rechtgläubige Unterthanen, als über ein gesegnetes Land mit glücklichen Bewohnern zu regieren, welche nicht den rechten Kirchenglauben hätten. Zu allen wichtigen Statsgeschäften zog er seinen Beichtvater zu. Die Jesuiten hatten ihn in diese fanatische und bigotte Richtung gebracht. Sie waren seine liebsten Rathgeber während eines langen Lebens zum Unglück seiner Erblande und von ganz Deutschland.

Ungefähr während eines Vierteljahrhunderts hatten die Steyrischen Landstände den Kampf wider die Jesuiten geführt, wider den Vater und die Mutter des Erzherzogs, zuletzt auch gegen ihn, immer vergeblich. Die Landleute hingen damals grossentheils der Augsburgischen Konfession an; die protestantische Gesinnung war überall in der Stadt Gratz und auf dem Lande verbreitet. Schon in den Siebzigerjahren klagten die Stände: „Seitdem die Jesuiten ins Land gekommen, seien unleidliche Beschwerden entstanden. Seither werden die Protestanten bei dem Landesherrn heimlich verunglimpft, ihnen das Vertrauen entzogen, sie aus Amt und Brod und sogar aus dem Lande vertrieben. Das Vertrauen sei untergraben, die protestantischen Prädikanten werden verfolgt und verjagt. Wenn einer einen Jesuiten nicht günstig ansehe, so müsse er gewärtig sein, dass ihm das durch eine Ungnade des Fürsten vergolten werde. Auf Nichts anderes denken und sinnen die Jesuiten, als wie sie die Protestanten in Elend, Jammer und Noth bringen können. Sie meinen, dass diesen keine Treue und kein Glaube zu halten sei und ihre Verhöhnung und Verdammung der Protestanten nehme kein Ende".*)

---

*) Urkunde bei Hurter, Ferdinand II. Bd. I. S. 601:

Beschwerden der Landleute über die Jesuiten.

Nun aber in yeczo ist ein neuer und zwar in diesen Landen unerhörter Orden, welchen man Jesuiter nennt, hereinkommen, was dieselbigen an jetzo albereit für unleidliche beschwärung im Land anrichten, das ist meniglich wissend. Dann sider sie ins Land kommen, welches wir, Gott weiss, aus hochgedrungener Noth, ausser des Herrn Bischof zu Seccaw vund der anderen Herrn Prelaten gehorsamist anbringen müessen, ein solcher grosser missverstanndt entstanden, das die so unserer Religion der Augsburgischen Konfession verwont sein, die müessen an yeczo in vill weeg allerlay widerwärtigkhait und Verfolgung veberstehen; vill ehrliche Leüth die werden Haimlich versagt, bej Eur Fl. Dl. in Vnglimpffen vnd vngnaden gebracht da ist khain Vertrauen mehr verhannden; Sy nöttigen vnd zwingen yeczt die Leüth mit scharffen Bedroungen; yeczt wierdt einer an disen, bald an einem andern Orth seiner Aembter entseczt, aus dem Lanndt gesprochen; khain anczaiger oder Parthey ist verhanden, zu khainer ordentlichen verhör khan man diczfalls nit khomen; In Suma es will sich anlassen, als ob etwo ein Inquisition im Lanndt angericht werden will. Die ihenigen, so vnserer Religion Verwonte sein, die müssen an yeczo destwegen, do man sonst khain andere Vrsach hat, von Diennsten vund in ander weg noch grössere Verfolgung leiden. Man rüefft vnns offentlich als Kheczer vnnd mit Teüffeln besessen aus, die verhöczen die Cristenliche Obrigkhait wider Ire getrewen Vnterthanen; Inmassen dann der Exempl genueg verhannden, was diser Orden für beschwärliche Hanndlung laider an mehr ortten angericht, dardurch willen Sie auch an mehr orten, der Römischen Kirchen zuegethon, nit gelitten werden. Die Cristlichen Predicanten werden aus dem

Der Fürst meinte wirklich ein gottgefälliges Werk zu thun, indem er die fremden Jesuiten herbeizog und die protestantischen Landeskinder aus dem Lande vertrieb. Man rechnete bis auf 30,000 Menschen, welche das unglückliche Land verliessen, in welchem sie nicht mehr Gott nach ihrem Gewissen verehren durften. Die übrigen beugten sich der harten Noth, und kehrten nach dem Ausdrucke des Herzogs Wilhelm von Bayern wieder „in den rechten Schafstall" zurück. In der That, Ferdinand II. hielt sein Gelübde; er eroberte sein Land wieder für die Herrschaft der römischen Kirche. Es kümmerte ihn wenig, dass unsäglich viel Jammer und Elend über die Familien und das ganze Volk hereinbrach,

---

Lanndt verjagt, vnd nit gelitten. Item es geschehen einstellung ieczt diser Khirchen, bald der ordination, so wir Inhalt der Augspurgischen Confession gebürlicher weiss Halten lassen. Wann einer einen Jesuiten nicht recht ansieht, so muess Er schon gewarttund sein, was Er etwo für neues wider denselben ertichten, vnnd wie Er Ine in vngnaden khan bringen. Dises vnnd anders meer haben die gehorsamisten der Lannde Abgesandten alle sambt Jüngstlich zu Prugg mit schmerczen einander hochgeclagt Und nit vnderlassen, solches alles Euer Fl. Dl. in Vnderthenigkhait anzubringen; Wie dann gewisslich: vnd nit anders ist, dann bemelter Jesuiter orden anders nichts wider vnns, die wir der Augspurgischen Confession Verwondt sein, Dann wie Sy vnns vnnd die Vnserigen in all ellent, Jamer vnd noth bringen, Tag vnd nacht gedennkhen, damit dieselbigen bej khainem Ambt gelassen, zu khain würden, ehren oder aufnehmen khomen; es ist Inen alles Suspect vnnd verdachtlich; Sie mainen das Vnns khain Zuesag oder Trawen vnnd glauben gehalten solle werden; es ist des Spottens vnd Verdamens bej Inen khain endt noch mass; Sie verachten die Hochwierdigen Sacrament des Altars, der Tauff; vnnd dörffen unuerschampt offentlich dauon Predigen, wir sein khain glider der Cristlichen Khirchen, Wir haben khain Tauff vnd khain Sacrament etc. Dann so Vnderstehen sie sich die begrebniss Bey der Pharr, denen so es begeren, vnnd von alters heer Ir Begrebnuss vnnd stifften daselbsten gehabt, zuuerwhören, dadurch Sie Ja Ir hiziges gemüet desto meer an tag geben, das Sie ehrlichen Leüthen vnnd den Abgestorbenen Cristen das Liebe ertrich nit vergunen.

der Wohlstand herabsank, die Arbeitskräfte massenhaft zerstört wurden und alle geistige Frische und Freiheit unterging. Ihm war es wichtiger, dass die Leute wieder zur Messe und zur Beichte gingen, sich bekreuzigten und den Pfaffen dienten.

Mit welchen Mitteln wurde dieses Werk vollzogen? Die fürstliche Gewalt in Gebot und Verbot, die landesherrlichen Soldaten und die Lehre der Jesuiten zusammen vollbrachten diese Rückbildung. Der kaiserliche Biograph Hurter rühmt noch die Milde des Erzherzogs, welcher nicht mit Feuer und Schwert, sondern nur mit Verbannung und Wegweisung gewirkt und nur mit dem Galgen gedroht, nicht an den Galgen gehängt habe. Allerdings die hitzigere Mutter hatte ihn ermahnt, die Prädicanten „flugs aufhängen" zu lassen, wenn sich nach der Wegjagung noch einer in Graz betreten lasse. Aber auch der „milde" Sohn befahl allen protestantischen Predigern, Schulrektoren und Schuldienern innerhalb 8 Tagen bei Lebensstrafe die Erblande zu verlassen*). Das geschah am 23. September 1599; und schon am 28. September, bevor die Frist abgelaufen war, erschien ein neues fürstliches Gebot, dass „die Prädicanten sammt und sonders noch heutigen Tages bei scheinender Sonne die Stadt Grätz und den Burgfrieden verlassen" müssen. Auch der berühmte Astronom Johann Kepler musste dieser Verfolgung weichen. Nachher wurde ihm zwar ausnahmsweise verstattet, zurückzukehren, aber er durfte nicht lehren und wurde gleich Anderen den Bekehrungsversuchen unwissender Mönche unterworfen. Da er sich nicht bekehren liess, wurde er wieder vertrieben. Nachdem die protestantischen Geistlichen und Lehrer verjagt waren, wurden die protestantischen Kirchen wieder für den katholischen Kultus hergestellt, den katholischen Priestern übergeben und die Leute

---

*) Hurter, Ferdinand II. Bd. IV. S. 50. Ueber die Aeusserung der Erzherzogin IV. S. 180.

mit Gewalt genöthigt den hergestellten Gottesdienst zu begehen. Die Protestanten, welche sich nicht sofort dieser wilden Reaction fügten, wurden aus allen Aemtern gestossen, und ihren rechtlichen Beschwerden und Klagen jedes Gehör verweigert. Alle protestantischen Druckschriften wurden aufgesucht, weggenommen und öffentlich verbrannt. Als die protestantischen Landstände dem Fürsten vorstellten, er möge doch den Unterschied bedenken zwischen „der ungefärbten Treue und Aufrichtigkeit ihrer allezeit mit beständigem deutschen Männerherzen und Gemüth zugethanen Landleute gegen andere, fremde, friedhässige, schädliche, landesverderbliche Personen, welche unter dem Vorwande der Religion sowohl den Fürsten als die Landstände auszusaugen trachteten“ (die Jesuiten), erwiederte der fanatische Erzherzog, er wolle lieber Alles verlieren als von seiner Meinung weichen. Sogar die leidenschaftliche Mutter sah sich veranlasst, ihrem übereifrigen Sohne einige Mässigung wenigstens in den Worten zu empfehlen. Die Jesuiten hatten ihr berichtet, Ferdinand habe gedroht, „die Kanonen des Schlosses gegen das Landhaus abbrennen zu lassen“, um den Trotz der Landstände zu brechen; und sie bemerkte ihm, solche gefährliche Reden könnten leicht das Volk aufregen*).

Die Art, wie im Einzelnen die Jesuiten verfuhren, wird an der Verfolgung des Predigers Odontius offenbar. Derselbe hatte im Vertrauen auf seinen Patron, einen Herrn von Windischgrätz, es gewagt, in dem Schlosse zu bleiben. Das Schloss wurde aber von Soldaten des Erzherzogs überfallen und der Prediger ins Gefängniss gebracht. Da wurde er nun während Monaten in beständigem Wechsel zwischen der geistlichen Bedrängniss der Jesuiten und den Drohungen des Scharfrichters mit der Folter und dem Tode hin und her gequält. Der

---

*) Hurter a. a. O. IV. 187.

Jesuit Scherrer wollte ihn durchaus zur Beichte zwingen und sagte ihm, er könne ihn mit Daumschrauben, Reckleitern und mit dem Scharfrichter dazu nöthigen, worauf Odontius erwiederte: „wenn er doch so grosse Lust spüre, ihn zu zerreissen, so möge er ihn immerhin ganz fressen". Der standhafte Odontius, der seinen Glauben nicht verläugnete, wurde zum Tode verurtheilt und von dem Landesherrn, dessen Milde auch hier wieder der höfische Geschichtsschreiber preist, zur Galeerenstrafe verurtheilt. Es glückte ihm aber auf dem Transporte nach Triest die Flucht.

Mit solchen Mitteln wurde die römische Reaktion durchgesetzt. Die Jesuiten als geistliche Rathgeber und Mahner, die Fürsten in ihrem Dienste, die Soldaten, die Scharfrichter und Henkersknechte im Dienste der Fürsten, brachten es zu Wege. Der grössere Theil von Süddeutschland, voraus Oesterreich und Bayern, dann die Rheinlande wurden mit solchen Mitteln wieder katholisch gemacht. Der Jesuit Barisonius konnte sich mit Grund zu Anfang des siebenzehnten Jahrhunderts rühmen: „Wir regieren in den österreichischen Landen Ferdinands vollständig; in Bayern geschieht Alles nach unserem Willen. Unser General regiert auch in Rom und leitet den Papst".*)

*) Brief von 1608 bei Harenberg, Geschichte der Jesuiten. Halle 1760. Bd. 1. S. 36: „Provinciae Ferdinando Archiduci subjectae suprema inspectione Societatis nostrae reguntur et vel inde felices sunt, quod omnia Patrum consilio geruntur, sive de dignitate et magistratibus conferendis sive de belli etiam adparatu tractetur. In Bavaria quoque omnia Patrum nostrorum prudentia gubernantur. Ipsaque Transylvania a solo administrata fuit patre Cariglia, qui Deo inserviendo curavit, ut Imperatoris manui et potestati ea subjiceretur. Nonne Galliam et Regem ipsum pater Cotto in praesentiarum gubernat? et in Polonia, non obstante paucorum satis christianorum tergiversatione, Rex sanctitatis nostrae spiritu atque instinctu vivit? In Hispania, Lusitiania, Belgia, Italia et Sicilia cui ignotae sunt divitiae et auctoritas, qua pollemus? Sed quid de patre Personio dicam?

2) Der dreissigjährige Krieg.

Es wäre ein Unrecht, die ungeheure Verschuldung des furchtbarsten Unglücks, welches die deutsche Nation jemals betroffen hat, die Verschuldung des brudermörderischen dreissigjährigen Krieges dem Jesuitenorden allein aufzubürden. Aber es ist notorisch und unbestreitbar, dass die Verhetzungen der Jesuiten einen hauptsächlichen Antheil an jener Verschuldung gehabt haben.

Wiederum ist es der von den Jesuiten angefachte und genährte Bekehrungseifer Ferdinands, welcher den Abfall der Böhmen von dem Hause Habsburg und damit den Krieg veranlasst. Als Regent von Böhmen wollte er in derselben Weise den Protestantismus ausrotten und die römische Kirche herstellen, wie ihm das in seinen Erblanden gelungen war. Die Böhmen waren gewarnt durch die Grätzer Ereignisse. Sie konnten sich auf den Kaiserlichen Majestätsbrief vom 11. Juli 1609 berufen, in welchem den böhmischen Protestanten die Freiheit ihres Gottesdienstes urkundlich zugesichert war. Aber für den Jesuitenzögling war das Statsrecht keine Schranke des Glaubenseifers und des Glaubenszwanges, zu dem er sich zur Ehre Gottes nach der Mahnung seiner Gewissensräthe verpflichtet fühlte. Gegen die Ungläubigen und Falschgläubigen war nach der Lehre der Väter aus der Gesellschaft Jesu der Vertragsbruch erlaubt, und der Treubruch gegen die Unterthanen war ein Verdienst, wenn derselbe aus Anhänglichkeit und Gehorsam gegen Gott, d. h. gegen die Jesuitenobern, die „Stellvertreter Gottes“ geübt wurde.

---

qui Romae agens, plus autoritatis habet in Anglia, quam rex ipse. Nec Comes ibi est, Marchio aut Praelatus Catholicus, quin pro superintendente aut gubernatore conscientiae suae aliquem ex societate nostra habeat. Ac, ut summatim concludam, Generalis noster, sicut manifestum est omnibus, Romam regit et Pontificatum.“

Die böhmischen Stände folgten einem richtigen Instinkte, als sie im Jahre 1618 die Jesuiten aus dem Lande verwiesen. Der innere Friede und die Glaubensfreiheit waren beide unverträglich mit dem Bestande und Wirken des Ordens im Lande. Die Begründung des damaligen von dem neugewählten König Friedrich von der Pfalz bestätigten Beschlusses verdient heute noch Beachtung:

„Die Jesuiten verhetzen die Fürsten wider einander, und erregen unter den Landständen Zwistigkeiten je nach dem Unterschiede der Konfession, sie reizen die Obrigkeit wider die Unterthanen und diese wider jene auf. Die Könige, welche sich ihrem Winke nicht fügen, geben sie der Mordlust von Missethätern Preis, sie ermuthigen die Verbrecher zur Ermordung der Könige, indem sie ihnen die ewige Seligkeit und die Vermeidung des Fegefeuers in Aussicht stellen. Alte Freunde entzweien sie. Sie erforschen mittelst der Ohrenbeichte alle Geheimnisse. Sie fangen die Gewissen der Menschen in ihren Schlingen und halten dieselben so fest, dass die Leute, ohne ihre Zustimmung, auch nichts Gutes zu thun wagen. Sie haben sich, nach dem Vorbilde der Tempelritter, ungeheuere Reichthümer erworben. In die politische Regierung mischen sie sich ein und lehren, dass man denen, welche nicht die römische Religion bekennen und welche als Ketzer schmähen, keinen Glauben und keine Treue schulde. Die Länder Frankreich, England, Ungarn, Siebenbürgen, Venedig, Belgien und andere Königreiche und Fürstenthümer geben darüber offenbares und klares Zeugniss. Daher kann man die Stifter aller Uebel nicht länger in dem Lande dulden.“ *)

---

*) Das lateinische Decret bei Harenberg a. a. O. I. S. 794. Ein deutsches vom 9. Juni 1618 lautet so:

Böhmisches Dekret vom 9. Juni 1618:

„Wir Herren Ritter, Präger, Kuttenberger und anderer Stände Abgesandte . . . . wissen insgesammt, in welchen grossen Gefahren dieses

Die Böhmen urtheilten richtig, aber sie waren zu schwach, um sich wider das hatholische Bündniss Ferdinands mit seinem Vetter Maximilian von Bayern zu behaupten. Der Bayernherzog überragte wohl an Verstand den österreichischen Erzherzog, aber in der Verehrung und Folge der Jesuiten hielt er gleichen Schritt mit diesem. Auch sein Feldherr Tilly wie der grössere Wallenstein, der sich später erst dem Einflusse der Jesuiten entzog, und Piccolomini, der die Ermordung des ehrgeizigen Fürsten besorgte, waren Zöglinge der Jesuiten.

Die unglückliche Schlacht am weissen Berge, am 29. September 1620, überlieferte Böhmen wieder der jesuitischen Reaktion. Der Orden rächte sich furchtbar für die erlittene Ausweisung. Der protestantische Gottesdienst wurde nun gänzlich unterdrückt, die evangelischen Prediger und Lehrer vertrieben, die Güter des protestantischen Adels konfiszirt und unter die Anhänger der Jesuiten vertheilt. Mit der Freiheit

---

Königreich Böhmen die Jahre her, seit die scheinandächtige Jesuitensekte allhier eingeführt worden, immerhin gestanden, und wie wir zu unserer und unserer Unterthanen höchster Beschwerde öftere Rebellionen und Aufruhr zu gefährden hatten. Wir haben auch in Wahrheit befunden, dass die Urheber all dieses Unheils obgedachte Jesuiten seien, die sich ganz dahin verwenden, wie sie den römischen Stuhl befestigen, und alle Königreiche und Länder unter ihre Macht und Gewalt bringen mögen; die sich zu solchem Zwecke der unerlaubtesten Mittel bedienen; die Regenten gegen einander verhetzen; . . . . allenthalben sich der politischen Regimenter anmaassen, und durchgehends die Lehre einführen, dass man demjenigen, der nicht katholischer Religion sei, weder Treu noch Glauben schuldig wäre . . . Sie gaben sich, unerachtet der Strafen, die den Verletzern des Majestätsbriefes angedroht waren, ihrerseits doch alle Mühe, gedachten Majestätsbrief in Predigten und Schriften frech zu verlästern und zu verketzern; den Inhalt derselben mit List zu verdrehen, auch die kaiserliche Autorität und Macht zu verringern, indem sie mit aller Verwegenheit behaupteten, seine Majestät wäre nicht befugt gewesen, uns seinen getreuen Ständen und Unterthanen ohne Bewilligung des Papstes gedachten Majestätsbrief zu geben u. s. w.

des Volkes wurde auch seine blühende Kultur und der Wohl stand des Landes auf Jahrhunderte hin vernichtet.

Während des entsetzlichen Krieges stehen die Jesuiten immer als einflussreichste Räthe und Agitatoren an der Spitze der Leitung. Der Kaiser Ferdinand II. hat alle Zeit einen Jesuiten als Beichtvater und geistigen Urheber seiner Politik zur Seite, erst den Pater Becan, später den gewandten Lämmermann oder Lamormain.

Wenn sich irgend ein Mal eine Aussicht eröffnete zu friedlicher Beilegung des verderblichen Streites, so finden wir jedes Mal die Jesuiten eifrig bemüht, den Frieden zu verhindern. Sie verfolgen immer nur das eine Ziel, Unterdrückung des Protestantismus und Herstellung der absoluten römischen Priesterherrschaft, d. h. ihrer eigenen Herrschaft. Die Leiden des deutschen Volkes, das Unglück des deutschen Landes kümmern sie nichts. Rücksichtslos treiben sie zu Zwang und Gewalt, um ihre Macht aufzurichten.

Nach den Siegen von Wallenstein und Tilly haben sie jenes berüchtigte Restitutionsedikt vom 6. März 1629 zu Stande gebracht, welches den thatsächlichen Bestand der Protestanten in Frage stellte, die Reformirten in ihrem Dasein bedrohte und schliesslich die Kriegsflamme von neuem anfachte.

Endlich war durch den barbarischen Krieg Deutschland gänzlich erschöpft. Todesmüde und ohnmächtig sehnten sich beide Parteien nach dem Frieden, der nur sehr langsam durch mühselige Unterhandlung zu Stande kam. In Osnabrück wurde mit Schweden und den protestantischen Reichsfürsten, in Münster mit Frankreich und den katholischen Reichsständen Jahre lang verhandelt. Sogar jetzt noch waren die Jesuiten das grösste Hinderniss des Friedens. Um keinen Preis wollten sie die Gleichberechtigung der deutschen Protestanten mit den deutschen Katholiken im Reiche zugestehen; denn diese

Gleichberechtigung vertrug sich nicht mit der römischen Alleinherrschaft. Was lag ihnen an der Rettung der deutschen Nation vor gänzlichem Untergange? Eher wollten sie Deutschland vernichtet und unter die fremden katholischen Mächte getheilt sehen, als eine protestantische Kirche in Deutschland dulden, die sich ihrer Autorität entziehe.

Der kaiserliche Gesandte, der Graf von Trautmannsdorf, welcher ernstlich für den Frieden arbeitete, hatte vorzüglich ihren störenden Einfluss zu bekämpfen. Als zuletzt doch der Westphälische Friede im Oktober 1648 zum Abschlusse gekommen war, welcher den religiösen Frieden aber auch die konfessionelle Spaltung auf lange Zeit festsetzte und bekräftigte, und das deutsche Reich zu einem paritätischen Statenbunde machte, bewogen die Jesuiten noch den Papst dagegen zu protestiren. Ganz nach den Wünschen der Jesuiten erklärte der Papst Innocenz X. in der Bulle „Zelo domus Dei"*) den Frieden als „verdammlich und von Rechts wegen null und nichtig"; Niemand sei selbst nicht durch eidliches Gelöbniss gebunden, denselben zu halten.

Ganz Europa erkannte den Frieden an. Nur der Papst und die Jesuiten forderten ewigen Krieg wider die Protestanten. Ihre unversöhnliche Feindschaft wider die ganze Existenz des deutschen paritätischen Reiches war in jenem Proteste ebenso unzweideutig ausgesprochen, als in dem Syllabus Errorum von Papst Pius IX. die unversöhnliche Feindschaft des römischen Papstthumes mit dem Liberalismus und der Civilisation der modernen Welt.

---

*) Die Bulle ist vom 20. November 1648. Ich führe zum Belege eine Stelle daraus wörtlich an: Ideoque pacta et conventa illa ipso jure nulla, irita, invalida, iniqua, injusta, damnata, reprobata, inania, viribusque et effectu vana omnia in perpetuum fore, neminemque ad illorum, et si juramento vallata sint, observantiam teneri u. s. f.

3) Die klassische Litteraturperiode.

Wenden wir unsere Blicke weg von jener traurigen Periode des konfessionellen Zwiespaltes und des Religionskrieges, welche das deutsche Reich, früher den mächtigsten Stat Europas, zu völliger Ohnmacht niederdrückten, und dem glücklicheren Zeitalter zu, in welchem der deutsche Geist seine Wiedergeburt feierte. Vornehmlich in der zweiten Hälfte des achtzehnten Jahrhunderts entfaltet sich in bewundernswürdiger Herrlichkeit eine neue deutsche Litteratur. Grosse deutsche Dichter erheben sich wie leuchtende Sterne an dem Horizonte des deutschen Geisteslebens und sprechen tiefste Empfindungen und fruchtbarste Wahrheiten aus in edelster Form. Eine Fülle von Geisteswerken ersten Ranges wird geschaffen. Es entsteht eine klassische Litteratur, welche keiner anderen der Kulturvölker nachsteht, die meisten übertrifft, deren Herrlichkeit so glänzend strahlt, dass die deutsche Nation wohl über der Freude an diesen Werken den politischen Jammer eine Zeit lang vergisst.

Diese deutsche Litteratur war weder auf den Norden noch auf den Süden beschränkt. Um nur an die vier Geistesfürsten jener Zeit zu erinnern, Lessing und Herder sind Norddeutsche, Schiller und Göthe sind Süddeutsche. Fast alle deutschen Stämme sind in ihr würdig vertreten.

Der deutschen Dichtung tritt ebenbürtig an die Seite die deutsche Wissenschaft. Auch sie arbeitet für die Menschheit. Verjährte Irrthümer werden weggeräumt, alte Wahrheiten gereinigt, neue Wahrheiten entdeckt. Auch die deutsche Wissenschaft bringt unsterbliche Werke hervor. Die Nation erkennt ihren Geist wieder und bildet ihn in deutscher Sprache aus.

Wenn wir aber diese geistige Wiedergeburt der deutschen Nation näher betrachten, so drängt sich uns die auffallende, nicht zu bestreitende Thatsache auf: Alle Bahnbrecher und alle Heroen sowohl der Litteratur als der Wissenschaft gehören dem protestantischen Deutschland an. Das katholische Deutschland, die Hälfte der Nation, hat auch nicht Einen namhaften Vertreter aufzuweisen.

Wie erklärt sich denn diese für das katholische Deutschland beschämende Thatsache? Sicher nicht aus einer verschiedenen Begabung der Natur. Wir haben keinen Grund anzunehmen, dass die katholischen Kinder talentlos und geistlos geboren werden, dass Gott ausschliesslich die protestantischen Kinder mit reichen Gaben des deutschen Gemüthes und Geistes ausgestattet, die katholischen zur Unfruchtbarkeit verurtheilt habe. Unter den deutschen Dichtern der mittelalterlichen Blüthezeit finden wir Oesterreicher und Bayern in der ersten Reihe.

Der einzige Erklärungsgrund ist der Gegensatz der Erziehung und des Unterrichtes. In dem katholischen Deutschland war die Erziehung und die Schule der Leitung der Jesuiten anvertraut. Statt die geistigen Anlagen der katholischen Jugend zu wecken und zu entwickeln, haben sie dieselben niedergedrückt und zerstört. Die Erziehung der Jesuiten war nicht auf geistige Freiheit, sondern auf geistige Knechtschaft gerichtet. Den Gehorsam unter die Hierarchie in die jugendlichen Herzen einzupflanzen, war ihr Hauptbestreben; und das nannten sie Religion. Die kirchlichen Ceremonien und die Beichte waren ihnen werthvoller als die Uebungen im Denken. Wenn sie den Ehrgeiz aufregten und stachelten, so wurde als Ziel dieses Ehrgeizes auf die Herrschaft der römischen Kirche über die Welt hingewiesen. Das Wissen wurde nur geschätzt, wenn es der kirchlichen Autorität diente; das weltliche Wissen wurde wenig geachtet. Es musste sich in den herkömmlichen Schranken der Ueberlieferung bewegen und vor dem Aberglauben seine Kniee beugen.

Die Kritik schien gefährlich für den kirchlichen Gehorsam, und war im Geruche der Ketzerei. Der Katechismus war das wichtigste Lehrbuch. So wurde die Urtheilskraft gelähmt, der Wahrheitssinn verkümmert, das Gewissen gefesselt. Der allgemeine Bildungsstand in den katholischen Ländern wurde in der Tiefe zurück gehalten, während er in dem protestantischen Deutschland emporstieg.

Jene Thatsache also bezeugt unwiderleglich die schwere Verschuldung des Jesuitenordens an dem Geiste der deutschen Nation. Soweit die Jesuiten herrschten, waren die Deutschen zu geistiger Unfähigkeit und geistiger Unfruchtbarkeit verdammt. Nur wo die Jesuiten nicht die Erziehung leiteten, entfaltete sich das freie und fröhliche Leben des deutschen Geistes, und brachte reiche Werke der Kunst und Wissenschaft hervor.

Freilich rühmt sich der Jesuitenorden seines wissenschaftlichen Strebens und seiner wissenschaftlichen Leistungen. In der That gibt es eine ziemliche Anzahl von Jesuiten, welche fleissige Studien machten. Viele Jesuiten sind als gelehrte Schriftsteller aufgetreten, einige Jesuiten haben sogar einen wissenschaftlichen Namen auch für weitere Kreise erworben. Ich erinnere nur beispielsweise an Canisius, Bellarmin, Suarez, die Bollandisten, Alvarez, und an den heutigen Perrone. Es gibt ganze grosse Bibliotheken von Jesuitenbüchern und Jesuitenschriften, in allen Formaten, massenhafte schwere Werke in Foliobänden, wie ganze Scharen kurzlebiger und leichter Flugblätter.

Aber all' der Fleiss, all' das Streben der Jesuiten, auch eine wissenschaftliche Bedeutung zu erringen, war mit geistiger Unfruchtbarkeit wie mit einem Fluche belastet. Die wissenschaftlichen Arbeiten der Jesuiten haben die Menschheit nicht erquickt und ihr Geistesleben nicht gefördert. Die Welt hat den Jesuiten keine Befreiung von alten Irrthümern und

Vorurtheilen, keine Entdeckung und Klärung neuer Wahrheiten zu verdanken. Die Bibliotheken von Jesuitenbüchern haben für Europa keinen höheren Werth als die Bibliotheken der buddhistischen Mönche und Theologen für Asien. Die Erkenntniss der Wahrheit sucht nicht da ihre Waffen noch ihre Belehrung.

Die Wissenschaft der Jesuiten kennt das Vertrauen nicht in den menschlichen Geist, dass er durch vorurtheilsfreie, gewissenhafte Prüfung Irrthum und Wahrheit zu unterscheiden vermöge. Sie geht im Gegentheile von der unbestrittenen Autorität des mittelalterlichen Papstthumes aus und wagt keinen Schritt ausserhalb des Gängelbandes, an welches der mittelalterliche Glaube und Aberglaube sie gebunden halten. Ihr ganzes Streben ist dem Dienste dieser herkömmlichen Autorität geweiht. Sie will nur eine Dienstmagd der Kirche, nicht eine freie Priesterin der Wahrheit sein. Einer solchen Wissenschaft fehlt geradezu Alles, was die Wissenschaft ehrwürdig und fruchtbar macht. Sie verdient den Namen der Wissenschaft nicht. Die theologische Rechthaberei und die theologische Streitsucht können dabei wohl ins Kraut schiessen, die Erkenntniss der Wahrheit gewinnt Nichts dadurch.

Ueberschauen wir nochmals die drei grossen Wirkungen des Jesuitenordens für Deutschland. Im sechzehnten Jahrhundert die gewaltsame römisch-katholische Reaktion und Restauration und die Steigerung des konfessionellen Zwiespaltes; im siebenzehnten Jahrhundert der konfessionelle Krieg bis zum Ruine des deutschen Wohlstandes, der deutschen Kultur und der deutschen Macht; im achtzehnten Jahrhunderte die geistige Impotenz und Versimpelung der katholischen Hälfte der deutschen Nation in Folge des Unterrichtes und der Erziehung der Jesuiten.

Ich denke, jede dieser drei Wirkungen war verderblich genug für das deutsche Reich und die deutsche Nation, und rechtfertigt, schon für sich allein, dass dem Jesuitenorden jede weitere Wirksamkeit in Deutschland untersagt werde.

Nicht anders waren die Erfahrungen auch in dem romanischen und ausschliesslich oder doch vorherrschend katholischen Europa. Endlich empörten sich überall die katholischen Fürsten und Statsmänner wider die verderbliche Sekte. Der Orden wurde 1759 aus Portugal, 1767 aus Spanien und Frankreich vertrieben. Zuletzt hob der Papst Clemens XIV. durch das ausführlich begründete Breve Dominus ac Redemptor noster vom 21. Juli 1773 den Jesuitenorden für alle Zeiten auf und untersagte zum voraus die Wiederherstellung des Ordens.

Nur ungern hat der Papst, gedrängt von den bourbonischen Fürsten, den Orden aufgehoben, der so unverdrossen und eifrig für die päpstliche Autorität gearbeitet und gestritten hatte; um so sorgfältiger und ausführlicher gibt er der Welt Rechenschaft von den Gründen seiner schliesslichen Verurtheilung. Er lobt den ursprünglichen Zweck der Stifter des Ordens, die Förderung des Seelenheiles, die Bekehrung der Ketzer und Ungläubigen, die Förderung der Religion und Frömmigkeit. Aber er macht gleichzeitig aufmerksam, dass schon aus den päpstlichen Privilegien und Gnaden, mit denen der Orden begünstigt worden, die deutlichen Spuren zu erkennen seien jenes Geistes der Zwietracht und der Eifersucht, welcher von Anfang an die Gesellschaft Jesu in ihrem Innern und mehr nach Aussen „gegen andere Orden, gegen die Weltgeistlichkeit, gegen Akademien, Universitäten, öffentliche Schulen, ja sogar gegen Fürsten" aufgeregt habe. Niemals seien die Klagen wider den Orden verstummt; in allen Zeiten habe man ihnen vorgeworfen, dass sie „den Frieden und die Ruhe der Christenheit stören". Oeftere Klagen haben ihre „unersättliche Gier nach irdischen Gütern" betroffen. Als selbst eine Kongregation der Gesellschaft sich genöthigt gesehen, ihre Genossen von der Einmischung in politische Angelegenheiten und in die Statsverwaltung abzumahnen, habe auch diese Warnung sich unwirksam gezeigt. Auch nachher wieder haben die Jesuiten heftige Streitigkeiten, Unruhen, Zwiespalt und Empörungen auch in den katholischen Staten hervorgerufen. Desshalb und „da es unmöglich ist, dass, so lange die Gesellschaft besteht, der wahre und dauerhafte Friede in der Kirche wieder hergestellt werden kann, hebt der Papst die besagte Gesellschaft auf und löscht sie aus sammt allen ihren Aemtern, Diensten und Verwaltungen, ihren Häusern, Schulen, Kollegien, Hospitien und Versammlungsorten, ihren Statuten, Gebräuchen, Gewohnheiten, Dekreten und Konstitutionen, ihren Privilegien und Indulten. Er erklärt, dass alle Gewalt des Generals, der Provinzialen, Visitatoren und Vorstände der Gesellschaft, sowohl in geistlichen als in weltlichen Dingen, für immer vernichtet bleiben soll.“ Auch als Lehrer in der Schule dürfen die Jesuiten nicht mehr verwendet werden, wenn sie nicht jenen Streitigkeiten und lockern Lehrmeinungen gänzlich entsagen und sich die Einigkeit der Schule und die Ruhe des States wollen anempfohlen sein lassen.

Mit diesem Spruche des Papstes war die Verurtheilung des Jesuitenordens auch innerhalb der katholischen Kirche vollendet. Die Kirche und die Staten hatten gemeinsam ihr Schuldig erklärt. Die Völker jubelten über die Aufhebung des Ordens wie über eine Reinigung der Moral, eine Befreiung der Geister, die Beseitigung einer Lebensgefahr für die Ruhe der Familen und den Frieden der Welt.

5. Die Wirksamkeit des wieder hergestellten Ordens.

Trotz der weltgeschichtlichen und weltgerichtlichen Verurtheilung des Jesuitenordens wurde derselbe doch wieder in unserem Jahrhunderte hergestellt. Unmittelbar nachdem der Papst Pius VII., hauptsächlich in Folge der Siege nichtkatholischer Mächte über das katholische Frankreich, in Rom wieder eingezogen war und neuerdings Besitz von dem restaurirten Kirchenstate ergriffen hatte, schon am 17. August 1814 restituirte der Papst auch den Jesuitenorden durch die Bulle: „Sollicitudo omnium ecclesiarum“. Er nannte darin die Jesuiten die bewährten Ruderer, welche das Schiff Petri durch die Brandung führen.

Die Welt hatte ihr ungünstiges Urtheil über die Jesuiten nicht geändert. Aber ihr Abscheu vor den Gräueln der näheren französischen Revolution hatte ihre Erinnerung an die älteren Verbrechen der Jesuiten in den Hintergrund gedrängt. Der allgemeine Hass gegen die Revolution, welcher die Kriegsleiden zur Last geschrieben wurden, und gegen den Kaiser Napoleon, welcher die Freiheit der Völker schwerer zu bedrücken schien, liess die römische Restauration in einem romantischen Lichte erscheinen. Man duldete die Herstellung des Ordens in der stillen Hoffnung, dass nun der Friede der Welt gesichert sei und dass selbst die Jesuiten diesen Frieden nicht wieder stören würden. Man hielt den Orden für nicht mehr gefährlich. Manche Regierungen meinten sogar, durch die Jesuiten, als die Vertreter der absoluten Autorität und des blinden Gehorsams, werde das Princip der Autorität überhaupt gestärkt und die Völker auch zu dem Gehorsame unter die obrigkeitliche Gewalt erzogen. Sie übersahen in ihrem legitimistischen Eifer, dass die Autorität, für welche der Jesuitenorden arbeitet, die Fürsten wie die Völker zu Sklaven Roms macht, dass jene Autorität, Priesterherrschaft über die Welt bedeutet und dass damit die Freiheit der Staten und die Hoheit der Fürsten so wenig verträglich ist als die Freiheit der Wissenschaft. Die Welt billigte die Wiederherstellung nicht. Einige katholische Fürsten, sogar der Kaiser Franz I. von Oesterreich, erhoben Bedenken dagegen. Aber sie liess die römische Reaktion, die Achseln zuckend, gewähren.

Es sind noch nicht sechzig Jahre seit der Wiederherstellung verflossen. In dieser Zeit haben wir die erneuten Wirkungen des Ordens erfahren. Wir wissen, dass er derselbe geblieben ist, der er früher gewesen, und wir werden wieder dieselben verderblichen Wirkungen desselben gewahr, welche die frühere Verurtheilung des Ordens begründet haben. Der Orden, von der Kirche begünstigt, hat wieder sehr rasche Fortschritte gemacht. Er hat vielleicht die Hälfte der 22000 Mitglieder, die er 1760 gehabt hatte, erreicht. Er hat sich wieder an einer ganzen Reihe von europäischen Fürstenhöfen und auf einer Menge von adeligen Schlössern eingenistet. Ein grosser Theil der vornehmsten Jugend wird durch ihn erzogen und verdorben. In einer Hauptbeziehung ist seine Wirksamkeit grösser sogar als in den letzten Jahrhunderten. Er hat mehr als je die kirchliche Hierarchie in seinem Sinne umgebildet, und die katholische Kirche mit seinem Geiste erfüllt. Er herrscht vollständiger als früher im Vatikan, und beherrscht absoluter als früher die Bischöfe und den gesammten Klerus.

Die neue Zeit, in der ein jugendlich frischer Geist weht, ist freilich dem Jesuitenorden nicht so günstig, wie die letzten absolutistisch geneigten Jahrhunderte es gewesen. Wo immer daher politische Mächte sich mit den Jesuiten verbündet hatten, da sind sie untergegangen. Die gepriesene Allianz zwischen Thron und Altar hat eine ganze Reihe von Fürsten und Fürstinnen vom Throne gestürzt. König Karl X. von Frankreich, König Ferdinand von Neapel, die Königin Isabella von Spanien, der Grossherzog von Toskana, die Herzoge von Modena und Parma haben das erfahren. Sogar der Papst selber hat das Regiment im Kirchenstate verloren, weil er es vorzog, dem Rathe der Jesuiten zu folgen und mittelalterliche Reaktionspolitik zu treiben, als sich mit der nationalen Politik der Italiener zu versöhnen. Der Jesuitenorden, selber ein restaurirtes Erzeugniss der Vergangenheit, ist zum Todtengräber geworden derer, welche die Vergangenheit restauriren wollten, anstatt dem neuen Leben zu vertrauen. An dem Jesuitenorden hat sich das Wort Jesu bewährt: „Lasset die Todten ihre Todten begraben".

Aber so sehr sich in dieser Hinsicht ein deutscher Liberaler der politischen Wirkung der Jesuiten erfreuen mag; im Hinblicke auf den Frieden im deutschen Reiche und den Fortschritt der Menschheit müssen wir doch wünschen, dass der restaurirte Todtengräber sobald als möglich seinen Todten ins Grab nachfolgen und der ganze mittelalterliche Spuk verschwinden möge.

Vor einem Menschenalter noch wusste man in Deutschland wenig mehr von dem Gegensatze der Konfessionen. In dem bürgerlichen Verkehre, in den Gemeinden, in den Ständekammern und in der Volksvertretung fragte man nicht mehr nach dem religiösen Bekenntnisse und nicht nach der Kirche, der Einer angehöre. Protestanten und Katholiken fühlten sich als Genossen Einer Gemeinde und erkannten sich als Glieder Eines Volkes. Seitdem der Geist des Jesuitenordens wieder in der katholischen Kirche mächtig geworden ist, klaffte der konfessionelle Zwiespalt wieder schroffer auf. Die gemischten Ehen in Deutschland, die Früchte der nationalen Einigung der verschiedenen Konfessionen in der Familie, wurden nun als Bastardehen geschmäht und der kirchlichen Bedrängniss ausgesetzt. In der Predigt und im Beichtstuhle durch die Jesuitenpresse und die katholischen Vereine wurden die konfessionellen Vorurtheile und Leidenschaften wieder planmässig aufgereizt. Wieder wie im sechzehnten Jahrhunderte arbeiteten die Jesuiten an der konfessionellen Verhetzung und suchten die Eine deutsche Nation zu spalten und zu selbstmörderischer Feindschaft zu erziehen.

Wieder wie im sechzehnten Jahrhunderte unternehmen

es die Jesuiten, die Seele künftiger Herrscher als Lehrer zu ihrem Dienste auszubilden und die Schwächen der Fürsten als Beichtväter auszubeuten. Dem gegenwärtig regierenden Kaiser von Oesterreich wurde in seiner Jugend von den jesuitischen Erziehern beständig jener fluchwürdige Ferdinand II. als das Ideal eines katholischen Fürsten und eines echten Habsburgers gepriesen und dem Erben eines mächtigen Kaiserthrones als das Vorbild seines eigenen Lebens bezeichnet. Das Oesterreichische Konkordat mit dem päpstlichen Stuhle von 1855 und die heftigen Schwankungen zwischen klerikaler und moderner Richtung, in welche von Zeit zu Zeit die österreichische Politik geräth, beweisen, dass die Mühen der Väter aus der Gesellschaft Jesu nicht erfolglos blieben, und ihr Einfluss am Hofe und in dem Centrum der Reichsregierung nicht wirkungslos war. Wenn in unserem Jahrhunderte es nicht mehr möglich ist, die Protestanten mit derselben grausamen Gewalt zu unterdrücken, wie das vor dem dreissigjährigen Kriege durch Ferdinand II. geschehen ist, so ist der Grund nicht der, dass die Jesuiten sich inzwischen ermässigt haben und duldsamer geworden sind, sondern der, dass die gesammte Fortbildung des Statsrechtes und des bürgerlichen Rechtes und die heutige Civilisation einem so heftigen Vorgehen unübersteigliche Hindernisse in den Weg legen. Soweit die Unterdrückung der Andersgläubigen noch heute möglich ist, so weit wird sie von dem Orden mit aufrichtigem Fleisse angestrebt.

Ebenso finden wir die geisttödtende und kulturfeindliche Wirkung, welche der Jesuitenorden im achtzehnten Jahrhunderte zum Verderben der katholischen Bevölkerung geübt hat, in unserer Zeit wieder. Die Zöglinge der Jesuitenschulen werden wie früher in Unwissenheit erhalten über die Werke der klassischen deutschen Litteratur und der modernen Wissenschaft. Für sie haben Lessing und Herder, Göthe und

Schiller vergeblich gelebt. Ihre ganze Bildung wird heute noch von der scholastischen Theologie des Mittelalters beherrscht. Wissenschaftliches Denken gibt es nicht, so wenig als wissenschaftliche Freiheit. Die Wissenschaft der Jesuiten ist eine Magd, im Dienste der kirchlichen Autorität. Sie darf nicht gehen, wohin sie will, nicht nach Wahrheit suchen, wo sie Wahrheit zu finden hofft. Sie muss gehorchen, sie darf nicht prüfen.

Die öffentlichen Schulen werden glücklicher Weise nicht mehr wie früher von den Jesuiten geleitet, aber sie haben sich doch auch da an vielen Orten und sogar unter dem Schutze mancher Regierung einzuschleichen gewusst und mittelbaren Einfluss zuweilen als Schulaufseher erreicht. Am meisten ist es dem Orden gelungen, auf die theologischen Fakultäten einzuwirken und sich der Priesterseminare zu bemächtigen. Wo immer auf einer deutschen Universität ein katholischer Theologe sich erkühnte, wissenschaftlich zu denken, da wussten die Jesuiten die Bischöfe und den Papst gegen ihn aufzustacheln. In Bonn haben sie Hermes, in Wien Günther, in Freyburg Hirscher, in Breslau Balzer, in München Frohschammer verfolgt und zuletzt noch den grössten katholischen Theologen der Gegenwart, den greisen Döllinger mit dem Kirchenbanne belegt.

Wenn wir im Garten bemerken, dass die blühenden Erdbeerpflanzen auf einmal ihre Blätter senken und die Blüthen trauern, dann suchen wir nach der Ursache dieses Verkommens; und wenn wir nachgraben, dann finden wir im Dunkel der Erde den Engerling, der die Wurzeln der Pflanze abgenagt hat. Ganz ebenso ist es, wenn wir in den Gärten der Geisteskultur, an den Universitäten wahrnehmen, dass die Männer der Wissenschaft ihre Köpfe senken und traurig verstummen. Wir brauchen nur wenig nachzugraben, um die Spuren der Jesuiten zu entdecken, welche im Verborgenen die Lebenswurzeln der akademischen Freiheit zerschnitten haben.

Auch edle Menschen erliegen nicht selten dieser feindlichen Macht. Unter vielen Beispielen will ich nur Eines aus meiner Lebenserfahrung herausgreifen, das recht deutlich zeigt, wie furchtbar und wie verderblich der Geist des Ordens wirkt. Der Abt Haneberg in München, zugleich Professor in der theologischen Fakultät, ist ein gläubiger, aber keineswegs zelotischer Christ, ein von Natur Wahrheit liebender Mann, von humaner Gesinnung und reich ausgerüstet mit wissenschaftlicher Erkenntniss. Er liebt die Menschen, ist wohlwollend in seinem Urtheile über Andere, er hat ein Verständniss für das geistige Leben der Gebildeten. Seine Religiosität sprudelt wie ein frischer Quell aus dem Herzen. Oft hat er Verfolgte geschützt und durch seine Predigten, die ein lauteres Christenthum athmeten, und sich von konfessioneller Streit- und Verdammungssucht rein hielten, oft auch Protestanten wie Katholiken angezogen und erbaut. Dieser Mann kennt aus der Geschichte und aus eigener Lebenserfahrung die Herrschsucht Roms und die Schliche und Ränke der Jesuiten. Und dennoch sogar ein solcher Mann erwies sich, als er von den in Rom siegreichen Jesuiten durch das Organ des Papstes und des Bischofes genöthigt wurde, zu wählen zwischen Gehorsam gegen die Autorität der Kirche und der persönlichen Ueberzeugung, zwischen Kirchenthum und Christenthum, zu schwach, um sich gegen jene Autorität für die christliche Wahrheit zu entscheiden. Sicherlich nach einem schweren inneren Seelenkampfe ergab sich der bescheidene und fromme Mann der Herrschaft Roms und überwand nun auch das Gefühl der Scham, um dem Geheisse der Hierarchie folgend wider seinen Freund und Kollegen Döllinger in der Fakultät aufzutreten und dessen Ausschliessung zu verlangen. Wenn sogar solche Männer in der Stunde der Prüfung zu

Falle kommen, was dürfen wir denn von den Tausenden und Hunderttausenden erwarten, deren Urtheilsfähigkeit nicht ausgebildet ist und welche der hergebrachten Autorität der römischen Kirche durch Erziehung und Gewohnheit unterworfen sind? An dem tiefen und schweren Falle Hanebergs, den Gott ihm verzeihen möge, wird die geisterbrechende Macht des Jesuitenordens in ihrer furchtbaren Gewalt sichtbar.

Der erneuerte Jesuitenorden hat sich des ganzen Klerus in einem Grade zu bemächtigen gewusst, welchen der frühere Jesuitenorden auch in seinen glänzendsten Zeiten nicht erreicht hatte. Der Papst Pius IX., zu Anfang seiner Regierung noch misstrauisch gegen die Jesuiten, hat sich später ihnen völlig ergeben. Seine Encyklika sammt Syllabus von 1864 ist getränkt von den Lehren des Jesuitenordens, und hat seine echten Ausleger und Vertreter in den Jesuiten gefunden. Die Civilta Cattolica ist das Organ zugleich des Jesuitenordens und des Papstes. Das Vatikanische Concil von 1869/70 ist das Werk und das Werkzeug des Ordens; das neue Dogma der Unfehlbarkeit des Papstes ist der höchste Trumpf, den der Orden auszuspielen hatte, und das hochmüthigste Wort, das er der verblüfften Welt ins Angesicht schleudern konnte. Auch die deutschen Bischöfe, die in Rom noch, sei es aus einem Reste von deutscher Wahrheitsliebe, sei es aus Schlangenklugheit, gewagt hatten, dem Jesuitenorden eine schüchterne Opposition zu machen und dem übermüthigen Dogma zu widersprechen, haben vor dem Erfolge des Jesuitenordens und vor dem verwegenen Gebote Roms ihre Kniee gebeugt und verfolgen heute in Deutschland die katholischen Priester und Lehrer, welche so denken und sprechen, wie sie selber in Rom gedacht und gesprochen haben. Vor 100 Jahren noch waren die deutschen Bischöfe grossen Theiles offene Gegner des Jesuitenordens, heute drängen sie sich um die Wette herbei, um dem Jesuitenorden ihre Huldigung zu bezeugen. So jammervoll und unwürdig sind die heutigen Zustände der Hierarchie in Deutschland.

Sogar die verderbliche Wirkung des Jesuitenordens auf den konfessionellen Krieg des siebzehnten Jahrhunderts wiederholt sich im neunzehnten Jahrhunderte. An dem deutsch-österreichischen Kriege von 1866 hat er auch seinen heimlichen Antheil gehabt; wenn er es nicht wieder zu einer Erneuerung des dreissigjährigen Krieges in Deutschland gebracht hat, so fehlte es sicher nicht an seiner Neigung und Anreizung dazu, aber die Macht der modernen Kultur und der modernen Politik erwies sich stärker als sein Wille und seine Mittel.

Um so eifriger hat der Orden daran gearbeitet, der deutschen Nation von aussen her Feinde zu erwecken. Noch sind nicht alle Ursachen enthüllt, welche den französich-deutschen Krieg von 1870/71 vorbereitet und hervorgebracht haben. Aber es ist heute für den Instinkt der Völker wie für die Beobachtung der Politiker kein Geheimniss mehr, dass der Jesuitenorden seinen ganzen Einfluss einsetzte, um den Hof des Kaisers Napoleon und die französische Regierung zu der Kriegserklärung anzureizen, welche der Proklamirung der päpstlichen Unfehlbarkeit unmittelbar folgte und bestimmt war, die Ueberlegenheit der romanischen Rasse über die germanische zu bewähren und den Sieg des Papstthumes über die protestantische Macht der Deutschen herbei zu führen. Es war eine verdiente Strafe für den Orden wie für seinen Verbündeten, den Papst Pius IX., als die deutschen Siege den Italienern die Macht verliehen, die Stadt Rom von der Priesterherrschaft zu befreien.

Auch heute wieder, wenn irgendwo Verschwörungen gegen das deutsche Reich angezettelt werden, sind sicher immer die Jesuiten im Dunkeln geschäftig, um dieselben zu fördern. Dieser feindseligen Politik des Ordens gegen Deutschland gegenüber bedeutet es nichts, dass einzelne Jesuiten während des Krieges als Krankenpfleger auf den Schlachtfeldern und in den Lazarethen gelegentlich gute Dienste geleistet haben. Nicht die Individuen sind gefährlich, nur der feindliche Heereskörper ist eine Gefahr für das deutsche Reich.

Die unversöhnliche Feindschaft des Ordens gegen das deutsche Reich ist nicht allein durch die geschichtliche Erfahrung erwiesen. Sie folgt aus der Natur beider Mächte, die unmöglich mit einander im Frieden leben können. Das deutsche Reich verwirklicht das Streben der deutschen Nationalität nach Selbständigkeit und freier Entfaltung ihrer Kräfte. Dem universellen Geiste des Ordens aber ist der nationale Geist wie eine Pest verhasst. Am aller meisten verhasst dem Orden ist der deutsche Geist, welcher seine Freiheit auch gegen Rom behauptet und die päpstliche Weltherrschaft bestreitet, für welche der Jesuitenorden alle seine Kräfte anstrengt. Das deutsche Reich verbürgt und entwickelt den modernen Stat und der Jesuitenorden will im Gegentheile das mittelalterliche Priesterreich wieder herstellen. Das deutsche Reich sichert die Völkerfreiheit und der Jesuitenorden verlangt die Völkerknechtschaft. So lange das deutsche Reich besteht, welches die verschiedenen Konfessionen friedlich einigt, so lange ist das Streben des Jesuitenordens nach Glaubenseinheit und Glaubenszwang erfolglos. Wenn ein deutscher Kaiser aus dem Hause Hohenzollern regiert, das seit Jahrhunderten der päpstlichen Vormundschaft entwachsen ist und auch in geistigen Dingen die Freiheit ehrt und schützt, so ist es dem Jesuitenorden nicht möglich, sein Ideal eines die Welt beherrschenden Jesuiten-Generales und Papstes zu verwirklichen.

Wir dürfen daher von dem Jesuitenorden nichts anderes erwarten, als fortgesetzte Feindschaft gegen das deutsche Reich. Wenn er seinerseits auf Zerstörung des deutschen Reiches mit aller Macht arbeitet, so handelt er nur seiner Natur und seinen Prinzipien gemäss. Aber es wäre eine kindische Naivität, wenn das deutsche Reich diese feindliche Macht in seinem Innern sich festsetzen und ausbreiten liesse, statt sie aus dem Körper auszustossen, dem sie fremd und feindlich entgegen steht.

Der Jesuitenorden hat kein nationales Recht und kein statliches Recht zn bestehen, denn er ist sowohl der Feind der nationalen Freiheit als des modernen States. Aber er behauptet ein göttliches Recht des Bestandes und Wirkens zu haben. In der That die Einbildung, dass die Kompagnie Jesu in vorzüglichem Sinne die Herrlichkeit Gottes zu erhöhen berufen sei, in majorem Dei gloriam gegründet sei, war in der Seele der Stifter des Ordens sehr mächtig. Der Glaube, dass der Orden Gott wohlgefällig sei, wirkt fort in den Gemüthern vieler begeisterter Jesuiten. Dieser Glaube stärkt sie und hält sie aufrecht, wenn zuweilen das Gefühl des verfehlten Lebensweges und die Reue über die verlorenen Güter der Familie, des Vaterlandes, der Civilisation sie erfasst. Der Jesuitenorden beruft sich alle Zeit auf den Willen Gottes, den er vollziehe. Die absolute Autorität, die der Jesuitengeneral behauptet, ist in den Augen der Mitglieder des Ordens die Autorität Gottes. Die mystische Vorstellung, dass der Jesuiten-General mit Gott in einem engeren Rapporte stehe, und dass die Fürbitte des heiligen Ignatius bei Gott in besonderem Grade wirksam sei, wird den Jesuiten-Zöglingen tief eingeprägt und durch wunderbare Legenden bekräftigt.

Nun beweist aber der ganze Gang der Weltgeschichte und insbesondere der unaufhaltsame Verfall aller mittelalterlichen Gebilde und der Aufgang des modernen States und der freien Wissenschaft in unserem Jahrhunderte, die doch ohne Gott auch nicht zu erklären sind, gegen jenen Glauben der Jesuiten und stellt denselben als einen thörichten Aberglauben dar. Das konstante Unglück, welches die politischen Pläne des Jesuitenordens fortwährend verfolgt, lässt doch nicht auf eine besondere Gunst der göttlichen Weltleitung schliessen, welche den Jesuiten förderlich sei. Wer freilich mit dem Jesuitengönner, dem Bischofe Senestrey von Regensburg, meint, das Unglück Oesterreichs im Kriege von 1866 erkläre sich daraus, dass der Kaiser von Oesterreich dem Oesterreichischen Konkordate mit dem päpstlichen Stuhle nicht treu geblieben sei, und die Niederlage Frankreichs im Jahre 1870/71 sei lediglich die Folge davon, dass Napoleon III. die französischen Truppen aus Rom weggezogen und den Papst und den Jesuiten-General dadurch den Italienern Preis gegeben habe, mit dessen Urtheilsfähigkeit und Geschichtskunde ist nicht zu rechten.

Das Schicksal hat aber noch deutlicher gesprochen, wie wenn es die abergläubische Selbsttäuschung der Jesuiten und ihre Täuschung der Glaubenseinfalt Anderer gründlich zerstören wollte. Wenn der heilige Ignatius an dem himmlischen Hofe irgend einen Einfluss hätte und ein Günstling Gottes wäre, so hätte doch sicher das Schicksal nicht den 18. Januar, d. h. den Tag des Ignatius auserwählt, um im Jahre 1701 den protestantischen Kurfürsten von Brandenburg zu dem Könige Preussens zu erheben und im Jahre 1871 dem Könige von Preussen die deutsche Kaiserkrone aufs Haupt zu setzen; denn es gibt in der Weltgeschichte nichts, was dem Jesuitenorden heftiger verhasst ist, als die Erhebung des preussischen, von protestantischem Geiste erfüllten States und die Gründung des neuen deutschen Kaiserreiches.

Die Feindschaft des Jesuitenordens ist gegen die Einheit der deutschen Nation und gegen den Frieden des deutschen Reiches gerichtet. Daher ist das Reich mehr als die einzelnen Staten veranlasst und verpflichtet, diesem Feinde zu begegnen. Freilich ist die Gefahr weit grösser für die katholischen als für die protestantischen Deutschen, indem diese ohnehin frei von Rom sind und sich der jesuitischen wie der römischen Autorität leichter erwehren. Aber die freisinnigen Katholiken bedürfen in ihrem Kampfe wider den Orden, in dem sie voran gehen, der Beihülfe der Protestanten; und die Protestanten, welche im Frieden leben wollen mit ihren katholischen Brüdern, haben ein Recht, auch ihrerseits auf Wegweisung des Störenfriedes zu dringen, dessen ganzes Trachten darauf gerichtet ist, den konfessionellen Zwiespalt immer wieder zu erneuern und zu verschärfen.

Man hat gesagt, der Jesuitenorden gehe die Protestanten gar Nichts an, weil er ein katholischer Orden sei. Ein Lobredner der Jesuiten (Professor Buss von Freyburg) meinte sogar, die Protestanten mögen einen protestantischen Gegenorden stiften, der dann ebenso für die protestantischen Interessen den Kampf führe wie die Jesuiten für die Papstherrschaft, und gewisser Massen als Gegengift das Gift authebe. Seltsamer Einfall. Wir, die wir im konfessionellen Frieden leben wollen und dieses Friedens bedürfen, sollen ebenfalls an der Zerreissung der Nation und an der konfessionellen Spaltung des Reiches arbeiten! Da ist es doch viel zweckmässiger für den konfessionellen Frieden, wenn der feindliche Orden, welcher den konfessionellen Krieg bedeutet, weggewiesen, als wenn ihm ein zweiter Orden, der ebenfalls konfessionellen Krieg will, entgegen gesetzt wird. Wenn wir jenes thun, so sichern wir den Frieden, wenn wir dieses vorzögen, so hätten wir den Krieg organisirt.

Aber hat das deutsche Reich, wie es die Macht besitzt und die Pflicht hat für den Frieden der deutschen Nation zu sorgen, auch die rechtliche Befugniss, den Jesuitenorden für Deutschland aufzulösen und wegzuweisen aus jeder Wirksamkeit in der Schule und in der Kirche?

Ueber die formale Kompetenz des Reiches ist kein Zweifel möglich. Der Art. 4, Nr. 16 weist „das Vereinswesen“ der Reichsgesetzgebung zu. Indem das Reich die Vereinsfreiheit ordnet und die Vereinsfreiheit schützt, kann es zugleich rechtswidrige und statsgefährliche Vereine verbieten.

Indessen die formale Kompetenz reicht nicht aus, um alle Bedenken zu entkräften, welche auch gelegentlich von liberaler Seite her einem Verbote des Jesuitenordens entgegen gesetzt werden. Die Frage bedarf einer näheren Erwägung, ob das deutsche Reich mit gutem Gewissen und ohne den Prinzipien der Freiheit irgendwie untreu zu werden, den Jesuitenorden untersagen dürfe.

Wie die christliche Religion die Menschen anweist, auch die Feinde zu lieben, so gewährt der moderne Stat auch dem Feinde den Schutz des gemeinsamen Rechtes. Auch die Jesuiten sind Menschen und haben ein natürliches Recht darauf, dass ihnen kein menschliches Recht versagt werde, mögen sie noch so bösartige und gefährliche Gegner des natürlichen Menschenrechtes sein. Auch dem Jesuitenorden gegenüber, dem schlimmsten Feinde der Freiheit, dürfen wir die heiligen Grundsätze der Freiheit nicht verleugnen.

Bei der Prüfung dieser Frage kommt voraus der Unterschied zwischen dem Orden als einer Institution und den einzelnen Jesuiten als Individuen in Betracht. Wir bekämpfen nicht die Individuen, sondern den Orden. Wir bedauern die einzelnen Jesuiten, wir verfolgen sie nicht. Sie mögen alles das glauben, was der Jesuitenorden zu glauben lehrt, ihr Glaube und ihr Aberglaube sind frei von jedem Eingriffe des States und von jedem Zwange des Rechtes. Sie mögen auch im Sinne des Jesuitismus reden, schreiben und handeln, wie sie wollen. So lange sie sich gleich anderen Leuten innerhalb der Schranken der Rechtsordnung bewegen, haben auch sie die allgemeine Freiheit zu geniessen wie Jedermann.

Aber verschieden von den Individuen ist der Orden als Institution. Die Gesellschaft Jesu ist ein rechts-, stats- und kulturfeindlicher Verein, bestehend aus Fremden ohne Vaterland, ohne Familie, ohne Heimat, welche im Dienste eines römischen Generals den geistlichen Feldzug unternehmen und an der Empörung des Volkes arbeiten wider unseren Stat und wider unser Recht. Den Einzelnen soll alle wirklich individuelle Freiheit gewährt werden; aber der Orden als eine statswidrige Macht, als ein organisirtes Feindesheer muss aufs Haupt geschlagen und aus Deutschland vertrieben werden.

Vergeblich beruft er sich auf die Vereinsfreiheit, denn die Vereinsfreiheit besteht nur durch den Stat und innerhalb der Statsordnung, nicht aber gegen den Stat und zur Untergrabung und Zerstörung des öffentlichen Rechtes. Der Jesuitenorden wirkt nicht in dem Geiste und nicht in der Form der Freiheit, sondern mit den Mitteln der Autorität und zur Ausbreitung seiner Autorität. Er zieht die unmündige Jugend, die erst zur Freiheit erzogen werden soll, in seine Netze und zerstört durch seine Erziehungsmethode die Fähigkeit zum freien Gebrauche ihrer Geisteskräfte. Er ängstigt die Schwachen im Geiste durch die Furcht vor den eingebildeten Höllenstrafen und lockt die Sünder an durch seine laxe Moral und seine leichte Vergebung der Sünden. In der Beichte und in der Predigt wie in der Schule spricht er im Namen Gottes und unterwirft so die Unmündigen und Schwachen seiner Herrschaft. Er erzieht, die ihm folgen, zur Knechtschaft und macht sie zu Werkzeugen der kirchlichen Hierarchie.

Niemals in der Weltgeschichte hat es eine Verbindung gegeben, welche in dem Grade freiheitswidrig ist, wie der Jesuitenorden. Der moderne Stat duldet die Sklaverei nicht mehr, auch nicht die freiwillige Sklaverei. Das heutige Recht schützt die Persönlichkeit des Menschen auch gegen den Willen seiner Eltern, auch gegen den eigenen Willen. Es verwirft die Sklaverei principiell, weil es wider die Menschennatur und die menschliche Ehre ist, dass Menschen als blosse Sachen behandelt werden, die ein Eigenthum anderer Menschen sind. Alle Gründe, welche das Verbot der Sklaverei rechtfertigen, passen ganz ebenso auf das Verbot des Jesuitenordens; denn die Geistessklaverei, welcher er zunächst die eigenen Genossen unterwirft, ist viel schlimmer als jede andere bisher verbotene Sklaverei.

Der Negersklave sogar, der vor dem nunmehr abgeschafften Rechte ein Eigenthum seines Herrn war, musste wohl für den Herrn arbeiten, wie es dieser befahl, aber es war ihm doch gestattet, eigene Gefühle zu haben, er war doch nicht gehindert anders zu denken, als der Herr dachte. Der Leib des Sklaven diente dem Herrn, die Seele desselben war nicht ebenso geknechtet. Wer Jesuit wird, der muss nicht blos seinen Leib den Befehlen des Oberen, d. h. des Herrn zum Dienste hingeben, der verzichtet nicht blos auf die eigene freie Bewegung, er wird nicht blos verbunden, für die Oberen zu arbeiten, was sie ihm befehlen. Er muss sogar seine Gefühle, seine Gedanken, seinen Willen dem Orden zum Opfer bringen.

Die geistlichen Exerzitien, zu denen nach der Jesuitenmähre die „Mutter Gottes“ selber den heiligen Ignatius begeistert hat, sind ganz darauf berechnet, den individuellen Geist und Willen zu ertödten. Zu diesem Zwecke wird der Jesuitenzögling Monate und Jahre lang eingeübt in dem künstlichen Wechsel zwischen gedankenlosem Schweigen und vorgeschriebener Meditation, zwischen Züchtigung des Fleisches und den Aufregungen der gereizten Phantasie, zwischen niederträchtigster Demuth des Einzelnen und hochfahrendem Ehrgeize und Herrschsucht des Ordens, bis er sich selber dem Orden opfert, und auf das eigene Urtheil wie auf den eigenen Willen für immer verzichtet. Der Jesuit muss nach dem amtlichen Ausdrucke der Konstitutionen zu einem Leichname (Cadaver) werden, dem nur der Ordensobere Leben einhaucht. Er ist nur „ein Stab in der Hand des Greises", d. h. des Jesuiten-Generales. Wenn seine Augen etwas als weiss schauen, wovon die Kirche sagt, es sei schwarz, so muss er es für schwarz erklären. In dem Generale sieht er nicht einen Menschen, sondern „Christus selbst". Was der General gebietet, das hat er gelobt, als Gottes Gebot zu verehren.

Eine solche unmenschliche Ueberspannung der Autorität und ein solcher übertriebener Gehorsam, nicht mit Unrecht „Cadavergehorsam" genannt*) ist im höchsten Grade gottlos und naturwidrig. Gott hat dem Menschen die individuellen Geistes- und Gemüthskräfte nicht dazu gegeben, dass er sie austilge und ertödte, sondern damit er sie entwickele. Die naturgemässe Wechselwirkung zwischen dem individuellen und dem Gemeingeiste, welche wie ein zweiarmiger Hebel das Leben und Streben der Menschheit bewegt, darf nicht aufgehoben werden durch die Zerstörung des Individualgeistes. Eine Institution, welche dazu gebildet ist, die völlige Knechtung des individuellen Geistes unter einen anderen Willen, den Ordenswillen herbeizuführen, darf vom State nicht geduldet werden, welcher die individuelle Freiheit zu erhalten und zu schützen berufen ist. Sie ist die unverzeihlichste Sünde wider den heiligen Geist, und die schwerste Kränkung des natürlichen Menschenrechtes. Der Stat hat die Pflicht, die freie Persönlichkeit zu schützen und deshalb hat er die Pflicht, eine Institution zu verbieten, welche auf Zerstörung derselben und auf einen wahren Geistesmord ausgeht. Indem der Stat die Sklaverei verbietet, muss er folgerichtig auch die geistige Sklavenzüchterei des Jesuitenordens untersagen.

---

*) Vgl. die treffliche Schrift von Buchmann: Ueber und gegen den Jesuitismus. Breslau 1872. S. 33.

In minderem Grade, aber noch immer über die Massen verderblich wirkt diese Knechtung des individuellen Geistes auch auf die weiteren Kreise der Bevölkerung, welche dem Einflusse des Ordens Preis gegeben sind. Die Jesuiten, selber Geistessklaven ihrer Oberen, breiten dieselbe Geistessklaverei, in der sie gefangen sind, auch ringsumher aus. Ueberall knicken und zerbrechen sie den individuellen Willen wie das freie Urtheil, und überall richten sie über den Trümmern jeder Freiheit die absolute Autorität der Hierarchie auf. Sie zernagen die Wurzeln der sittlichen Weltordnung, welche ohne Wahrhaftigkeit, ohne Prüfung, ohne Gewissenhaftigkeit, ohne freien Willen nicht gedeihen kann; sie zerstören die Fundamente der menschlichen Rechtsordnung, welche mit der Sklaverei, der leiblichen wie der geistigen, nicht bestehen kann. Sie untergraben die Statsgewalt und verhetzen bald die Unterthanen wider die Obrigkeit, bald die Obrigkeit wider die Unterthanen, je nachdem der eine oder andere ihren Herrschaftsplänen besser dient.

Das deutsche Reich und der Jesuitenorden können nicht mit einander im Frieden leben, und nicht zugleich gedeihen. Entweder muss das Reich den fremden Körper, der das Blut der deutschen Nation vergiftet, aus dem Leibe des deutschen Volkes herausschneiden, oder dieser Leib wird einer schweren Krankheit und heftigen Fieberkrisen entgegen geführt, welche jedenfalls seine Wohlfahrt, wenn auch nicht sein Leben in Gefahr bringen.

Wir verlangen also, dass das Urtheil der Weltgeschichte an dem Jesuitenorden vollzogen werde und dass die deutsche Nation von demselben befreit werde. Die organisirte geistliche Miliz soll aufgelöst, die Kollegien und Anstalten derselben geschlossen, die Güter des Ordens zum Besten des Volkes verwendet, und den Angehörigen und Affiliirten des

Ordens jede autoritative Wirksamkeit auf der Kanzel, im Beichtstuhle und in der Schule untersagt werden.

Wir verlangen das im Namen der bürgerlichen Freiheit und der nationalen Geistesbildung, im Namen der sittlichen Weltordnung und des natürlichen Rechtes, im Interesse des konfessionellen Friedens und um der Einheit, Macht und Herrlichkeit des deutschen Reiches willen.

Die hundertjährige Feier der Aufhebung des Jesuitenordens durch Papst Clemens XIV. darf den Jesuitenorden in Deutschland nicht mehr unter den Lebenden finden. Wenn er wieder ins Grab gelegt sein wird, aus dem ein thörichter Restaurationseifer ihn erweckt hat, dann wird auch die katholische Kirche in Geistlichen und Laien leichter und fröhlicher athmen, der Friede des Volkes und die Hoheit des States werden von ihrem schlimmsten Feinde und die geistige Entwickelung der Menschheit wird von dem schädlichsten Hemmnisse befreit sein.

IX.

Das römische Papstthum und das Völkerrecht.

(1880.)

I. Allgemeine moderne Principien.

Nachdem das Christenthum, anfangs gegen den Willen der alten römischen Statsgewalt, in dem weiten Gebiete des römischen Weltreiches Aufnahme und Glauben gefunden hatte, wenn auch zunächst nur unter den unteren vielfältig bedrückten Schichten der Bevölkerung, ist der Gegensatz der beiden grossen massenhaften Gemeinschaften unter den Menschen, der rechtlich-politischen des States und der religiösen Glaubensgemeinde der Kirche als eine weltgeschichtliche Neuerung offenbar geworden. Der Stat berief sich auf den Willen des römischen Volkes als seine höchste Autorität, die Kirche auf die Lehre und das Gebot von Christus, dem Gottessohne. Jede der beiden Autoritäten behauptete ihre volle Selbständigkeit, jene im Recht und in der Politik, diese in der Religion.

Seither hat sich die Unterscheidung von Stat und Kirche unter allen europäischen Völkern während aller Jahrhunderte des Mittelalters bis auf die Gegenwart erhalten. Aber das Verhältniss der beiden Gemeinschaften zu einander wurde in verschiedenen Perioden der Geschichte und in den verschiedenen Staten und Kirchen, in welche die civilisirte Welt gespalten ward, verschieden aufgefasst. Heute noch bestehen neben einander, und oft bei demselben Volke, sehr verschiedene

Grundansichten über die Beziehungen der Staten zu den Kirchen, und der Kirchen zu den Staten. Der grosse während Jahrhunderten fortgeführte Kampf dauert noch fort und die angestrebte Auseinandersetzung ist noch nicht zu friedlichem Abschlusse gekommen.

Ueber einige wesentliche Principien aber ist unter allen denen, welche der Natur des modernen States bewufst geworden sind, zur Zeit ein Einverständniss erreicht, das auch in manchen neueren Verfassungen und Gesetzen einen klaren Ausdruck bekommen hat:

1. Der moderne Stat fühlt und weiss sich als eine dauerhafte und freie Person, die mit eigenem Geist und Willen begabt, und mit verfassungsmässigen Organen d. h. mit einem Körper ausgerüstet ist, um Gesetze zu geben, zu regieren und zu verwalten, das Recht zu schützen. Der moderne Stat verwirft daher entschieden die Vorstellung des Mittelalters, dass er nur eine leibliche Gemeinschaft und als solche der geistigen Gemeinschaft der Kirche untergeordnet sei. Der Stat hat als lebendige Volksperson Geist und Leib in sich, wie die Kirche als sichtbare Institution ebenfalls Geist und Leib besitzt, und daher auch den Anspruch erhebt, als Person behandelt zu werden.

2. Der moderne Stat ist nicht mehr, wie der mittelalterliche, ein Konfessionsstat. Er lässt vielmehr verschiedene Konfessionen zu und schützt gleichmässig die Existenz und den Frieden unter den verschiedenen Kirchen, welche sich in seinem Lande finden. Er ist interkonfessionel geworden.

3. Der moderne Stat ist unabhängig von der Kirche, und in seiner Gesetzgebung und Verwaltung weder an kirchliche Dogmen gebunden, noch einer kirchlichen Disciplin unterworfen. Wenn gleich er den Kirchen die Freiheit gewährt, ihren Glaubensgenossen ins Gewissen zu reden, sie zu ermahnen

und zu warnen, so kann er doch nicht dulden, dass die Kirche, sei es gegen das Statshaupt, sei es gegen die Statsdiener mit Rücksicht auf ihre statlichen Funktionen eine Censur übe.

4. Souveränetät ist höchste Statsgewalt. Sie kann daher nur dem State zustehen, nicht der Kirche. Der Stat allein kann Gesetze erlassen, welche für Jedermann bindend sind, und nöthigenfalls mit Zwang durchgeführt werden.

Die Kirche aber hat, weil sie ebenfalls als eine eigenthümliche Gesammtperson existirt, soweit ihre Existenz innerhalb des Statsgebietes anerkannt ist, einen natürlichen Anspruch auf Autonomie, d. h. auf Selbstbestimmung ihrer Lebensordnung je nach ihrem religiösen Bedürfnisse, und unbeschadet der allgemeinen bürgerlichen und statlichen Rechtsordnung. Dem State kommt es zu, die Bedingungen und Schranken festzusetzen, unter denen er der Kirche Autonomie und seinen Schutz ihrer Ordnungen gewährt.

5. Der Stat allein hat Gerichtsbarkeit über Jedermann, d. h. die Macht, das (unkonfessionelle) Recht mit äufseren Zwangsmitteln zu schützen. Der Kirche darf aber eine Disciplinargewalt, soweit dieselbe nöthig ist, um die kirchliche Ordnung zu handhaben, nicht verweigert werden. Nur soll sie diese Disciplin mit Mitteln üben, welche der religiösen und kirchlichen Gemeinschaft zugehören und weder die persönliche Freiheit, noch die Ehre, noch das Vermögen der Privatpersonen schädigen. Eine Erweiterung der kirchlichen Disciplinarbefugniss zur Gerichtsbarkeit bedarf der statlichen Ermächtigung und bleibt der statlichen Aufsicht unterworfen.

6. Der Stat allein hat das Recht der Besteuerung. Die Kirche ist zunächst auf freiwillige Steuern angewiesen und kann Kirchensteuern nur auferlegen, wenn und soweit ihr das vom State gestattet wird.

7. Unser Zeitalter strebt eine vollständige Sonderung an, der statlichen und der kirchlichen Dinge. Moderne

Regel ist, dass die Statsämter nicht zugleich Kirchenämter seien, noch umgekehrt die Kirchenämter zugleich Statsämter. Die Einführung der bürgerlichen Standesämter im Gegensatze zu der früheren Verbindung der Geburtsregister mit den Taufbüchern und der Todesregister mit der Aufzeichnung der Leichenbegängnisse durch die Geistlichen, ist eine Folge dieses Princips.

8. Die Unterscheidung der statlichen und der kirchlichen Aemter und ihrer Funktionen ist in einzelnen modernen Staten bis zu völliger Trennung von Stat und Kirche gesteigert worden. In Folge derselben kümmert sich der Stat nicht mehr um die Kirche, sondern betrachtet und behandelt sie wie einen Verein von Privatpersonen, eine Gesellschaft. Aber der Stat ist nicht davor gesichert, dass die Kirche ihrerseits ihre Autorität über die Gläubigen benutzt, um auf die statlichen Wahlen und die Leitung des States einzuwirken.

9. In anderen modernen Staten ist noch, im Verhältniss zu der griechisch-katholischen und den protestantischen Kirchen dem Statshaupte zugleich ein erheblicher Antheil an dem Kirchenregimente vorbehalten und insofern an der obersten Stelle noch eine Verbindung von Stats- und Kirchenamt vorhanden, welche zwar dem allgemeinen Principe der Sonderung von Stat und Kirche zuwider ist, aber den Frieden von Stat und Kirche begünstigt. Im Verhältniss zu der römisch-katholischen Kirche ist gerade an oberster Stelle die Sonderung von Statshaupt und Kirchenhaupt schon im Mittelalter durchgesetzt worden und besteht heute noch zu Recht. Aber keineswegs verlangt die römisch-katholische Kirche Trennung vom State, sondern legt auf die Verbindung und Wechselbeziehung beider einen Werth.

10. Der moderne Stat mag, je nach seinen besonderen Verhältnissen und Bedürfnissen, der Kirche, oder den Kirchen des Landes um ihrer hohen geistigen Bedeutung willen, auch

in den repräsentativen Organen des Statskörpers, wie insbesondere in den gesetzgebenden Körpern, in den Schul- und in den Armenbehörden eine Vertretung einräumen. Derartige Funktionen kirchlicher Würdenträger und Beamten (Bischöfe, Pfarrer) in den Statsbehörden sind jedoch ausschliesslich von dem Statswillen und der statlichen Gesetzgebung abhängig.

11. Der moderne Stat ist sich auch der Grenzen seiner Macht bewusst. Er masst sich nicht mehr an, was die byzantinischen Kaiser noch gethan hatten, religiöse Dogmen als Statsgesetze vorzuschreiben und enthält sich eines jeden Eingriffes in den Bereich sowohl der religiösen Freiheit Aller als des kirchlichen Gemeinlebens. Er verlangt nur, dass die Individuen und die Kirchen ihrerseits die für Jedermann verbindliche Rechtsordnung jederzeit achten und beachten und den Frieden nicht stören.

12. Der moderne Stat ist willig, den Kirchen für ihren religiösen Glauben, ihren Kultus, ihre kirchliche Ordnung eine möglichst ausgedehnte Selbständigkeit und Freiheit zu gewähren. Er hat das noch im vorigen Jahrhunderte gebräuchliche System der Vormundschaft über die Kirche, wie über eine minderjährige Person oder eine blosse Statsanstalt aufgegeben. Wohl aber übt der moderne Stat seine Statshoheit in der Aufsicht über die Kirchen wie über andere Personen im Interesse der gemeinen Rechtsordnung, des Friedens und der Volkswohlfahrt heute noch aus.

Alle diese Rechtsbeziehungen des States zu den im Lande bestehenden Kirchen, den sogenannten Landeskirchen werden heute meistens durch die Verfassung und die Gesetze des States näher geordnet. Der Stat übt, indem er das thut, einfach seine Rechts- und Statshoheit aus.

Diese statsrechtliche Regelung findet gegenüber den griechisch-katholischen Landeskirchen, und ebenso gegenüber den evangelisch-protestantischen Kirchen (den lutherischen, oder reformirten, oder unirten Kirchen in Deutschland und den germanischen Ländern des Kontinentes, der bischöflichen Kirche in England) kein Hinderniss. Alle diese Kirchen sind seit ihrer Entstehung und Anerkennung gewöhnt, die Statsautorität, unter deren Schutze sie leben, voll und ganz zu respektiren. Wenn sich ausnahmsweise auch da Meinungsverschiedenheiten zwischen der Statsregierung und dem Kirchenregimente zeigen, und wenn gelegentlich kirchliche Eiferer den Statsgesetzen unwillig gehorchen, so sind das kleine Differenzen, wie sie überall unter verschiedenen Personen vorkommen. Keineswegs gefährden sie das friedliche Grundverhältniss von Stat und Kirche. Sie bedrohen niemals ernstlich die Rechtshoheit des States und die Einheit des Volkes.

Aber viel schwieriger wird es, diese modernen Grundsätze auch gegenüber der römisch-katholischen Kirche zur Geltung zu bringen.

2. Die römisch-katholische Kirche, Landeskirchen und universelle Kirche.

Die römisch-katholische Kirche ist ursprünglich in dem Einen römischen Weltreiche entstanden, welches die universelle Weltherrschaft über alle Völker zu verwirklichen suchte. Sie hat von Anfang an diesen universellen und einheitlichen Geist Roms in sich aufgenommen. Sie will ebenso die universelle und einheitliche christliche Kirche verwirklichen, in der sich alle Christen aller Länder und Nationen zusammen finden.

Dieser römische Charakter fand in den römischen Päpsten seine energischen Vertreter. Den römischen Bischöfen, die sich gerne als Universalbischöfe betrachteten und den Primat über alle anderen Bischöfe und selbst über die anderen Patriarchen ansprechen, glückte es allmählich in dem lateinischen Abendlande und bei den fränkischen Königen, welche sie in ihren weltlichen Schutz nahmen, und Schirmvögte der Kirche wurden, als die wahren Häupter der universalen Kirche Anerkennung zu finden. Nur der griechisch-katholische Orient hielt an der älteren Kirchenverfassung fest, blieb dem griechischen Kaiserthume treu und ergeben, und verwarf den Primat der römischen Päpste.

Während des Mittelalters erhielten sich die universelle Kirche des Abendlandes und das universelle Papsthum und behaupteten ihre Einheit noch Jahrhunderte länger als das römische Kaiserthum deutscher Nation, welches sich die völlige Lostrennung vieler dynastischer Reiche und verschiedener selbständiger Staten gefallen lassen musste.

In dem Kampfe mit den deutschen Königen als römischen Kaisern hatte sich endlich der Sieg den römischen Päpsten zugeneigt, welche in der Theorie freilich entschiedener als in der Wirklichkeit geradezu die Ueberordnung der Kirche über den Stat, des Papstthumes über das Kaiserthum forderten, in völliger Umdrehung der alt-römischen Rechts- und Statsordnung. Obwohl auch die abendländische Kirche im sechzehnten Jahrhunderte gespalten ward und protestantische Landes- und Nationalkirchen gebildet wurden, welche die päpstliche Autorität ebenso verwarfen, wie früher Franzosen, Italiener, Engländer u. s. f. der Oberherrlichkeit der deutsch-römischen Kaiser sich entzogen hatten, so gab die klerikale Theorie doch nicht die mittelalterlichen Ideale auf einer Ueberordnung der Kirche über den Stat und des Papstthumes über das Kaiser- und Königthum.

Unmöglich kann sich der moderne souveräne Stat diese mittelalterlichen Ansprüche gefallen lassen, welche weder eine principielle Begründung haben, noch eine thatsächliche Geltung. Die heutige Welt glaubt nicht mehr, wie die Völker im Mittelalter, dass der Klerus sich zu den Laien verhalte, wie das Gold zum Blei, und die Kirche zum State wie die Sonne zum Monde. Sie weiss, was man im Mittelalter vergessen hatte, dass die Statsgewalt und die Statshoheit schon da waren, bevor es eine Kirche gab, und ihrem Wesen nach oberste Gewalt und Hoheit in aller Rechtsordnung sind.

Aber wir dürfen die gewichtige Thatsache nicht übersehen, und können dieselbe nicht bestreiten, die Thatsache, dass heute noch die römisch-katholische Kirche eine universelle Organisation und ein einheitliches Haupt in dem Papste hat, dessen Autorität sogar in unseren Tagen durch das vatikanische Concil Pius IX. auf eine phantastische Höhe erhoben worden ist, welche dem frommen Mittelalter nicht erreichbar geschienen hatte.

Würde das neue Dogma von der Unfehlbarkeit und der absoluten Autorität des in der Kathedra lehrenden Papstes aus der klerikalen Fiktion in die Wirklichkeit des Lebens umgesetzt und umgebildet, so wäre die gesammte statliche, wissenschaftliche und Kulturentwickelung der modernen Welt von Grund aus umzustürzen und wieder in die mittelalterlichen Zustände zurück zu führen, ein Unternehmen, das freilich gerade so unmöglich ist, wie der Versuch einen gereiften Mann wieder in das Kindesalter und in die Sitten und Ansichten des Schulknaben zurück zu drängen.

Wenn aber auch ein derartiger Umwälzungsversuch keine Aussicht auf Erfolg hat, so gebietet doch die Rücksicht auf derartige Pläne und Bestrebungen der klerikalen Parteien dem State Vorsicht, damit er nicht durch Zugeständnisse an den Klerus und an das Papstthum die Untergrabung seiner souveränen Machtstellung begünstige. Und wie immer der Stat im Einzelnen den Wünschen der römisch-katholischen Kirche willfahre oder dieselben versage, jedenfalls ist er genöthigt, mit einer Kirche sich aus einander zu setzen, welche ihres universellen Charakters sich bewusst ist, und ein universelles Haupt hat, das ausserhalb des besonderen Landes- und Statsbereiches wohnt und von Rom aus Autorität übt in alle die verschiedenen römisch-katholischen Bisthümer und Pfarreien der Welt hinein.

Es gibt auch einen Zusammenhang der griechisch-katholischen Kirchen im Orient, mit ihren Patriarchen und Synoden. Die Griechen in der Türkei und in Griechenland, die Bulgaren, die Serbier, die Rumänen und die Russen sind, inwiefern sie durch das griechisch-katholische Bekenntniss verbunden sind, Glaubensgenossen und haben den Begriff einer allgemeinen d. h. katholischen Kirche auch für sich festgehalten. Aber da sie in verschiedene Landeskirchen, je nach den Staten und Ländern getheilt sind, so ordnen die Staten doch ohne Schwierigkeit das Rechtsverhältniss zu ihren griechisch-katholischen Landeskirchen selbständig und sind nicht veranlasst, mit einer universellen in der Kirche herrschenden Autorität zu verhandeln.

Ebenso bestehen auch unter den protestantischen Landeskirchen eine Gemeinschaft der kirchlichen Lehren, eine Verwandtschaft der Bekenntnisse, und der Institutionen, gemeinsame Interessen. Es sind mehr als einmal Bündnisse der Protestanten aus verschiedenen Staten zu Stande gekommen. Möglich, dass die Zukunft auch hier dieser Gemeinschaft eine festere und wirksamere Organisation verleihen wird. Aber so sehr herrscht doch hier die Rücksicht auf selbständige Landeskirchen und die enge freundliche Beziehung derselben zu den Staten vor, dass der Stat sich mit ihnen unschwer zu recht findet und nirgends auf eine Macht stosst, welche ihm von Aussen her als eine universelle Autorität entgegen tritt, und auch dann von ihm unabhängig ist, wenn sie die mittelalterliche Anmassung, den Stat zu beherrschen, nicht mehr zu erneuern wagt.

Allerdings nimmt auch die Verfassung der römisch-katholischen Kirche einige Rücksicht auf die Statsgrenzen und hat in jedem State, in welchem sie Aufnahme und Anerkennung gefunden, eine besondere Persönlichkeit als Landes-kirche erworben. Kein moderner Stat würde es zulassen, dass etwa das katholische Kirchengut aus seinem Lande von der römischen Kurie als Eigenthum der universellen Kirche behandelt und von Rom aus darüber verfügt würde. Die Statsgrenzen sind zumeist auch Grenzen der bischöflichen Sprengel. Die Statsgesetze finden Anwendung nur auf die im Lande wohnenden Kirchen und Kleriker. Die repräsentativen Rechte der Kirche in der Statsverfassung werden nur den inländischen Prälaten und Geistlichen zugestanden u. s. f. Ein Ansatz zu einer Ausbildung römisch-katholischer Landeskirchen ist wohl überall sichtbar geworden.

Noch im achtzehnten Jahrhunderte hatte es den Anschein, dass diese territoriale und nationale Bildung von katholischen Landeskirchen sich befestige und erstarke, und in Folge derselben die Abhängigkeit derselben von dem Papste und der römischen Kurie ermässigt, die Verbindung mit den Staten enger und näher werde. In Frankreich hatte so die gallikanische Kirche mit ihren Bischöfen eine weit gehende autonomische Selbständigkeit erworben und stand dem State, in dem sie lebte, treu und ergeben zur Seite. In Deutschland unternahmen es die geistlichen Kurfürsten am Rhein ebenfalls die deutsche katholische Kirche freier von Rom zu machen und selbständig im Anschlusse an das weltliche Reich zu gestalten. In Italien selbst, voraus in Toskana regten sich ähnliche Bestrebungen.

Leider ist diese für die Beziehungen von Stat und Kirche und für das Wohl der Völker und Nationen Glück verheissende Entwickelung, welche bereits durch die Aufhebung des Jesuitenordens (1773) gesichert schien, durch die französische

Revolution überfluthet und zerstört worden. Als die Restauration 1815 kam, hatten die leitenden Statsmänner kein Verständniss mehr für jene Reform, und liessen sich in antirevolutionärem Eifer bestimmen, die päpstliche Allgewalt aus dem Grabe zu erwecken, ohne alle Garantien für den religiösen Frieden und die moderne Kultur und Statsverfassung.

Heute ist die formale Autorität des Papstes innerhalb der katholischen Kirche so ins Masslose gesteigert, dass die Bischöfe nur Diener des absoluten Herren sind und dieser fast nur noch in dem Jesuitenorden, seiner ergebensten Leibgarde, ähnlich wie die alten römischen Kaiser in den Praetorianern einen gefährlichen Rivalen seiner Macht erkennt.

Die modernen Staten haben die Macht nicht, diese Zustände zu ändern. Desshalb hilft auch der wohlgemeinte Rath meines Freundes Lorimer*), dass die Staten mit Rom gar nicht, sondern nur mit den katholischen Landeskirchen in ihrem Gebiete verhandeln, den Staten nicht. Die katholischen Bischöfe empfangen ihre Befehle und Instruktionen von Rom und können ohne Rom sich nicht mit dem State verständigen. Gewiss wäre es besser, wenn die Landeskirchen freier wären. Aber der Stat kann ihnen zu höherer Freiheit nur helfen, wenn sie sich selber befreien wollen.

Auf die Dauer wird der moderne Stat auch nicht, wie es heute noch die Vereinigten Staten von Amerika versuchen, dadurch seine Sicherheit und seine Wohlfahrt erreichen, dass er sich grundsätzlich nichts um die katholische Kirche kümmert und weder mit den Päpsten noch mit den Bischöfen sich auseinander setzt. Die römische Kirche kümmert sich ihrer-

---

*) Aeusserung in der Kritik des Artikels von Nys: „Le droit international et la papouté!“ Die ausführlichsten principiellen und geschichtlichen Erörterungen finden sich in den bekannten Werken von Laurent und Phillimore.

seits nichts um dieses Vorbild des States. Sie übt vielmehr einen sehr bedeutenden Einfluss aus durch ihre Organisation, durch ihre Priester, auf die politischen Parteien, die Wahlen, die Schulen und bereitet den Statsgesetzen, die ihr missfallen, unzählige Hemmnisse in dem praktischen Leben. Wenn der Stat die Politik des Vogels Strauss verfolgt und seine Augen verschliesst, um die je nach Umständen feindliche Macht der Kirche nicht zu sehen, so wird diese Macht desshalb nicht geringer.

So bleibt schliesslich für den Stat doch nichts anderes übrig, als mit der römischen Kurie und den Päpsten selber sich ins Benehmen zu setzen.

Das haben denn auch die meisten europäischen Staten gethan und thun müssen. Die einen haben geradezu Verträge, sogenannte Konkordate mit den Päpsten vereinbart, die anderen haben nur ein vorheriges Einverständniss zu erzielen gesucht und dann durch einseitige Statsgesetze dieselben Regeln rechtsverbindlich ausgesprochen, welche der Papst durch seine Bullen den Gläubigen zu beachten empfohlen oder gestattet hatte.

Die letztere Methode entspricht der Hoheit des States und der eigenthümlichen Natur der Kirche besser, als die erstere, erzeugt weniger Streit, und sichert die Fortbildung des Rechtes vollständiger.

In beiden Fällen aber erscheinen die römische Kurie und der Papst als kirchliche Autoritäten und Mächte, welche von der Statsgewalt unabhängig sind und ausserhalb des Statsbereiches residiren. Die Staten haben so verhandelt und Vereinbarungen getroffen mit fremden Mächten, obwohl diese keine fremden Staten sind.

Der Bereich des Statsrechtes wird daher überschritten. Aber fallen diese Verhandlungen und Verträge in das Gebiet des Völkerrechtes?

Im engeren und strengen Sinne des Wortes ist das Völkerrecht eine Rechtsordnung der Staten in ihren Beziehungen zu einander, sind völkerrechtliche Personen nur die Staten und ihre Häupter, sind völkerrechtliche Verträge nur Verträge zwischen Staten, welche sämmtlich Rechtsautorität und die Macht haben, mit äusseren Zwangsmitteln ihren Willen zu verwirklichen.

Alle diese Merkmale fehlen der katholischen Kirche und dem Papste, ihrem Oberhaupte. Die Kirche ist kein Stat, und der Papst kein Statshaupt. Sie haben keine statliche Rechtsgewalt, keine äusseren Zwangsmittel. Ihre Konkordate mit den Staten sind keine wirklichen Statenverträge des Völkerrechtes.

Insofern muss die Frage verneint werden.

Aber auf der anderen Seite sind doch analoge Verhältnisse und Beziehungen mit den völkerrechtlichen Ordnungen nicht zu bestreiten.

Die universelle römische Kirche und das Papstthum stehen doch den einzelnen Staten als Personen gegenüber, welche eine selbständige Stellung und Autorität und eine geschichtliche Erhabenheit behaupten, die der statlichen ebenbürtig erscheint. Wenn auch der Papst, seitdem er den Kirchenstat verloren hat, keine Statsgewalt, Souveränetät hat und daher kein wirklicher Souverain ist noch sein kann, so überragt doch die hohe Kirchenwürde, die ihm zukommt, an Glanz und an Bedeutung viele Kronen fürstlicher Souveräne. Die Konkordate sind zwar keine Statenverträge und haben nur eine unsichere und unvollständige Wirkung, aber sie tragen doch die Form der völkerrechtlichen Verträge an sich und haben um desswillen etwas ähnliches mit den Statenverträgen. Sie sind immer gemeinsame und wechselseitige Willenserklärungen zweier wesentlich selbständiger höchster Personen über ihre Beziehungen zu einander.

Desshalb ist sowohl die exstreme kirchliche Lehre, dass die Konkordate nur für den Stat, nicht für die Kirche verbindlich seien, vielmehr von der Kirche einstweilen gewährte Indulten bedeuten, ebenso verwerflich, wie die entgegen gesetzte extreme statliche Meinung, dass wohl die Kirche gebunden sei, nicht aber der Stat, der seinerseits darin nur der Kirche ein stets entziehbares Privilegium gewähre. Vielmehr erfordert die bona fides, dass beide Personen die Bestimmungen des Vertrages redlich halten, aber sie hindert weder die Kirche, wenn wirklich die religiösen Lebensbedürfnisse eine Aenderung verlangen, ihr Einverständniss zu kündigen noch den Stat, wenn die Rechtsbildung mit der Zeit Fortschritte erheischt, der Kirche sein Einverständniss aufzusagen und kraft seiner Souveränität das Nöthige anzuordnen. Die Konkordate sind also Verträge von unsicherem Schutze und von unsicherer Dauer.

In allen diesen Beziehungen liegt nicht eine einfache Anwendung des Völkerrechtes, wohl aber eine analoge Ausdehnung des Völkerrechtes vor auf Verhältnisse, die mit den eigentlich völkerrechtlichen eine Aehnlichkeit haben und verwandt sind. Es entstehen so quasi-völkerrechtliche Verhältnisse und Regeln; und dem eigentlichen Jus Gentium reiht sich ein Jus gentium utile an.

3. Das päpstliche Gesantenrecht.

Der römische Papst, obwohl kein statlicher Souverain mehr, wird doch heute noch in dem persönlichen Verkehre mit Souveränen als Haupt der römisch-katholischen Kirche wie ein Souverain betrachtet und behandelt. Er geniesst königliche Ehren und es werden ihm bereitwillig Immunität und Exterritorialität, wie einem Souverain zugestanden. Diese Auszeichnung wird ihm zu Theil nicht blos von Seiten der katholischen Souveraine, sondern wesentlich ebenso von Seiten der protestantischen und griechisch-katholischen Kaiser und Könige, obwohl letztere jede kirchliche Autorität des Papstes über sich bestreiten und verneinen. Sie erklärt sich daher weder aus dem Glauben an die Päpste, noch aus einer statlichen Macht derselben, sondern ausschiesslich aus dem Respekte vor einer weltgeschichtlichen Institution und ihrer fortwirkenden Geistesmacht über eine universelle Kirche und eine viel grössere Zahl von Millionen römisch-katholischer Massen als die meisten Grossmächte Unterthanen zählen.

Diese überaus hohe Stellung des römisch-katholischen Kirchenhauptes überragt weit die der übrigen christlichen Patriarchen oder irgend eines Oberpriesters irgend einer anderen Religionsgemeinschaft. Sie hat auch insofern einen völkerrechtlichen Charakter, als sie durch den Gebrauch der Völker (usus gentium) allgemein anerkannt wird.

Katholische Könige mögen noch einen Schritt weiter gehen, und dem Papste als ihrem kirchlichen Oberhaupte Reverenz erweisen. Das geht das Völkerrecht nichts an, sondern wird nur mit dem Glauben der Kirche und der Unterwürfigkeit unter ihre Ordnungen begründet.

Ebenso beruht das päpstliche Gesantenrecht, sowohl das aktive, indem der Papst seine bevollmächtigten Legati a latere, Nuntii und Internuntii auch an fremde Staten sendet, als das passive, indem er Gesante der Staten im Vatikan empfängt, auf demselben völkerrechtlichen Grunde, wie die quasi-souveräne Stellung des Papstes selbst.

Schon im Mittelalter waren die eigentlichen Legati des Papstes an die verschiedenen Höfe wesentlich kirchliche Bevollmächtigte der Päpste und hatten fast nichts zu thun für den Kirchenstat. Die Nuntii und Internuntii hatten zugleich eine kirchliche und eine politische Bedeutung. Die erstere war aber meistens die wichtigere, die Repräsentation des Kirchenstates von geringer Bedeutung. Heute sind alle Gesante des Papstes nur kirchliche, gar nicht mehr statliche Gesante.

Wenn trotzdem noch immer nach den Vorschriften des Wienerkongresses über die Rangstufen der Gesanten die päpstlichen Nuntii auf der höchsten Stufe der Botschafter, die Internuntii auf der zweit-obersten Stufe der bevollmächtigten Gesanten stehen, so erklärt sich diess theilweise aus der Ueberlieferung der Sitte, theilweise aber hat die fortgesetzte Uebung denselben Grund wie die Fortdauer souveräner Ehren des Papstes selbst, d. h. in dem universellen Charakter und der hohen Würde des Papstthumes und seiner Vertreter.

Auch das aber ist nicht einfache Anwendung völkerrechtlicher Rechtsregeln, sondern eine analoge Ausdehnung derselben auf kirchliche Aemter.

Der Unterschied des Nuntius von dem Botschafter und des Internuntius von dem Gesanten ist heute ein grosser und entscheidender. Botschafter und Gesante sind Repräsentanten von Staten und ihre Aeusserungen im Namen des States, der sie sendet, sind verpflichtend für den Stat. Nuntii und Internuntii dagegen haben keine Statsvollmacht, sind nicht Vertreter von Staten, d. h. eigentlichen völkerrechtlichen Personen, sondern Beauftragte einer kirchlichen Autorität, nicht Bevollmächtigte von Statshäuptern, sondern eines Kirchenhauptes. Ihre Aeusserungen haben daher zunächst und nothwendig nur eine moralische Bedeutung, nur hinterher und zufällig eine für die Kirche verpflichtende Rechtskraft.

Eine völlige Gleichstellung der päpstlichen Boten und der statlichen Gesanten ist daher unmöglich; denn die Vollmacht, der Sinn und die Mittel sind in beiden Fällen völlig verschieden. Die Nuntii sind keine Botschafter, die Internuntii keine Gesante, sondern nur von ferne denselben vergleichbar.

Während der eigentliche Gesantenverkehr zugleich Völkerrecht und Völkerpflicht ist, und kein Stat sich demselben zu entziehen berechtigt ist, so bleibt es desshalb der freien Entschliessung der Staten vorbehalten, ob sie Gesante an den Papst senden, und Boten des Papstes empfangen, überhaupt ob sie mit dem Vatikan einen fortdauernden Geschäftsverkehr unterhalten wollen oder nicht.

Sogar ein Stat mit ausschliesslich katholischer Bevölkerung ist nicht völkerrechtlich genöthigt, sich im Vatikan vertreten zu lassen oder Nuntii zu empfangen. Um so weniger besteht eine solche Pflicht für nichtkatholische Souveraine.

Dass diess die heutige Rechtsansicht sei, beweisen die thatsächlichen Gesantenbeziehungen der europäischen Staten zu dem päpstlichen Stuhle. Lediglich nach politischen Motiven, nicht aus Rechtspflicht unterhalten einige Staten noch den Repräsentantenverkehr mit dem Vatikan, haben andere denselben eingehen lassen und nehmen dritte Staten keine Notiz von der Existenz und dem Hofe Seiner Heiligkeit.

Da jeder Stat frei ist, päpstliche Boten zu empfangen und eine Nuntiatur zu gestatten oder zu verweigern, so steht es ihm ebenfalls frei, die Bedingungen festzusetzen, unter denen er diesen quasi-völkerrechtlichen Verkehr mit dem römischen Papste und seinen Vertretern anknüpfen, festhalten oder wieder abbrechen will.

Die Geschichte seit der Kirchenreform des sechszehnten Jahrhunderts weiss sehr viele, zum grossen Theile höchst gefährliche Einwirkungen zu berichten, welche die päpstlichen Botschafter für den Frieden der Staten ausgeübt haben. Viele Unruhen und Umwälzungen und viele Religionskriege und andere Streitigkeiten der Staten sind durch die Vertreter der Päpste angereizt und befördert worden. Dieselben haben fortwährend den Gegensatz der Konfessionen verschärft, auch in einer Zeit, welche schon die konfessionelle Politik durch die nationale ersetzt hatte.

Die päpstlichen Nuntien können freilich, so wenig als der Papst, Truppen marschiren lassen, um ihrem Willen Nachdruck zu geben. Trotzdem hat schon Napoleon I. seinen Unterhändlern mit Rom die Weisung mitgegeben, den Papst zu betrachten, wie wenn er ein Heer von 100,000 Mann zu seiner Verfügung hätte. Mittelbar haben doch die Päpste auch statliche Heere in den Krieg getrieben. Sogar der grosse französisch-deutsche Krieg von 1870 wäre schwerlich ausgebrochen, wenn nicht die päpstliche Politik auf eine Erneuerung römischer Kirchenherrschaft gehofft und den französischen Kaiser zum Kriege gedrängt hätte.

Das Hauptmittel, womit die päpstliche Diplomatie wirkt, ist nicht das militärische, sondern der Natur des geistlichen Berufes gemäss das psychologische. Dass aber in der Einwirkung auf die Seelen die päpstlichen Legaten von Alters her vortrefflich geschult und geübt sind, wird Niemand bezweifeln. An jedem Hofe finden sie leicht überaus willfährige und ihnen unbedingt ergebene Individuen, deren sie sich bedienen können, um auch geheime Dinge zu erkundigen, und mit einflussreichen Personen im Verborgenen vertraulich zu verkehren. Sie kennen die Schwächen der Menschen und verstehen es, dieselben auszubeuten. Der Geruch der Religiosität, der Heiligkeit, der sie umgibt, übt eine magnetische Macht aus über manches Frauengemüth. Sie können so an Stellen einen grossen Einfluss gewinnen, an denen der begabteste und energischste Statsmann nur wenig vermag und zuweilen offenem Misstrauen und heimlicher Feindschaft begegnet. Die geistlichen Einflüsse und die geistlichen Ränke sind schwer wahrzunehmen und noch schwerer unschädlich zu machen. Sie bringen unzählige Friktionen und Hemmnisse zu Wege, gegen deren zähen Widerstand auch der Muth eines Helden oft vergeblich anstürmt.

Die päpstlichen Legaten finden überdem in jedem Lande, wo es eine katholische Bevölkerung gibt, einen kirchlich geschulten und päpstlich disciplinirten Klerus, der auf sie hört und ihnen zu Willen ist, und zahlreiche Massen von Gläubigen, welche sich in ihrem Gewissen für verpflichtet halten, der Kirche ohne Prüfung zu gehorchen. Sie haben daher auch die Möglichkeit, der Statsgewalt im Inneren des Landes ernste Schwierigkeiten zu bereiten.

Um desswillen haben selbst katholische Könige, wie die von Frankreich, nur unter Bedingungen päpstliche Nuntien bei sich aufgenommen. Dieselben mussten eine beschränkte Vollmacht vorlegen, durch welche die Selbständigkeit der gallikanischen Kirche respektirt und die französischen Gesetze im Gegensatze zu dem kanonischen Rechte, auf welches der römische Klerus sich gerne beruft, das aber dem modernen State unleidlich ist, in ihrer Wirksamkeit gesichert bleiben.

Es wurde den Nuntien sehr entschieden untersagt: 1) sich irgendwie in die statliche Verwaltung des Reiches einzumischen, 2) auch in kirchlichen Dingen eine mit den Rechten der französischen Kirche und den Landesgesetzen nicht in Harmonie befindliche päpstliche Gerichtsbarkeit in Frankreich auszuüben.

In Deutschland hatte ebenfalls gerade die neue Einrichtung der päpstlichen Nuntiatur zu München vor einem Jahrhunderte Anlass gegeben, dass die deutschen Erzbischöfe durch die Emser Punktation die Selbständigkeit der deutschen katholischen Kirche wider die Begehrlichkeit der römischen Kurie zu stärken suchte.

Da auch früher die Macht des Papstthumes eine wesentlich kirchliche über die Gemüther war, und da sie heute noch denselben Charakter hat, so sind auch heute die Gefahren für die Souveränetät und die Politik des States ganz dieselben, wie vor einem Jahrhunderte.

Ein grosser selbstbewusster und energischer Statsmann mag die Gefahr einer neuen Errichtung einer ständigen Nuntiatur gering schätzen und wirklich seine geistige Ueberlegenheit über die schlangenklugen Priester siegreich bewähren, er mag es sogar bequemer finden, mit dem universellen Centrum der päpstlichen Autorität über die Beziehungen zu der Kirche zu verhandeln als mit den vielköpfigen Bischöfen seines Reiches. Aber selbst für den mächtigsten und genialsten Statsmann ist, wie die Weltgeschichte bezeugt, der Kampf mit der Kurie schwer durchzuführen und Regenten von gewöhnlicher Begabung werden ihre Aufgabe, die Hoheit und Würde des modernen States, die Glaubensfreiheit und den Frieden der Konfessionen zu schützen, erschwert finden, wenn in der Hauptstadt des Landes die päpstliche Politik ihre anerkannten, privilegirten Vertreter hat.

Diese Frage ist keine Rechtsfrage, sie ist eine politische Frage. Sie muss daher nach politischen Motiven entschieden werden. Das Recht (Statsrecht und Völkerrecht) gibt dem State die Freiheit, Nuntiaturen zu gestatten oder zu untersagen, zu behalten oder aufzukündigen und die aufgenommenen Nuntien wieder weg zu senden.

X.

Kriegsvölkerrecht und Kriegsgebrauch.

(1877.)

Das heutige Kriegsvölkerrecht unterscheidet sich von dem Kriegsvölkerrecht der früheren Zeitalter hauptsächlich dadurch, dass es nicht mehr „Alles gegen die Feinde für erlaubt“ hält, sondern auch im Kriege Beachtung des Menschenrechtes fordert. Wenn es civilisirter und menschlicher geworden ist, so verdankt es diesen Fortschritt vornehmlich einer humaneren Praxis der civilisirten Heere und der fortgeschrittenen Kultur der Völker. Die Männer der Völkerrechtswissenschaft nehmen für sich durchaus nicht den Ruhm der „Erfindung“, sondern lediglich die Ehre in Anspruch, mit dieser fortschreitenden Civilisation Schritt gehalten und durch klare Aussprache des humaner gewordenen Rechtsgefühles und Rechtsbewusstseins der gebildeten Welt diese Rechtsentwickelung gefördert zu haben. An diesem Fortschritte der Rechtswissenschaft haben alle Kulturvölker von Europa und Amerika einen Antheil und die Männer der Wissenschaft sind sich dieser gemeinsamen Arbeit und dieser engen Verbindung wohl bewusst. Um deswillen werden sie auch den neuesten heftigen Angriff eines militärischen Schriftstellers, des Obersten Rüstow, auf die ganze Existenz des Kriegsvölkerrechtes mit ungetrübter Seelenruhe betrachten und lächelnd zusehen, wie derselbe in blindem Eifer immer an dem Ziele vorbei schiesst, das er vernichtend zu treffen sich eingebildet hat.

Der eidgenössische Oberst Rüstow, als geborner Preusse in der preussischen Kriegsschule erzogen, ist ein bekannter und geschätzter Militärschriftsteller. Er hat verschiedene kriegswissenschaftliche Werke geschrieben und ist auch jedes Mal, wenn ein europäischer Krieg ausbricht, rasch bei der Hand, dessen Geschichte zu schreiben, so rasch, dass gewöhnlich das erste Heft der betreffenden Kriegsgeschichte noch vor dem wirklichen Beginne des Krieges erscheint. Er ist also auch ein „Mann der Feder“ und hat seine zahlreichen Bücher auch nicht im Felde auf der Trommel, sondern, wie die anderen Schriftsteller, im ruhigen Studirzimmer geschrieben, oder, wie er uns vorwirft, „hinter dem warmen Ofen“. Sein neuestes Buch: „Kriegspolitik und Kriegsgebrauch“ hat daher durch das eitle Sporenklirren und Säbelrasseln des Verfassers weder die Autorität desselben erhöhen, noch seine Eigenschaft als Schriftseller verbergen können.

Der Grundgedanke des Buches ist: „Fort mit dem Kriegsvölkerrechte; es gibt nur einen Kriegsgebrauch“. Das Kriegsvölkerrecht ist eine thörichte Erfindung der Juristen, der Kriegsgebrauch ist die Sache der Militärs. Das Recht hat mit dem Kriege nichts zu thun, die Sitte allein und die Rücksicht auf Zweckmässigkeit sind zu beachten. In diesem Geiste ist das ganze Buch geschrieben. Auf die „Völkerrechtslehrer“ ist er gar übel zu sprechen.*)

Rechtswissenschaft und Kriegswissenschaft sind zwei sehr verschiedene Dinge. Jede von beiden ist berechtigt

*) Der Ton des Buches erinnert zuweilen an die feine Sprechweise einer gereizten Marketenderin. Er nennt uns „höhere Schlachtenbummler“, „froschkalte“ Völkerrechtslehrer, Scholastiker, verrückte Leute, und wirft uns gelegentlich ungesundes Humanitätsgewinsel und Schwindel, und häufig Unsinn, Blödsinn u. dgl. Liebenswürdigkeiten vor.

und verpflichtet, auch den Krieg von ihrem Standpunkte aus zu betrachten und nach ihren Principien zu beurtheilen. Insofern könnten die Männer der Rechtswissenschaft es nur dankbar begrüssen, wenn ein Vertreter des Kriegswissenschaft seine „freundlichen Leser" über die militärische Auffassung und die militärischen Bedürfnisse des Krieges belehrte. Wir sind der kindlichen Vorstellung, dass das Recht die vollkommene ideale Ordnung aller Dinge sei, schon lange entwachsen und erkennen nur das als wirkliches Recht an, was in dem realen Leben der Völker brauchbar, durchführbar, erzwingbar ist und als solches anerkannt wird. Durch diese fortwährende Rücksicht auf die Praxis wird das Recht freilich genöthigt, aus Wolkenkuckuksheim auf die Erde herabzusteigen, aber was es an himmlischer Idealität verlieren mag, das wird ihm durch die irdische Anwendbarkeit und Geltung ersetzt. In dieser militärischen Hinsicht enthält das Buch manche schätzenswerthe Bemerkung. Hätte der Verfasser sich darauf beschränkt, so hätte er sich auch um das Kriegsvölkerrecht durch Beleuchtung, Ergänzung und Berichtigung seiner Sätze ein Verdienst erworben. Aber indem er sich anmasste, in eine ihm fremde Wissenschaft mit roher Faust zerstörend einzugreifen, hat er diesen Dank verscherzt und sich selber in offenbares Unrecht versetzt. Er mag ein Kenner und eine Autorität der Kriegswissenschaft sein; aber von Recht und Rechtswissenschaft weiss er sehr wenig und versteht er nichts.

Von dem Rechte hat er die enge formalistische Vorstellung eines starren Gesetzbuches, über dessen buchstäbliche Auslegung und Anwendung sich die Advokaten zanken und der kaltblütige logische Richter urtheilt, und er spricht es gelassen aus: Ohne solche Prozesse vor einem Tribunale kein Recht. Indem er auch uns „Völkerrechtslehrern" dieselbe kleinliche und kurzsichtige Vorstellung von Recht beimisst, weiss er nicht, dass gerade wir Männer der Stats- und der

Völkerrechtswissenschaft diese formalistische Ansicht vom Rechte am entschiedensten bekämpft haben. Indem er seine Lanze gegen den advokatischen Formalismus der Juristen richtet und für die grösseren Interessen der Völker streitend mit Wuth auf mich, als den Hauptvertreter jenes gehassten Juristenrechtes, losfährt, merkt er gar nicht, dass er nothwendig das Ziel verfehlt und kopfüber an dem eingebildeten Ziele vorbeistürmt. Ich kann ihm getrost zurufen: „Sie wissen nicht, Herr Oberst, was Sie thun. Wir sind schon lange auch der Meinung, dass das Leben der Völker und der Staten sich nicht in dem Spinngewebe einer civilistischen und scholastischen Jurisprudenz einfangen lässt. Wozu denn dieser unmässige Eifer?"

Aber das Recht, das als Statsrecht auch die Ordnung des States zusammenhält und kräftigt und als Völkerrecht die Beziehungen der Staten zu einander als Glieder der Menschheit ordnet, wenngleich es ein solches formalistisches Prozessrecht nicht ist, noch sein kann, ist doch ein so hohes, so werthvolles und so heiliges Gut der Völker und der Menschheit, dass wer den Bestand des Statsrechtes und des Völkerrechtes angreift und zerstören will, eine schwere Missethat verübt, welche nicht geduldet und nicht ungerügt gewagt werden darf.

Wenn Napoleon I. den Russen vorgeworfen hat, sowie man den Firniss der Civilisation abkratze, so komme der Barbar zum Vorscheine, so gilt in gewissem Sinne derselbe Vorwurf von allen Völkern. Der natürliche Zusammenhang der Menschennatur mit der thierischen Natur lässt sich noch weniger bestreiten und beseitigen, als die geistige Erhebung der Menschenwelt über die Thierwelt, welche wir als Civilisation und Humanität ehren. Nur mühsam und nur durch fortwährende Arbeiten und Kämpfe ist das Thier im Menschen menschlich zu bändigen, zu zähmen und den höheren

17*

idealen Zielen des Menschengeschlechtes dienstbar zu machen. So oft die Begierden und Leidenschaften des Menschen aufgeregt werden, so regt sich auch das Thierische im Menschen, und wenn die Bande der Kultur ihre Spannkraft verlieren, so bricht der gefrässige und geile Wolf hervor, der nie völlig gezähmt, nicht ganz Mensch geworden war.

Eine der stärksten Geistesmächte, welche die Bestien in den Menschen bändigen und zähmen, ist unzweifelhaft das Recht. Reisst ihr den Glauben an das Recht und die Ehrfurcht vor dem Rechte aus den Herzen der Menschen, verhöhnt und zerstört ihr in den Menschen das Rechtsgefühl, so treibt ihr, soweit ihr die Macht habt, die civilisirtesten Nationen in die alte Barbarei zurück, entfesselt ihr die lauernden Bestien in der Menschennatur und lenkt ihr die Menschen von ihrer humanen Bestimmung ab. Diesen furchtbaren Schaden könnt ihr nicht ersetzen durch die Hinweisung auf das Zweckmässige, auf die Politik, auf die militärische Nützlichkeit. Eine von dem Rechte abgelöste Politik ist der Bestie ganz erwünscht und der nackte und rohe Militarismus, der sich um die idealen Ziele der Menschheit und um das Recht nicht zu kümmern braucht, wird erst recht über diese Beseitigung aller rechtlichen Schranken jubeln, er kann sich mit der Bestialität der Gesinnung wohl vertragen.

Die alten Völker hatten in dem richtigen Gefühle, dass das Völkerrecht eine ideale Macht, aber mit unsicherer Anwendung sei, dasselbe unter den Schutz der Götter gestellt. Die heutigen Völker wollen das Völkerrecht menschlich begreifen und beachten dasselbe, so weit seine Vorschriften als menschlich nothwendig erkannt werden. Die alte Berufung auf den Willen der Götter war doch zweifelhafter und weniger überzeugend, als der heutige Nachweis, dass die Natur, die Bedürfnisse und die Bestimmung der Menschheit die Anerkennung bestimmter Rechtsgesetze, d. h. der Grundbedingungen des Zusammenlebens der Menschen erfordern. Darauf beruht die civilisatorische Kraft des Rechtes unter den Menschen. Darum hat das heutige Völkerrecht einen reicheren Inhalt bekommen als das ältere, nur religiöse Völkerverhältniss. Daher ist das Recht ein unentbehrliches Gut der Menschheit und nicht durch die Politik, deshalb auch das Kriegsvölkerrecht nicht durch den Kriegsgebrauch zu verdrängen noch zu ersetzen.

Der Kriegsgebrauch wird auch von uns Männern der Völkerrechtswissenschaft wohl beachtet. Wenn derselbe eine gewisse Stetigkeit und Festigkeit erlangt hat, wenn in demselben das Gefühl der Pflicht und der Nothwendigkeit im Gegensatze zu freiem Belieben und Willkür offenbar geworden ist, wenn er den Principien des Rechtes entspricht, dann wirkt der Kriegsgebrauch wie eine Rechtsquelle. Er wird zum Kriegsvölkerrechte. Das grosse heutige Rechtsgesetz, dass im Kriege Privatrecht und Privateigenthum auch der unterworfenen feindlichen Nation zu achten sei, wird grossentheils dem veredelten Kriegsgebrauche der civilisirten Armeen verdankt. Die Juristen sind mit ihrer rechtlichen Begründung und Aussprache des Rechtssatzes erst hinterdrein gekommen, haben denselben dann aber allerdings dem allgemeinen Rechtsbewusstsein besser aufgeklärt und entschiedener eingeprägt.

Der von dem Rechte völlig abgelöste Kriegsgebrauch aber, wie ihn Rüstow versteht, ist eine blos thatsächliche, im Grunde zufällige, höchstens durch Sitte, Mode, Zweckmässigkeitsrücksichten beeinflusste Erscheinung, die jeden Tag wechseln kann, die Niemanden ernstlich verpflichtet. Wiederholt spricht Rüstow den abscheulichen Satz aus: „Es gibt im Kriege nur Interessen, welche bestimmen und entscheiden, keine Rechte“. (2. Bd. S. 189.)

Zwischen dem Kriegsgebrauche der Kannibalen, welche ihre gefangenen Feinde martern und verspeisen, der antiken Völker, welche die Gefangenen zu Sklaven machten, und dem Kriegsgebrauche der heutigen europäischen Staten, welche die Kriegsgefangenen in ihren Menschenrechten vollständig achten, besteht nach Rüstow kein principieller, sondern nur der Unterschied, dass die heutigen „Interessen" jene grausame Behandlung in der Regel nicht mehr ertragen. (S. 195.) Dass es auch dem natürlichen Rechtssinne widerstreitet, Menschen ohne Noth zu martern, Menschen als Speise für Menschen zu schlachten oder als Sachen (Sklaven) zu behandeln, davon hat der gelehrte Herr Oberst noch keine Ahnung.

Sehr charakteristisch ist auch die Art, wie er von der Plünderung und den Kontributionen spricht. Er läugnet nicht, dass der „heutige Kriegsgebrauch das Plündern, d. h. das mehr oder minder geregelte gewaltsame Ausrauben bewohnter Ortschaften durchaus verwerfe", aber nicht etwa weil er das Unrecht der Plünderung einsieht, sondern lediglich aus Gründen der Zweckmässigkeit, weil „eine Truppe, welcher einige Male das Plündern gestattet ist, schnell auch die militärische Disciplin verlieren werde, weil die Soldaten mit dem geraubten ungerechten (NB. also doch bricht wider Willen der Rechtsinstinkt durch) Gut sich der Völlerei und dem Spiele ergeben oder auch, um geizig das Geraubte zu verwahren, die Lust verlieren, ihre Haut zu Markte zu tragen" u. s. f. Allen diesen Bedenken würde ja eine disciplinirte Plünderung abhelfen. Für die armen Bewohner einer Stadt oder eines Dorfes, die von feindlichen Truppen besetzt wird, gäbe es keinen Rechtsschutz gegen Plünderung mehr, sondern nur die traurige Frage, ob es die feindliche Truppe in ihrem Interesse finde, ihnen ihr Eigenthum zu belassen oder zu nehmen. Der human und rechtlich gesinnte Befehlshaber der Truppe könnte seine Truppen nicht mehr bei ihrem eigenen Rechtsgefühle, das den Soldaten und den Räuber unterscheidet, ermahnen, das Privateigenthum möglichst zu respektiren. Er hätte kein anderes Mittel, als den Leuten das Interesse gegen Plünderung vorzustellen, und seine logische Macht wäre gebrochen, wenn ihm die Untergebenen erwiderten, ihr Interesse sei für die Plünderung. Rüstow fügt denn auch jenem Satze gegen die Plünderung die beschränkende Bemerkung für die Plünderung hinzu: „obwohl etwas Aehnliches (wie Plünderung) auch nicht immer ganz zu vermeiden ist". (S. 211.)

Ich denke, Niemand wird einen Zweifel darüber haben, welche Grundansicht dem gesitteten Nebeneinanderleben der Menschen dienlicher sei, die des Rechtes, oder die der Interessen, die des Kriegsvölkerrechtes, oder die des vom Rechte abgelösten Kriegsgebrauches.

Gewiss ist es in dem wirklichen Kriege, in welchem die Leidenschaften und die Noth gewaltsamer als in dem wohlgeordneten Friedenszustande auftreten, nicht zu vermeiden, dass leider auch Eingriffe in das Privateigenthum geschehen, die geduldet werden müssen. Wenn der Soldat ermüdet und aufgeregt, hungrig und durstig endlich in ein Quartier kommt, das vielleicht verlassen ist, in dem ihm weder Speise noch Trank geboten werden, so wird er im Nothfalle auch eine verschlossene Thüre einschlagen und in der Küche und im Keller nachsuchen und Lebensmittel nehmen, wo er sie findet. Aber zwischen solchen Nothhandlungen und der Erpressung von Geld, dem Raube von Silbergeräthschaften, dem Aufrollen und Einstecken von Oelgemälden, dem Stehlen von Werthpapieren, dem unnöthigen Zerschlagen von Spiegeln, dem Verbrennen von Kunstwerken u. s. f. ist ein grosser Unterschied, welchen sowohl die Soldaten als die geschädigten Bürger recht wohl begreifen. Letztere Handlungen sind offenbare und schwere Rechtsverletzungen und sie werden von der gesunden öffentlichen Meinung auch dann als Verbrechen verurtheilt, wenn die Verbrecher selber straflos ausgehen oder wenn das „Interesse“ der Truppen sie gutheisst.

Unzweifelhaft kann die Kontribution als eine disciplinirte und verfeinerte Form disciplinirter Plünderung benutzt werden und sie ist oft schon in Kriegen so benutzt worden. Nun vergleiche man die neuere Formulirung des Kriegsvölkerrechtes mit dem Kriegsgebrauche Rüstows betreffend die Kontributionen, und man wird sofort erkennen, dass jene die Länder und Bewohner wenigstens einigermassen gegen räuberische Gewaltthat sichert, während die Darstellnng Rüstows dieselben schutzlos preisgibt. Man braucht nicht einmal den Firniss der „liebenswürdigen Formen“ abzukratzen, um hier den rohen Barbar zu entdecken.

Bluntschli, Modernes Völkerrecht § 654: „Das Völkerrecht erkennt kein Recht der Kriegsgewalt an, in feindlichem Lande von Gemeinden und Privaten andere als die für die Existenz und Thätigkeit des Heeres unentbehrlichen Leistungen zu verlangen. Insbesondere hat die Auflage von reinen Geldkontributionen keine kriegsrechtliche Begründung.“ Natürlich ist hier nicht von Landessteuern für die Landesinteressen die Rede.

Beschluss der europäischen Konferenz in Brüssel über das Kriegsvölkerrecht von 1874. Art. 40: „Indem das Privateigenthum geachtet bleibt, darf der Feind von Gemeinden oder Privaten nur solche Leistungen und Dienste fordern, welche von der allgemein anerkannten Nothwendigkeit des Krieges begründet und mit den Kräften des Landes im Verhältnisse sind, und welche die Bevölkerung in keiner Weise nöthigen, an den Kriegsoperationen wider ihr Vaterland sich zu betheiligen.“

Art. 41: „Wenn der Feind Kontributionen erhebt, sei es anstatt der Landessteuern (für Landeszwecke) oder statt der erforderlichen Naturalleistungen, oder unter dem Titel der Strafe (es sind dies die einzigen zulässigen Kontributionen), so soll er möglichst nach den Regeln verfahren, welche in dem Lande für das Steuerwesen eingeführt sind.“

Dagegen nun Rüstow (S. 216): „Kontributionen aller Art, auch Geldkontributionen, kann man den Bewohnern besetzter Gebiete auferlegen — und man wird das im Interesse der invadirenden Armee, um sie mit dem Nothwendigsten zu versorgen und ihr zur Aufrechthaltung der guten Laune einen gewissen Luxus zu verschaffen, oft müssen — allein man bleibe dabei immer liebenswürdig und halte sich möglichst an altgewohnte Formen, jeder Stat hat ja eigentlich heut seine Bürger an das Ausgesaugtwerden gewöhnt und ein verhältnissmässig mildes Verfahren dadurch auch dem erobernden Feinde so leicht gemacht.“

Während Rüstow an dieser und an sehr vielen anderen Stellen die friedliche Bevölkerung eines vom Feinde besetzten Landes wehrlos und schutzlos dem Sieger überliefert, der nur nach seinen Interessen und nach seinem Belieben die Gewalt übt, im schroffsten Gegensatze zu dem Kriegsvölkerrechte der Brüsseler Konferenz, welches jene Bevölkerung möglichst in ihren Rechten schützt und die Gewalt der Sieger durch Rechtsschranken ermässigt, scheut er sich doch nicht, die Brüsseler Konferenz durch den längst gründlich widerlegten Verdacht zu schmähen, sie habe lediglich für das Wohl der Eroberer gearbeitet, und denselben Argwohn spricht er auch gegen das deutsche Reich aus, dessen friedliche Politik doch allmählig selbst den Gegnern desselben klar wird. Nach solchen argen Missgriffen kann es mich persönlich wenig kümmern, dass er auch mir vorwirft, ich stehe im Dienste preussischer Eroberungspolitik, und die Verläumdung eines französischen Chauvinisten nachspricht, die erste und die zweite Auflage meines Völkerrechtsbuches seien grundverschieden, indem ich vor und nach dem Kriege ganz andere Rechtssätze behauptet habe. Jede Vergleichung der verschiedenen Auflagen meines Werkes bezeugt im Gegentheil, dass trotz der Erfahrung des Krieges ich nichts Erhebliches geändert und nur wenige Zusätze hinzugefügt habe, welche frühere Lücken ergänzen und ältere Missverständnisse aufklären. Obwohl ich in dem Kriege 1870/71 mit ganzem Herzen dem deutschen Heere den Sieg wünschte, habe ich doch während des Krieges in meiner Rektoratsrede vom November 1870 die unparteiischen Grundsätze des Völkerrechtes gegen die Verletzungen beider Kriegsparteien vertheidigt, was denn auch zu meiner Freude von deutschen und französischen Patrioten anerkannt wurde.

Meiner Darstellung des Kriegsvölkerrechtes liegt als wichtigste Vorarbeit die nordamerikanische Instruktion an die Armee zu Grunde, die mein Freund Professor Lieber, der bekanntlich den Krieg auch in seiner Jugend mitgemacht hatte, im Vereine mit einer Kommission amerikanischer Offiziere verfasst hat. Auf der Brüsseler Konferenz waren ebenfalls mehr Generäle als Rechtsgelehrte thätig. Alle Sätze meines Rechtsbuches, die Rüstow mit so viel unnöthigem Eifer als Sätze eines „Civilisten“ angreift, der den Krieg nicht praktisch kennen gelernt habe, sind entweder der militärischen Instruktion des Präsidenten Lincoln entnommen oder in voller Uebereinstimmung mit dem Werke der Generäle auf der Brüsseler Konferenz. Wiederum hat also der gelehrte Oberst mit seinem heftigen Angriffe an dem Ziele vorbeigeschossen.

Nach allem grundsätzlich Erörterten halte ich ein weiteres Eingehen auf Einzelnes für unnöthig. Ich will zum Schlusse nur noch ein grosses Missverständniss aufklären, in welches der Verfasser der Kriegspolitik in seinem militärischen Eifer sich verwickelt hat.

Sehr ausführlich und einlässlich unternimmt er den Beweis, dass die Kriege durchweg aus politischen Gründen geführt werden. Er meint damit uns Juristen zu widerlegen, welche in dem gerechten Kriege eine Rechtshülfe erkennen.

Nur schade, dass Niemand von uns jene triviale Wahrheit bezweifelt hat, eine Beweisführung daher sehr entbehrlich war. Blos um des Rechtes willen, lediglich aus Eifer für das Recht, unbekümmert um ihre Interessen führen die Völker doch keine Kriege, so männlich erhebend nach Ihering immerhin der „Kampf ums Recht" sein mag. Insofern sind Kriege allerdings Handlungen der grossen Politik und wird die Frage sowohl einer Kriegserklärung als eines Friedensschlusses vornehmlich durch politische Erwägungen entschieden. Für die militärische Betrachtung des Krieges mag dieser politische Begriff des Krieges völlig genügen. Wir Juristen haben nichts zu erinnern, wenn ein Militärschriftsteller ausschliesslich die politische und militärische Seite der Kriegsführung beachtet. Nur bescheide er sich dann, nicht in das Rechtsgebiet, das er nicht kennt, verwüstend überzugreifen.

Wir Vertreter der Völkerrechtswissenschaft aber können und dürfen uns nicht bei dieser politischen und militärischen Betrachtung beruhigen, denn sie gibt uns keine Antwort auf die für uns entscheidenden Fragen: Wie verhält sich der Krieg zu der rechtlichen Weltordnung? Sind gerechte und ungerechte Kriege zu unterscheiden?

Alle ideale Friedensliebe hilft uns nicht über diese Fragen hinweg. Wir müssen uns in der realen Welt zurecht finden. Da erscheint uns denn zunächst der Krieg als ein thatsächlicher Vorgang, und keineswegs als ein wohlgeordnetes Rechtsverfahren. Wo wir in der Welt grosse bewaffnete Völker- und Statenkämpfe wahrnehmen, da sehen wir Krieg. Aber wir können nicht zugestehen, dass es irgendwo und irgendwann der thatsächlichen Gewaltübung zukomme, die aus der Arbeit von Jahrtausenden errungene Rechtsordnung der Welt auf Ein Mal und mit Einem Schlage aufzuheben und zu zerstören. Wir wissen jetzt, was freilich Rüstow nicht weiss, dass die frühere Fiktion von dem vermeintlichen Naturzustande*), in welchem es kein Recht mehr gebe, ein durchaus unwahres Phantasiegebilde sei, das vor keiner Prüfung bestehen kann. Wir müssen die Erfahrung zugestehen, dass der Krieg, selbst der ungerechte und sittlich verwerfliche völkerrechtswidrige Krieg dennoch auf die friedliche Rechtsordnung einen starken Einfluss übe und dieselbe in mancher Hinsicht modificire. Wir stellen aber gleichzeitig auch die Rechtsforderung, dass der Krieg die Menschenrechte achte und dass die Gewaltübung nicht zu brutaler Grausamkeit, nicht zu thierischer Wildheit ausarte, dass sie nicht schrankenlos walten dürfe, dass sie genöthigt bleibe, bestehende Rechtsverhältnisse zu achten und zu schonen. Schon deshalb bewegt sich der Krieg innerhalb der Rechtsordnung.

Wir kennen überdem das Fundamentalgesetz alles Rechtes, dass dem Menschen nicht erlaubt sei, Gewalt gegen seinen Nebenmenschen nach Willkür, Laune, Leidenschaft, aus blossem Interesse, vermeintlichem oder wirklichem, auszuüben, und dass nur die Gewaltübung erlaubt sei, die durch eine rechtliche Nothwendigkeit legitimirt wird. Aus diesem Grunde unterscheiden wir zwischen gerechten und ungerechten Kriegen; jene berufen sich auf eine rechtliche Nothwendigkeit, auf eine Rechtsursache, diese haben keinen Rechtsgrund, sondern nur die Willkür, die Leidenschaft, das Interesse als Bestimmungsgrund. Darum erscheint der gerechte

*) Rüstow S. 172: „Das Recht einer Nation ist im Kriege unbegrenzt, wie das des einzelnen Menschen im Naturzustande. Jedes Mittel, wie gewaltthätig es immer sei, ist daher dem Kriegführenden im Principe erlaubt.“ Kaum hat aber Rüstow diese cynische Verkündigung des brutalen Säbelregiments ausgesprochen, so erinnert er sich doch wieder „unwillkürlich“, dass „auch im Kriege der Mensch Mensch bleibe“. Hätte er dieses unwillkürliche Gefühl wissenschaftlich untersucht, so hätte er sich wohl selber überzeugt, dass sein Vordersatz unmenschlich und daher falsch sei.

Krieg als Rechtshülfe und ist der Krieg für blosse Interessen rechtswidrig und verwerflich.

Diese Unterscheidung ist bereits in das allgemeine Rechtsbewusstsein der civilisirten Welt eingedrungen. Wenn daher die Staten heute einen Krieg beginnen, vielleicht weil ihre Interessen, auch abgesehen vom Rechte, sie dazu reizen, sehen sie sich doch genöthigt, um vor der öffentlichen Meinung sich zu rechtfertigen, sich auf einen Rechtsgrund, eine Rechtsursache zu berufen. Selbst wenn diese nur ein Vorwand ist, so müssen sie doch der Rechtsordnung ihre Huldigung darbringen, indem sie ihre Kriegserklärung auf eine Rechtsverletzung stützen.

Gewiss ist mit dieser Unterscheidung noch nicht Alles gewonnen. Auch ferner noch wird es ungerechte Kriege geben. Aber wenn erst der Glaube an das Recht und die Achtung vor dem Rechte in der Seele der Völker und ihrer Regenten stark geworden sein werden, dann wird der Krieg doch seltener werden, dann wird die Pflicht, ungerechte Kriege zu unterlassen und zu vermeiden, auch in der Politik eher Anerkennung finden. Die Idee, dass der Krieg nur als Rechtshülfe erlaubt sei, ist daher ein Zügel, welcher die Politik der Herrschsucht, der Eroberungslust, des Hasses und der Rache zu zähmen bestimmt ist. Wenngleich er die politische Leidenschaft nicht immer bändigen kann, so wird er doch von den Gewaltthätigen als eine unbequeme Schranke empfunden und von den Friedliebenden hochgeschätzt.

Jedermann erkennt an, dass zwei industrielle Mitbewerber oder zwei Künstler, welche an einer Konkurrenz sich betheiligen, nicht dadurch sich den alleinigen Sieg sichern dürfen, dass der eine den anderen überfalle und gewaltsam verdränge. Ebenso dürfen auch rivale Völker und Staten nicht ohne Rechtsnothwendigkeit einander mit Krieg überziehen. Diese natürliche Rechtswahrheit ist dem heutigen

Rechtsbewusstsein der civilisirten Völker vollkommen klar. Das, nichts Anderes bedeutet der Satz des Völkerrechtes, dass der gerechte Krieg sich als Rechtshülfe darstelle. Dieser Gedanke war schon den antiken Völkern wohl bekannt, welche ihre Blicke zu den Göttern wendeten, und von Zeus, Jupiter, Wodan den Sieg ihrer gerechten Sache erflehten. Derselbe Gedanke hat heute nur einen menschlichen Rechtsausdruck erhalten.

XI.

Zum Manuel des Droits de la guerre.

Ein Brief des General-Feldmarschalls Grafen Moltke, an den Geheimrath Bluntschli, und Antwort darauf von Bluntschli.

Berlin, den 11. December 1880.

Geehrter Herr Geheimerath!

Sie haben die Güte gehabt, mir das Handbuch mitzutheilen, welches das Institut für internationales Recht veröffentlicht, und wünschen meine Anerkennung desselben.

Zunächst würdige ich vollkommen das menschenfreundliche Bestreben, die Leiden zu mildern, welche der Krieg mit sich führt.

Der ewige Friede ist ein Traum, und nicht einmal ein schöner, und der Krieg ein Glied in Gottes Weltordnung. In ihm entfalten sich die edelsten Tugenden des Menschen, Muth und Entsagung, Pflichttreue und Opferwilligkeit mit Einsetzung des Lebens. Ohne den Krieg würde die Welt im Materialismus versumpfen. Durchaus einverstanden bin ich ferner mit dem in der Vorrede ausgesprochenen Satz, dass die allmählich fortschreitende Gesittung sich auch in der Kriegführung abspiegeln muss, aber ich gehe weiter und glaube, dass sie allein, nicht ein codificirtes Kriegsrecht, dies Ziel zu erreichen vermag.

Jedes Gesetz bedingt eine Autorität, welche dessen Ausführung überwacht und handhabt, und diese Gewalt eben fehlt für die Einhaltung internationaler Verabredungen. Welche dritte Staten werden nur desshalb zu den Waffen greifen, weil von zwei kriegführenden Mächteu durch eine oder beide die lois de la guerre verletzt sind? Der irdische Richter fehlt. Hier ist nur Erfolg zu erwarten von der religiösen und sittlichen Erziehung der Einzelnen, von dem Ehrgefühl und dem Rechtssinne der Führer, welche sich selbst das Gesetz geben, und danach handeln, soweit die abnormen Zustände des Krieges es überhaupt möglich machen.

Nun kann doch auch nicht in Abrede gestellt werden, dass wirklich die Humanität der Kriegführung der allgemeinen Milderung der Sitten gefolgt ist. Man vergleiche nur die Verwilderung des dreissigjährigen Krieges mit den Kämpfen der Neuzeit.

Ein wichtiger Schritt zur Erreichung des erwünschten Zieles ist in unseren Tagen die Einführung der allgemeinen Militärpflicht gewesen, welche die gebildeten Stände in die Armeen einreiht. Freilich sind auch die rohen und gewaltthätigen Elemente geblieben, aber sie bilden nicht mehr wie früher den alleinigen Bestand.

Zwei wirksame Mittel liegen ausserdem in der Hand der Regierungen, um den schlimmsten Ausschreitungen vorzubeugen: die schon im Frieden gehandhabte und eingelebte strenge Mannszucht und die administrative Vorsorge für Ernährung der Truppen im Felde.

Ohne diese Vorsorge ist auch die Disciplin nur in beschränktem Masse aufrecht zu erhalten. Der Soldat, welcher Leiden und Entbehrungen, Anstrengung und Gefahr erduldet, kann daher nicht nur en proportion avec les ressources du pays, er muss Alles nehmen, was zu seiner Existenz nöthig ist. Das Uebermenschliche darf man von ihm nicht fordern.

Die grösste Wohlthat im Kriege ist die schnelle Beendigung des Krieges, und dazu müssen alle, nicht geradezu verwerfliche Mittel freistehen. Ich kann mich in keiner Weise einverstanden erklären mit der Déclaration de St. Petersbourg, dass die „Schwächung der feindlichen Streitmacht“ das allein berechtigte Vorgehen im Kriege sei. Nein, alle Hülfsquellen der feindlichen Regierung müssen in Anspruch genommen werden, ihre Finanzen, Eisenbahnen, Lebensmittel, selbst ihr Prestige.

Mit dieser Energie, und doch mit mehr Mässigung wie je zuvor, ist der letzte Krieg gegen Frankreich geführt worden. Nach zwei Monaten war der Feldzug entschieden und erst, als eine revolutionäre Regierung ihn zum Verderben des eigenen Landes noch vier Monate länger fortsetzte, nahmen die Kämpfe einen erbitterten Charakter an.

Gerne erkenne ich an, dass das Manuel in klaren und kurzen Sätzen den Nothwendigkeiten im Kriege in höherem Masse Rechnung trägt, als dies in früheren Versuchen der Fall gewesen ist. Aber selbst die Anerkennung der dort aufgestellten Regeln durch die Regierungen sichert noch nicht die Ausführung. Dass auf einen Parlamentär nicht geschossen werden darf, ist ein längst allseitig zugestandener Kriegsgebrauch, und doch haben wir denselben im letzten Feldzuge mehrfach übertreten gesehen.

Kein auswendig gelernter Paragraph wird den Soldaten überzeugen, dass er (§ 2 ad 4) in der nicht organisirten Bevölkerung, welche (spontanément, also aus eignem Antrieb) die Waffen ergreift, und durch welche er bei Tag wie bei Nacht nicht einen Augenblick seines Lebens sicher ist, einen regelrechten Feind zu erblicken hat. Einzelne Forderungen des Manuel dürften unausführbar sein, z. B. die Feststellung der Identität der Gefallenen nach einer grossen Schlacht. Andere würden zu Bedenken Anlass geben, wenn nicht die Einschaltung von lorsque les circonstances le permettent, s'il se peut, si possible, s'il-y-a nécessité etc. ihnen eine Elasticität verliehe, ohne welche der bittere Ernst der Wirklichkeit die Fessel sprengen würde, welche sie auferlegen.

Im Kriege, wo Alles individuell aufgefasst sein will, werden, wie ich glaube, nur die Paragraphen wirksam werden, welche sich wesentlich an die Führer wenden. Dahin gehört, was das Manuel über Verwundete, Kranke, Aerzte und Sanitätsmaterial festsetzen will. Die allgemeine Anerkennung schon dieser Grundsätze, sowie die über Behandlung der Gefangenen würde ein wesentlicher Fortschritt zu dem Ziele sein, welches das Institut für Völkerrecht mit so rühmlicher Beharrlichkeit erstrebt.

Hochachtungsvoll ergebenst

Graf Moltke
General-Feldmarschall.

An
den Geheimen Rath
Herrn Professor Dr. Bluntschli
Hochwohlgeboren
zu
Heidelberg.

Heidelberg, Weihnachten 1880.

Euer Excellenz

bin ich in hohem Grade zu Dank verpflichtet für die einlässliche und wohlwollende Mittheilung Ihrer Meinung über das Manuel de Lois de la Guerre. Ich betrachte diese Meinungsäusserung, welche zu ernster Erwägung anregt, als ein höchst wichtiges Zeugniss von geschichtlichem Werthe und werde dasselbe ohne Verzug zur Kenntniss der Mitglieder des völkerrechtlichen Institutes bringen.

Vorläufig glaube ich, meinen Dank Eurer Excellenz dadurch am besten zu bethätigen, dass ich die Ansichten, von welchen die Mitglieder des Institutes bestimmt werden, mit einigen Strichen zeichne und so den Thatbestand der verschiedenen Auffassungen feststelle.

Selbstverständlich empfangen dieselben Dinge eine verschiedene Beleuchtung und erscheinen in anderem Bilde, je nachdem sie entweder von militärischem oder von juristischem Standpunkte aus betrachtet werden. Der Unterschied wird ermässigt, nicht aufgehoben, wenn ein erlauchter Feldherr von der Höhe seiner Stellung aus auch die grossen sittlichen und politischen Lebensaufgaben der Staten mit in Erwägung zieht, und die Vertreter der Völkerrechtswissenschaft ihrerseits sich bemühen, die Rechtsnormen den militärischen Bedürfnissen anzupassen.

Aber immer wird der militärischen Betrachtung die Rücksicht auf die Sicherheit und den Sieg des Heeres näher liegen als die Sorge für die unkriegerische Bevölkerung, während der Jurist in der Ueberzeugung, dass das Recht eine Schutzwehr für Alle, auch für die Schwachen wider die Starken sei, die Pflicht nicht abweisen darf, den unentbehrlichen Rechtsschutz auch den Privaten in dem von feindlichen Truppen besetzten Lande zuzugestehen.

Wohl mögen einzelne Mitglieder des Institutes die Hoffnung nicht aufgeben, dass es dereinst der Menschheit bei fortschreitender Gesittung gelingen werde, den heutigen Krieg zwischen souveränen Staten durch eine geordnete Völkerrechtspflege zu ersetzen. Aber die Gesammtheit aller Mitglieder sieht ein, dass diese Hoffnung in unserer Zeit ohne Aussicht auf Erfüllung ist und beschränkt ihre Thätigkeit vorzüglich auf zwei erreichbare Aufgaben:

1. Für geringfügige Streitigkeiten unter den Staten den Rechtsweg zu eröffnen und zu ebenen, da in solchen Sachen der Krieg jedenfalls ein unverhältnissmässiges Mittel der Rechtshülfe ist.
2. Die Klärung und Stärkung der Rechtsordnung auch während eines Krieges zu befördern.

Rückhaltlos gestehe ich zu, dass seit der Einführung der

stehenden Heere, welche eine strengere Disciplin ermöglichte und eine bessere Vorsorge für den Unterhalt der Truppen verlangte, der Kriegsgebrauch besser geworden ist und dass den militärischen Führern das Hauptverdienst dieser Besserung gebührt. Das wilde barbarische Beutemachen ist früher durch Heerführer verboten worden, bevor die Juristen sich von der Widerrechtlichkeit desselben überzeugten. Wenn aber heute ein von der civilisirten Welt anerkanntes Rechtsgesetz dem Soldaten alles Beutemachen im Landkriege überhaupt verwehrt, so ist das ein grosser Fortschritt der Civilisation, an dem auch die Juristen einen Antheil haben.

Seitdem die allgemeine Wehrpflicht die Berufsheere zu Volksheeren erweitert hat, ist auch der Krieg zum Volkskriege geworden. Damit ist aber auch die Bedeutung und das Bedürfniss der Gesetzgebung gewachsen, denn das Recht ist, bei der Verschiedenheit der Bildung und der Ansichten unter Einzelnen und ganzen Volksklassen, fast die einzige sittliche Macht, welche von Allen als nothwendig empfunden wird, und Alle, durch gemeinsame Normen verbindet. Es ist nun sicher eine tröstliche, ja eine erhebende Erscheinung, die wir in dem völkerrechtlichen Institute fortwährend wahrnehmen, dass sich immer entschiedener eine allgemeine, alle Kulturvölker einigende Rechtsüberzeugung herausbildet. Deutsche und Franzosen, Engländer und Russen, Spanier und Niederländer, Italiener und Oestreicher, die sich als Nationen leicht trennen und widerstreiten, sind grössten Theiles alle ganz einig über die Grundsätze des Völkerrechtes.

Desshalb ist es möglich, sogar ein Kriegsvölkerrecht auszusprechen, welches von dem Rechtsbewusstsein aller civilisirten Völker gebilligt wird. Wenn aber eine Rechtsnorm als allgemein gültig anerkannt ist, dann übt sie auch in den Gemüthern und auf die Sitten eine Autorität aus, welche sinnlichen Begierden einen Zügel anlegt, und die Barbarei überwindet.

Wir kennen die Mängel in der Durchführung des Völkerrechtes und wir wissen, dass der Krieg, der die Völker von Grund aus aufregt, die guten Eigenschaften wie die schlechten Neigungen in der Menschennatur spannt und treibt. Gerade deshalb drängt sich dem Juristen das Bedürfniss auf, die als nothwendig erkannten Rechtssätze dem Rechtsgefühle auch der Massen und dem Rechtsbewusstsein ihrer Führer in klarem Ausdrucke vorzulegen. Er vertraut dabei, dass diese Aussprache in dem eigenen Gewissen der Betheiligten ein gutes Gehör und in der öffentlichen Meinung aller Völker einen starken Wiederhall finde.

Jeder Stat hat zunächst selber die Aufgabe, innerhalb seines Machtbereiches für Beobachtung des Völkerrechtes zu sorgen und offenbare Verletzungen desselben zu bestrafen. Auch die Handhabung des Kriegsvölkerrechtes muss voraus dem State anvertraut werden, welcher die öffentliche Gewalt da ausübt, wo eine völkerrechtswidrige Handlung vorkommt. Kein Stat wird leichthin und ohne Schaden nnd Gefahr sich dem gerechten Vorwurfe aussetzen, dass er seine völkerrechtlichen Pflichten missachte, selbst dann nicht, wenn er weiss, dass er von dritten Staten deshalb nicht mit Krieg bedroht wird. Jeder Stat, auch der mächtigste, wird an Ehre vor Gott und den Menschen erheblich gewinnen, wenn er in Beachtung und Wahrung des Völkerrechtes treu und aufrichtig erfunden wird.

Sollten wir uns täuschen, wenn wir annehmen, dass der Glaube an das Völkerrecht als eine heilige und nothwendige Lebensordnung unter den Menschen auch die Handhabung der Disciplin in dem Heere erleichtert und fördert, und manche schädliche Missgriffe und Ausschreitungen verhüten hilft? Ich wenigstens bin überzeugt, dass die abscheuliche, vom Alterthume überlieferte Meinung, dass im Kriege alles Recht aufhöre und wider die feindliche Nation Alles erlaubt sei, die unvermeidlichen Leiden und Uebel des Krieges ohne Nutzen für eine energische Kriegsführung, die auch ich für eine Wohlthat halte, unnöthiger Weise vergrössert.

Die ermässigende Klausel in manchen Rechtsregeln: „je nach Umständen“, „wenn möglich“, „so weit nothwendig“ und dergleichen betrachten auch wir als Ventile, welche die eiserne Rechtsnorm während der gefährlichen Erhitzung der Gemüther und im Kampfe mit wechselnden Gefahren vor Sprengung bewahren und so die Brauchbarkeit der Regeln in vielen anderen Fällen sichern sollen. Ebenso wird die böse Erfahrung, dass in jedem Kriege viele auch unbestrafte Rechtsverletzungen unvermeidlich sind, den Juristen nicht bestimmen, die nothwendige Rechtsnorm selbst zu verwerfen. Vielmehr wird er, wenn z. B. auf Parlamentäre völkerrechtswidrig geschossen worden, das Rechtsgebot, das die Parlamentäre für unverletzlich erklärt, nur um so nachdrücklicher behaupten und einschärfen.

Ich hoffe, Euer Excellenz werden die aufrichtige Darlegung dieser Ansichten wohlwollend aufnehmen und dieselbe auch als eine Aeusserung wie meines Dankes so meiner persönlichen Verehrung und ehrerbietigen Hochachtung betrachten.

Euer Excellenz

ergebenster

Dr. Bluntschli,

Geheimerath und Professor.

An seine Excellenz
Herrn Generalfeldmarschall Graf von Moltke
in Berlin.

XII.

Die Organisation des europäischen Statenvereines.

(Zuerst in der „Gegenwart“ 1878.)

1. Der Plan Heinrichs IV. und Syllis, der Abt von Saint-Pierre.

Offenbar haben eher geographische als politische Erwägungen die Eintheilung der festen Erdoberfläche in vier oder fünf Welttheile auch auf die Bedürfnisse und die Kultur ihrer Bewohner einen starken Einfluss aus und gibt auch dem politischen Charakter der einzelnen Welttheile einen eigenthümlichen Ausdruck. Insbesondere ist der Gegensatz von Europa und Asien, Occident und Orient, schon den Nationen der antiken Welt aufgefallen. Obwohl wir wissen, dass Europa mit seinem breiten Ostrücken mit Asien unaufhörlich verbunden ist, so unterscheiden wir doch sehr bestimmt die europäische Civilisation von der asiatischen und das europäische Statswesen von den asiatischen Reichen.

Trotz aller sprachlichen und nationalen Unterschiede, welche die europäischen Völker trennen, und trotz der vielen Kämpfe, in die sie wider einander verwickelt worden sind, geht dennoch ein Gefühl gemeinsamer Art und gemeinsamer Interessen durch alle europäischen Völker und einigt sie immer wieder zu einer urverwandten europäischen Statengenossenschaft. Auch nachdem die mittelalterliche Einheit sowohl des römischen Papstthumes für das kirchliche Gesammtleben als des römischen Kaiserthumes für die äussere Friedensgemeinschaft gebrochen und zerrissen worden ist, haben sich doch wieder die europäischen Staten zusammengefunden. Aus diesem Bewusstsein einer wesentlichen Rechtsgemeinschaft ist das europäische Völkerrecht zuerst hervorgegangen, bevor es, seines humanen Geistes bewusst, das grosse Wagniss unternahm, sich über andere Welttheile auszubreiten.

Seit den Verhandlungen der europäischen Staten zu Münster und Osnabrück, welche den Westphälischen Frieden abschlossen, sind sehr viele europäische Kongresse in der Absicht zusammengetreten, um die Verhältnisse der europäischen Staten zu ordnen und den europäischen Frieden zu befestigen. Sämmtliche christliche Staten haben sich an dem „europäischen Concerte“ betheiligt, welches die normale Harmonie der gesammten europäischen Statenwelt voraussetzte und darstellte. Gegen Ende des zweiten und zu Anfang des dritten Jahrzehents in unserem Jahrhunderte machten die fünf europäischen Grossmächte sogar den Versuch, eine grossmächtliche feste Organisation Europas in jährlichen Kongressen zu begründen und alle grossen Streitfragen zwischen den europäischen Staten und selbst innerhalb derselben die Streitfragen zwischen Fürsten und Kammern vor das Forum der europäischen Pentarchie zu ziehen. Die heilige Allianz, welcher fast alle europäischen Staten beigetreten waren, war ebenfalls ein religiös motivirter Ausdruck desselben Grundgedankens, dass die christlichen Staten Europas dauernd miteinander zu einer wohlgeordneten Rechtsgemeinschaft verbunden seien.

Die jährlichen Kongresse der Grossmächte sind seit 50 Jahren ausser Uebung gekommen. Die Pentarchie besteht nicht mehr. Die heilige Allianz ist leise verblichen und gelöst worden. Die einzelnen Grossmächte stehen sich fremder gegenüber, und auch die Staten zweiten Ranges wachen eifersüchtiger für ihre Unabhängigkeit. Die Verbindung der europäischen Staten ist lockerer und schwächer geworden, während die wechselseitigen internationalen Beziehungen, Verkehrsmittel, Interessen der Bevölkerungen seit dem Verfalle der Pentarchie sehr viel bedeutender und mächtiger geworden sind.

Ein Blick auf die frühere Statengeschichte Europas überzeugt uns, dass der Gedanke einer Organisation des europäischen Statenvereines den europäischen Fürsten und Völkern schon seit Jahrhunderten bekannt und keineswegs ein chimärischer ist; und ein Blick auf die heutige europäische Lebensgemeinschaft zeigt uns ein naturgemässes Wachsthum des Verlangens nach einer besseren Organisation Europas, welche den europäischen Frieden sichere und stärke und die europäischen Interessen wirksam schütze.

Die Erörterung über die Verfassung Europas hat freilich zur Zeit nur einen akademischen Werth. Wir müssen darauf gefasst sein, dass nicht bloss praktische Statsmänner, welche nähere und dringende Aufgaben zu lösen haben, vorerst solchen Erwägungen keine Aufmerksamkeit zuwenden mögen, vielleicht sogar, wenn sie davon hören, darüber spotten. Wir begreifen es auch, dass viele kluge und wohlmeinende Leser, die sich sonst für politische Probleme interessiren, derartigen Verfassungsplänen gegenüber sich heute kühl und gleichgültig verhalten; denn die europäischen Völker haben während der letzten 100 Jahre so viele Verfassungen entstehen und untergehen gesehen, dass der Glaube an die Verfassungstheorien überhaupt überall gesunken und fast geschwunden ist.

Dennoch lässt sich das Problem nicht abweisen. Es hat von jeher auch ernste Männer beschäftigt. Kommt aber die Zeit, welche die Lösung des Problemes möglich macht, so wird es sich auch nützlich erweisen, wenn zuvor die Kritik die Mängel der bisherigen Versuche blosgelegt und die Aufmerksamkeit auf die Bedingungen hingelenkt hat, die jedes neue Unternehmen der Art beachten muss, um einen Erfolg zu erzielen.

Bekanntlich haben zwei grosse praktische Statsmänner, König Heinrich IV. von Frankreich und sein Minister und Freund, Baron Rosny, später Herzog von Sully, zuerst den Plan einer Organisation von Europa gefasst und ernstlich erwogen. Wenn seither dieser Plan als ein blosses Phantasiespiel oder als Utopie bespöttelt worden ist, so haben die Spötter nicht beachtet, dass geniale Statsmänner einen weiteren Horizont überschauen und grössere Ideen erkennen als die vielgeschäftigen aber kurzsichtigen Männer der Routine. Als derselbe König Heinrich IV. das Princip der religiösen Duldung und der Kultusfreiheit für die drei grossen konfessionellen Parteien seiner Zeit, Katholiken, Reformirte und Lutheraner verkündete, wurde das von der damaligen Welt und noch fast zwei Jahrhunderte nachher ebenfalls als eine unpraktische Utopie betrachtet, und heute wird die religiöse Freiheit in noch weiterem Umfange von allen civilisirten Staten anerkannt, als Heinrich IV. selbst zu hoffen gewagt hatte. Es gibt Ideale, die nur in der Phantasie, niemals in der Wirklichkeit existiren können, aber es gibt andere Ideale, die von grossen Männern aus der Ferne klar gesehen werden und die, wenn ihre Zeit herangereift ist, ausgeführt werden. Zu den letzteren gehört unzweifelhaft der Grundgedanke, den Heinrich IV. und Sully mit nachhaltigem Ernste erzeugt und ausgebildet hatten.*)

*) Ranke (französische Geschichte II. 135) bezweifelt, dass Heinrich IV. wirklich solche Pläne gehabt habe und nennt diese Politik eine chimärische. Aber es ist vollkommen beglaubigt, dass nicht blos der idealistisch gesinnte Statsminister, sondern wenn auch vorsichtiger und selbstsüchtiger, der König selbst, während vieler Jahre den Plan fortwährend erwogen und im Stillen für seine Ausführung gearbeitet hat. Die Auf-

Es gab damals zwei Möglichkeiten, Europa zu konstituiren, entweder die Form einer Universalmonarchie, oder die eines europäischen Statenbundes. Die erste konnte sich die Autorität und die Idee des Kaiserthumes zunutze machen, welches auf Weltherrschaft (imperium mundi) seinen Anspruch erhob. Sie war auf die Uebermacht eines Hauptstates und seines Herrschers gegründet, dem alle anderen Könige und Fürsten und alle Republiken untergeordnet wurden. Im sechzehnten Jahrhunderte war die Verwirklichung dieser Universalmonarchie die grosse Gefahr für die Freiheit und Selbständigkeit der zahlreichen europäischen Staten. Heinrich IV. hatte sein ganzes Leben lang wider diese Bedrohung angekämpft. Die Weltherrschaft des Hauses Habsburg, welches die Kaiserwürde, das Königrereich Spanien, die Kronen von Ungarn, Böhmen, Oesterreich, der Lombardei besass und Amerika grossen Theiles beherrschte, war den übrigen euro-

---

zeichnungen Sullys (vgl. die Oeconomies royales) geben darüber sicheren Aufschluss. Vgl. überdem Hardouin de Perefixe histoire du Roy Henry le Grand. Amsterdam 1662 S. 454 f. Martin, histoire de France. Bd. X. S. 491. Wolowsky in den Berichten der Académie des scienses morales et politiques, Paris 1860 etc. In den Lettres intimes de Henry IV., herausgegeben von Drussieux, Paris 1876, finde ich einen Brief des Königs an Rosny vom 10. April 1603, der deutliche Anspielungen auf diesen Plan enthält und über die intimen Beziehungen Heinrichs IV. zu der Königin Elisabeth von England Aufschluss gibt.

Ebenso in der vertraulichen Unterhaltung des Königs mit dem Minister zu Fontainebleau im Mai 1605 und in dem Briefe des Königs vom 8. April 1607. Allerdings ist es wahrscheinlich, dass der eigentliche Vater des Gedankens Sully war, aber gewiss, dass der König den Gedanken aufnahm, vielleicht berichtigte und jedenfalls die Ausführung desselben auch durch Verhandlungen mit der Königin von England, deutschen Fürsten, venetianischen und schweizerischen Statsmännern anstrebte. Das war ihm freilich sehr klar, dass das Haus Habsburg erst besiegt werden müsse, bevor es sich zu dem Bunde herbeilasse.

päischen Völkern schon sehr nahe gerückt. Es bedurfte grosser Anstrengungen, um sich ihrer zu erwehren.

Heinrich IV. und sein Minister entschieden sich für die zweite Form der Konföderation, welche allein im Stande war, die drohende Universalmonarchie abzuwenden und die Freiheit der einzelnen Staten zu sichern. Darin liegt, wie auch Laurent*) hervorgehoben hat, der bleibende Werth des königlichen Bundesplanes. Der Statenbund allein erfüllt den Zweck einer dauernden Verbindung und Gemeinschaft Europas, ohne die Souveränetät der verbündeten Staten zu verletzen.

Auch die Gliederung der Staten und ihrer Gruppen im Einzelnen zeugt für den Scharf- und Weitblick der Autoren. Es sollte ein relatives, keineswegs ein mathematisches Gleichgewicht unter den europäischen Statengruppen hergestellt und so fest begründet werden, dass kein einzelner Stat eine drückende Uebermacht gewinnen konnte, und alle Staten in ihrer Vereinigung sich sicher fühlten.

Westeuropa sollte im Anschlusse an die damaligen Verhältnisse in fünfzehn Staten zerfallen, fünf Erbmonarchien: Frankreich, Spanien, Grossbrittanien, Schweden und die Lomberdei; sechs Wahlmonarchien, nämlich: die päpstliche (Kirchenstat und Neapel), die kaiserliche (das deutsche Reich, das in sich selber wieder aus Erbfürstenthümern, Wahlfürstenthümern und Städterepubliken zusammengesetzt war), die Königreiche Ungarn, Böhmen, Polen nnd Dänemark, und vier Republiken: zwei aristokratische, Venedig einerseits und die anderen italischen Städte Florenz, Genua, Lucca, Mantua, Parma, Modena, Monaco andererseits, und zwei demokratische,

*) Études sur l'histoire de l'humanité X 289: „Il a donc une société humaine, qui embrasse toutes les nations; c'est Dieu même qui l'a établie et qui pousse les peuples a y entrer. — C'est reconnaitre ce qu'il y a d'individuel dans la création et de commun: l'idée de confédération est la formule politique de ces deux faces de l'humanité.

die Niederlande (mit Belgien und einigen deutschen Rheinlanden) und die Schweiz (mit der Franche-Comté, Elsass, Tyrol und Trient). Das osteuropäische Russland wurde vorläufig bei Seite gelassen, aber für die Zukunft ihm eine sechzehnte Stelle gewahrt. Die Türkei wurde ausdrücklich von der „christlichen Republik“ ausgeschlossen und die Vertreibung der Türken aus Europa als eine Hauptaufgabe des europäischen Statenbundes bezeichnet.

Die „christliche Republik von Europa“ verzichtete überhaupt nicht auf eine grosse, selbst eine kriegerische Politik nach Aussen. Vielmehr hielt sie sich für berufen, auch über andere Welttheile hin, Amerika, Asien, Afrika, europäische Kultur und Civilisation zu verbreiten und halb barbarische oder ganz barbarische Nationen unter europäische Herrschaft zu bringen. Das sollte aber in Zukunft gemeinsam von Europa geschehen, nicht einseitig und selbstsüchtig von einzelnen europäischen Staten aus.

Im Inneren Europas sollte Frieden herrschen und sollten allfällige Differenzen zwischen den verschiedenen Staten oder selbst zwischen den Fürsten und den Ständen (Völkern) wo möglich durch die Vermittelung oder den Entscheid der übrigen Staten ausgeglichen werden. Zu diesem Behufe sollte ein „allgemeiner Rath“ (Conseil général) der europäischen Republik gebildet werden, in welchem jede der fünfzehn Mächte durch vier Bevollmächtigte vertreten würde. Der Rath oder Senat der LX. sollte in einer Stadt, wie etwa Metz, Nancy oder Köln seine Sitzungen regelmässig halten und die europäischen gemeinsamen Angelegenheiten ordnen und verwalten. Die Staten behielten aber das Recht sowohl der Ernennung und Entlassung ihrer Bevollmächtigten (Senatoren) als das Recht, denselben Weisungen und Instruktionen zu ertheilen.

Um das grosse Projekt, eher annehmbar zu machen,

empfahl Sully den Verzicht auf jeden Erwerb von anderen Ländern für Frankreich. Indessen der König selbst behielt doch die Ausdehnung Frankreichs für die Zukunft vor. Dennoch war sein höchster Ehrgeiz, der Gründer der christlichen Republik Europas zu werden und in dem Bunde die angesehenste Stellung einzunehmen.

Die Hauptschwierigkeit, welche der Ausführung des Planes entgegen stand, war die Weltmacht des Hauses Habsburg. Der König wusste sehr gut, dass das Kaiserhaus niemals freiwillig und im Frieden auf die Weltherrschaft verzichten, und erst dann einem auf Gleichheit aller Staten basirten Bunde beitreten werde, wenn seine Uebermacht gebrochen sein werde. Vorerst musste ein grosser Krieg wider das Haus Habsburg geführt und dasselbe besiegt werden. Darauf bereitete sich der französiche König vor und für diesen entscheidenden Weltkampf suchte er in England, Deutschland, den Niederlanden, der Schweiz und Italien Freunde und Bundesgenossen zu gewinnen.

Der Dolchstoss eines klerikal gesinnten Fanatikers machte allen solchen Plänen für einmal ein Ende. Der Enkel Heinrichs IV. aber, König Ludwig XIV. folgte nicht dem Beispiele seines Ahnen, sondern unternahm es ebenso wie später wieder Napoleon I. Europa der Universalhoheit des französischen Monarchen zu unterwerfen. Das Haus Habsburg hatte sich zu schwach erwiesen, um eine europäische Universalmonarchie zu begründen. Aber auch die Häuser Bourbon und Bonaparte waren nicht mächtig genug, um Europa zu beherrschen. Jedesmal erhob sich eine Koalition der europäischen Fürsten und Völker wider die drohende Tyrannei und rettete die Freiheit der nationalen Staten vor der Fremdherrschaft.

Heute ist es wohl allen europäischen Statsmännern klar geworden, dass eine Universalherrschaft, oder auch nur eine Ueberordnung eines Hauptstates über alle anderen europäischen

Staten unmöglich ist. Eine Einigung der europäischen Statenwelt erscheint nicht mehr in der Form der Universalmonarchie möglich, sondern sie ist nur ausführbar in der Form eines Statenbundes d. h. in der Verfassung, welche Heinrich IV. bereits geplant hatte.

Es war für den Ruhm Heinrichs IV. unglücklich, dass sein Plan ein Jahrhundert später von dem französischen Abt Saint-Pierre zuerst wieder aufgenommen und in der Gestalt eines „Projekts für den ewigen Frieden" der Welt dargestellt und empfohlen wurde. Der kühne Gedanke eines grossen Statsmannes, welcher Europa vor der Universalmonarchie bewahren und grossartig ordnen wollte, bekam nun den Ausdruck eines menschenfreundlichen, den Krieg verabscheuenden Geistlichen, dessen geschwätzige und dünne Suade den Gedanken in ein schlottriges Gewand hüllte und in den Augen der praktischen Statsmänner lächerlich machte. Der Abt Saint Pierre war ein aufrichtiger Philanthrop, ein sehr achtungswerther Mann, der es wagte, auch dem Könige Ludwig XV. gegenüber die Wahrheit zu vertreten und der deshalb schmählich aus der französischen Akademie gestossen ward. Aber er war kein Statsmann. Das einzige Ziel seines Projektes war die Utopie des „ewigen Friedens". Den Krieg hielt er für das grösste Uebel, welches die Menschheit treffen könne. Um jeden Preis sollte der Krieg verhindert und der ewige Friede gesichert werden. Er begriff nicht, dass die Unveränderlichkeit der öffentlichen Zustände und die allgegemeine Versumpfung und Fäulniss, die ihre Folgen sind, ein sehr viel grösseres Leiden und Unglück für die Menschheit wäre, als der Krieg, in dem sich der Kampf der Kräfte gewaltsam offenbart, der zwar vielseitiges Unglück bringt über Einzelne und ganze Geschlechter, aber auch schlafende Triebe weckt, männliche Tugenden entfaltet, die politische Atmosphäre wie ein Gewitter reinigt und neue Fortschritte des Gesammtlebens einleitet. Das Mittel, das er vorschlägt, würde vielleicht künftige Kriege verhindert, jedenfalls erschwert haben, aber es würde sicher durch die starre Festhaltung der bestehenden Statseinrichtungen eine die Freiheit erstickende und erdrückende Despotie verschuldet und die Verbesserung der politischen Zustände vereitelt haben. Dieser Grundfehler des neuen Projektes ist dem ursprünglichen Plane Heinrichs IV. nicht vorzuwerfen.

Als Rousseau dem Projekte des geistlichen Herrn seine prachtvolle Sprache lieh, verhehlte er doch nicht seine Zweifel gegen die Ausführbarkeit des Projektes. Er belächelte das kindliche Vertrauen des Verfassers, dass „die Fürsten, denen die Erweiterung ihrer Macht und Herrschaft nach Aussen und im Inneren als das höchste Interesse erschien", sich ihrer Macht freiwillig entäussern und sich durch die Tagsatzung der Friedensallianz beschränken lassen werden. „Obwohl der Plan", schreibt Rousseau, „für die Weisheit des Verfassers spricht, so verrathen die Mittel, welche er vorschlägt, um den Plan auszuführen, die kindliche Einfalt desselben." Mit den Mitteln Heinrichs IV. war etwas Grosses auszurichten, die Ueberredungskunst eines Schriftstellers vermochte die Machthaber weder über ihr Interesse an dem ewigen Frieden aufzuklären, noch die abgeneigten Leidenschaften und die widerstrebenden Kräfte zu überwinden.

In ähnlichem Sinne schrieb Friedrich der Grosse, dem der Abt sein Project zugesandt hatte, an Voltaire: „Der Abt Saint Pierre hat mir ein schönes Werk über die Methode geschickt, den ewigen Frieden in Europa zu begründen und zu erhalten. Die Sache wäre sehr brauchbar, wenn nur nicht die Zustimmung der europäischen Fürsten und noch einige ähnliche Kleinigkeiten dazu fehlen würden."

Dennoch darf dem Projekte trotz der inneren Gebrechen und äusseren Mängel schon darum ein Platz in der Geschichte des Völkerrechtes nicht versagt werden, weil es auf lange Zeit den ursprünglichen Plan Heinrichs IV. und Sullys verdrängt und ersetzt hat und doch ein ernster und wohlgemeinter Versuch war, ein Problem zu lösen, das heute noch der richtigen Lösung harrt.

Die Zahl und Art der Staten hatte sich inzwischen sehr geändert. Die Gefahr einer habsburgischen Weltherrschaft war fast ganz verschwunden. Näher drohte die Gefahr einer bourbonischen Oberherrlichkeit über Europa. Frankreich erhielt nun in dem Bunde die erste Stelle. Als neue Staten hatte sich das Königreich Preussen erhoben und das Kaiserreich Russland war in die Genossenschaft der europäischen Statenfamilie als ein wichtiges Glied eingetreten. Deutschland war durch den dreissigjährigen Krieg und den Westphälischen Frieden vollends seiner Einheit beraubt worden. Ausser den kaiserlichen Ländern und Preussen unterschied der Abt noch drei deutsche Statengruppen, im Anschlusse an die Kurfürsten von Bayern, ferner der Pfalz und der geistlichen Kurfürsten. Auch in Italien traten Neapel und Sardinien nun bestimmter hervor.

Der Kern des ganzen Projektes war in fünf Fundamentalartikeln dargestellt, welche den europäischen Staten zur Unterschrift vorgelegt werden sollten und einen immerwährenden Bund des ewigen Friedens in sich schlossen*). Die Verfassung von Dentschland, die damals schon eine Konföderation war, diente ihm als Vorbild für den europäischen Bund.

Die fünf Artikel, die der gute Abt immer wiederholt und denen er die Zauberkraft zuschreibt, den ewigen Frieden zu gründen und zu bewahren, sind:

*) Der Abt Saint Pierre hatte erst ein dreibändiges Werk, Utrecht 1713 bis 1717 veröffentlicht, später einen Abrégé du projet de paix perpétuelle 1738, der in seine Oeuvres politiques, Rotterdam 1738, aufgenommen ist. Mir liegt nur die letzte Arbeit vor.

1) Das Bündniss der Souveräne ist ewig und hat den Zweck, allen volle Sicherheit zu verschaffen und sie sowohl vor Bürgerkriegen, als vor fremden Kriegen zu schützen. Dabei wird der gegenwärtige Bestand der Statsgebiete und der souveränen Rechte vorausgesetzt, und die Verminderung der Militärausgaben wie die Beförderung des Handels und der öffentlichen Wohlfahrt angestrebt.

2) Die verbündeten Souveräne verzichten bei Streitigkeiten, die unter ihnen bestehen oder in Zukunft sich erheben, auf das verderbliche Mittel der Waffen und erklären sich bereit, die Vermittelung von Bevollmächtigten der anderen verbündeten Staten anzunehmen und wenn die Verständigung auf diese Weise nicht zu Stande kommen sollte, dann sich dem Urtheile der übrigen Staten in dem Kongresse zu unterwerfen, so dass vorerst die Mehrheit der Stimmen provisorisch entscheidet, und nach fünf Jahren eine Mehrheit von drei Viertheilen der Staten definitiv beschliesst.

3) Die siebzehn mächtigsten Souveräne in Europa werden zunächst eingeladen, dem Bunde beizutreten. Jeder hat eine Stimme und jeder trägt im Verhältnisse zu seinen Einkünften an den gemeinsamen Kosten bei. Der Kongress bestimmt provisorisch mit einfacher Stimmenmehrheit und fünf Jahre später definitiv mit einer Mehrheit von drei Viertheilen die Grösse der Beiträge.

4) Würde sich ein Souverain dem Urtheile des grossen Bundes widersetzen und eine Partei werben, so würde der grosse Bund ihn als europäischen Ruhestörer ächten und zur Beachtung des Urtheiles mit Gewalt nöthigen.

5) Die verbündeten Souveräne haben vereinbart, dass ihre Bevollmächtigten in dem fortdauernden Kongresse alle erforderlichen Bestimmungen provisorisch mit einfacher Stimmenmehrheit, definitiv mit einer Dreiviertelmehrheit treffen, um den Bund zu befestigen und die Vortheile desselben zu erhalten. Aber

diese fünf Artikel bleiben so lange unverändert bestehen als nicht alle Staten einstimmig eine Aenderung gut heissen.

In der ersten Hälfte des achtzehnten Jahrhunderts herrschte noch in ganz Europa, mit einziger Ausnahme von England, das Regierungssystem des souveränen Absolutismus. Der Abt Saint Pierre dachte daher immer nur an die absoluten Souveräne, nicht an die Völker. Damit wird aber ein neues Hauptgebrechen des ganzen Bundes blosgelegt. Die Bedürfnisse der Völker fanden darin keinen anderen Schutz als den ihrer Herren, welche sie auszubeuten und niederzuhalten pflegten. Höchstens konnte man auf einen wohlwollenden väterlichen Absolutismus hoffen. Eine Rechtssicherheit für die Völker gab es so wenig als eine freie Theilnahme an den öffentlichen Angelegenheiten.

Darf man sich darüber verwundern, dass der ganze Plan, trotz der verlockenden Aussichten für geringe Militärlasten und friedliche Zustände, die Völker nicht zu begeistern vermochte?

2. Der Plan Lorimers.

Leibnitz, Rousseau und Kant, die alle drei nach Mitteln suchten, den Frieden Europas durch eine wirksame Rechtsordnung zu befestigen, waren doch nicht über den Plan eines europäischen Kongresses hinausgekommen, auf welchem die sämmtlichen oder doch die mächtigsten Souveräne entweder in Person oder durch Stellvertreter und Gesante zusammentreten und sich über die europäischen Fragen zu verständigen suchen. Der Gedanke konnte sich anlehnen an einzelne Vorgänge der Friedenskongresse und er entsprach dem absoluten Statssysteme des siebenzehnten und achtzehnten Jahrhunderts, nach welchem die Statshäupter allein alle Statsmacht besassen und für sich allein das Gesetz gaben. Der ganze Fortschritt bestand darin, dass die vorübergehenden Friedenskongresse nach dem Kriege durch einen ständigen Kongress ersetzt werden sollten, welcher den Weltfrieden vor der Kriegsgefahr bewahrte.

Seitdem aber die repräsentative Statsverfassung, welche auch der Volksvertretung eine Mitwirkung bei der Ordnung der öffentlichen Zustände gewährt, die frühere absolute Monarchie verdrängt und ersetzt hat, und seitdem an die Stelle der souveränen obrigkeitlichen Statenbildung die nationale getreten ist, haben die Kongresse der Regierungen ihre absolute Autorität verloren. Sie werden mit Misstrauen betrachtet und sie sind ohnmächtig, wenn ihnen die Zustimmung der repräsentativen Körper fehlt.

An diesem Mangel hätte die Kongressinstitution der Pentarchie auch dann scheitern müssen, wenn nicht die Weltereignisse ihre Legitimitätspolitik zu kläglichem Falle gebracht hätten. Es ist unmöglich, für diesen Verband der europäischen Staten eine unfreie Verfassung einzurichten, welche nur die Herrschaft der Regierungen und nicht die Rechte der Völker beachtet, wenn in allen oder der Mehrzahl dieser Staten eine freie Verfassung gilt und wirksam bleiben soll.

Mit Recht weist Professor Lorimer in Edinburg, der die Frage der Organisation Europas neuerdings erörtert und einen neuen Plan derselben bearbeitet hat*), dieses Hauptgebrechen der Kongresse hervor und verlangt Beachtung des Repräsentativprincipes und der Volksrechte. In der That würde eine Organisation Europas, welche dem früheren deutschen Bundestage von 1815 gliche und nur eine wechselseitige Versicherung der bestehenden Regierungen und eine gemeinsame Polizeiaufsicht bedeuten würde, die heutigen Völker eher empören als befriedigen.

*) Revue de Droit international. Gent 1877 Heft 2: „Le Problème final du Droit international".

Auch darin ist Lorimer beizustimmen, dass es unmöglich ist, den bestehenden Zustand der europäischen Staten zu fixiren und gegen jede Gebietsänderung zu wahren. Es war das ein Grundirrthum der alten Gleichgewichtstheorie. Wenn die Völker leben sollen, so müssen sie sich ändern können, sie sind dem Wachsthume und dem Verfalle wie alles Lebendige und Sterbliche unterworfen. Daher kann es nicht die Aufgabe einer völkerrechtlichen Leitung sein, den Status quo unter allen Umständen zu schützen, sie muss auch die zeitgemässen Aenderungen, sie muss die Entwickelung der Staten anerkennen und fördern.

Aber indem Lorimer diese früheren Irrthümer vermeidet, wagt er einen Sprung in der entgegengesetzten Richtung, welcher nothwendig das Ziel verfehlt. In der Absicht, die gewohnten Formen des englisch-amerikanischen Repräsentativstates auch auf den internationalen Statenverein überzutragen, und auch hier eine Scheidung der Gesetzgebung, der Vollziehung der Rechtspflege durchzuführen, wendet er den Gedanken Hamiltons, der sich in der Union der Vereinigten Staten bewährt hat, auf die Union der europäischen Staten an, für welche derselbe nicht passt.

Die Union der Vereinigten Staten ist, ungeachtet sie aus relativ selbständigen Länderstaten zusammengefügt ist, ein souveräner Gesammtstat, in welchem das nordamerikanische, durch ein gemeinsames Vaterland, gemeinsame Sprache, Kultur, Recht, Interessen verbundene Volk eine gemeinsame Organisation geschaffen hat. Es gibt wohl ein nordamerikanisches Volk, aber es gibt kein europäisches Volk. Europa besteht aus sehr verschiedenen Nationen, die sich nicht ebenso politisch einigen lassen, da sie durch ihre Wohnsitze, ihre Rasse, ihre Geschichte, ihre Kultur und ihre Interessen, ihr Recht von einander geschieden sind. Deutsche und Franzosen, Engländer und Russen, Oestreicher und Italiener sind keineswegs geneigt, einen einheitlichen europäischen Gesammtstat zu bilden. Sie würden denselben als eine Auflösung und Unterdrückung ihrer wirklichen Nationalität betrachten, die ihnen über Alles theuer ist.

Der Versuch, eine Universalmonarchie über Europa zu begründen, den früher das Haus Habsburg, später das Haus Bourbon und Napoleon I. unternommen, ist an dem Widerstande der europäischen Fürsten und Völker gescheitert. Der Vorschlag, eine europäische Gesammtrepublik zu gründen, musste an derselben Schwierigkeit scheitern. Er würde überdem die Republikanisirung Europas voraussetzen, welche der geschichtlichen Entwickelung der europäischen Staten widerstreitet.

Die Bedenken, welche sich dem Plane Lorimers entgegensetzen, und denselben als unausführbar darstellen, werden noch anschaulicher, wenn die einzelnen Vorschläge Lorimers in Betracht gezogen werden.

Lorimer will die internationale Gesetzgebung einem Kongresse anvertrauen, der nach englisch-amerikanischer Weise aus einem Senat und einem Abgeordnetenhause besteht. Der Senat, gleichsam das europäische Oberhaus, würde aus einer Anzahl Senatoren gebildet, welche von den Ersten Kammern der einzelnen Staten oder, wo es solche nicht gibt, von dem Landesfürsten auf Lebenszeit gewählt wären. Jeder Stat würde nach Verhältniss seiner Vertretung in dem Abgeordnetenhause (je einen Senator auf drei Deputirte) aus angesehenen und reichen Männern Senatoren wählen, und diese würden sogar einen hohen Titel nach dem Rechte der Erstgeburt auf ihre Nachkommen vererben. Die Mitglieder dieser hohen europäischen Aristokratie würden ihre Dienste unentgeltlich leisten, im Uebrigen aber keine Privilegien geniessen.

Die Abgeordneten würden von den Zweiten Kammern der Einzelstaten gewählt oder, wo nur ein Repräsentantenhaus besteht, von diesem, wo keine Repräsentation existirt, von der Krone. Jede der sechs Grossmächte würde zehn Senatoren und dreissig Deputirte wählen, die übrigen Staten eine geringere Anzahl, je nach ihrer Bevölkerung, Landbesitz und Einkünften. Jeder Abgeordnete erhält 1000 £ (20,000 Mark) jährliche Entschädigung. Der Präsident des Abgeordnetenhauses erhält überdem 5000 £ (100,000 Mark) für jede Session. Es wird nicht nach Staten abgestimmt. Jeder Senator und jeder Abgeordnete hat eine (individuelle) Stimme.

Man sieht, die Gesetzgebung ist ganz republikanisch geordnet. Die Statshäupter in den konstitutionellen Monarchien sind gänzlich übergangen und zur Seite geschoben. Dennoch wird erwartet, dass sie und dass die Regierungen zu einem Plane die Hand bieten, der die Staten gleichsam kopflos machte. Der Senat wäre eine blosse Titulararistokratie und als solche ohne reale Macht und ohne praktischen Werth. Die entscheidende Autorität wäre bei den Deputirten. Die Ausstattung derselben ist nach englischen Begriffen von Reichthum bemessen, und soll ohne Zweifel als Lockspeise dienen für die Führer in den Zweiten Kammern der Einzelstaten, um dieselben dem Projekte geneigt zu machen. Lorimer ist sich dessen bewusst und denkt in dieser Hinsicht durchaus als Engländer, der mit Geld ganze Staten erkaufen will und Alles zu erreichen hofft. Die fähigsten Juristen und Geschäftsmänner haben überdem die Hoffnung in das Bureau des Gesetzgebenden Körpers gewählt zu werden, dessen Mitglieder weitere 3000 £ (60,000 Mark) für ihre Arbeiten empfangen. Freilich hat in der Regel nur ein, höchstens zwei Mitglieder einer Grossmacht die Aussicht, dieses grosse Loos zu gewinnen.

Das Bureau erwählt auch den Präsidenten des internationalen States, der zugleich Senatspräsident ist, aber nur abwechselnd für die zweite Session wieder wählbar ist und 10,000 £ (200,000 Mark) für die Sessionsperiode erhält.

Der Sitz der internationalen Gewalten ist Konstantinopel, welche Stadt aufhört Hauptstadt des osmanischen Reiches zu sein und Residenz der europäischen Statenunion wird.

Stellen wir uns einmal dieses internationale Parlament vor ohne Regierung, ohne grosse und starke politische Parteien, ohne Tradition der politischen Praxis. Auch wenn die Demagogen und hohlen Streber fern gehalten würden, was bei den verlockenden Besoldungen nicht leicht sein wird, auch wenn das internationale Abgeordnetenhaus vornehmlich durch gewiegte Kammerführer und Redner der Einzelstaten besetzt wäre, welche Gewähr würde ein solches Parlament leisten für eine sachkundige Erledigung seiner Aufgaben, für eine gute und gerechte Gesetzgebung, für eine richtige und zweckmässige Entscheidung der grossen Streitfragen der Völker? Niemand wird bezweifeln, dass wir öfter lange und schöne Reden zu lesen bekämen, aber der Gewinn der Rhetorik wäre nicht immer ein Gewinn der Politik. Natürlich würde Jeder in seiner heimathlichen Sprache reden; wenigstens die grossen nationalen Sprachen würden sich nicht einer einzigen unterordnen und würden sich sämmtlich geltend machen, denn es ist klar, die Nation, deren Sprache einzige oder auch nur vorherrschende Parlamentssprache würde, erhielte ein entschiedenes geistiges Uebergewicht über alle anderen. Die Gleichheit der Grossmächte würde zerstört, die Hegemonie einer Grossmacht angebahnt. Je schwieriger es aber für die Deputirten würde, ihre Kollegen zu verstehen, um so schwerfälliger würde die Berathung, um so zweifelhafter die Wirkung der einzelnen Voten, um so zufälliger die Abstimmung. Der grosse internationale Sprechsal würde die wunderlichste Sprachverwirrung und statt der Harmonie und Einheit des Gedankens und Willens in dem europäischen Concerte bekämen wir die ohrenzerreissenden Dissonanzen der verschiedensten Stimmregister zu hören.

Von der Kompetenz des internationalen Parlamentes würden ausgeschlossen alle Gegenstände des nationalen Rechtes, aber das Parlament selber würde entscheiden, ob eine Frage national oder international sei. Die Bürgerkriege würden zum Unterschiede von blossem Aufruhr als eine völkerrechtliche Angelegenheit behandelt werden. Die aussereuropäischen und kolonialen Fragen würden dem internationalen Parlamente entzogen. Die Engländer wollen sich so wenig in ihre Kolonialpolitik von Europa hineinreden lassen als die Russen in ihre asiatische Ausbreitung. Wenn aber die aussereuropäische Politik dem Parlamente entzogen bleibt, wie soll dieses die europäische Ordnung wahren, welche durch jene Politik bedroht wird?

Das internationale Gerichtswesen wird wieder ganz wie die statliche Justiz geordnet. Es gibt internationale Civil- und Kriminalgerichte, deren Richter von dem internationalen Bureau auf Lebenszeit ernannt und besser besoldet würden, als die Richter der einzelnen Staten. Das Civilgericht fungirt zugleich als Gerichtshof für Streitigkeiten der Staten über öffentliches Recht.

Die schwächste Partie in dem Entwurfe Lorimers ist unzweifelhaft die Organisation der „vollziehenden Gewalt“. Schon ihr Wohnsitz in Konstantinopel, d. h. derjenigen Weltstadt in Europa, welche die kümmerlichsten und unsichersten Grundlagen für europäische Kultur gewährt und in welcher Türken und Griechen schon lange den Hauptstock der Bevölkerung bilden; wäre trotz der prächtigen Lage am goldenen Horn eher eine Verlegenheit als eine Stärkung der internationalen Regierung. Das Bureau der fünfzehn Vertreter der europäischen Staten, aus welchem die völkerrechtliche Centralregierung geschaffen würde, in sich selber zwiespaltig, wäre eine unversiegbare Quelle von nationalen Intriguen, und unfähig zu einheitlicher That. Die Bildung vollends einer, diesem Bureau untergeordneten, internationalen Armee setzt die vorherige Entwaffnung der einzelnen Grossmächte voraus und würde in sich denselben Zwiespalt und dieselbe Verwirrung darstellen, an welcher das Bureau selber krankt.

So wünschenswerth eine allmähliche Verminderung der stehenden Kriegsheere ist, die allerdings nur möglich wird, wenn Europa besser als heute organisirt und der Friede und das Völkerrecht kräftiger als bisher gewahrt sein werden, so ist doch nicht daran zu denken, dass auch nur eine nationale Grossmacht zu Gunsten einer so zweifelhaften und schwachen Verfassung des europäischen Statenvereines ihre Armee auflösen und sich in eitler Hoffnung auf die Tugend des internationalen Parlamentes und seines Bureaus entmannen würde.

So hoch wir den Geist und die Absichten Lorimers schätzen, so können wir in diesem Plane doch nichts als ein lebensunfähiges Phantasiegebilde erkennen.

Europa kann so wenig als Union und Förderation nach Art der Vereingten Staten von Amerika organisirt werden, als es eine Universalmonarchie erträgt. Man darf den souveränen Staten, aus denen der europäische Statenverein besteht, nicht einen oberherrlichen Gesammtsouverän vorsetzen und überordnen, weder einen Weltkaiser, noch ein Weltdirektorium, noch ein europäisches Parlament. Die wirkliche politische Kraft und Macht muss bei den Staten bleiben, der Bund derselben kann nur die Zwecke des europäischen Völker- oder Bundesrechtes, des europäischen Friedens und der gemeinsamen Kulturinteressen fördern wollen und dazu bedarf es keiner Dreitheilung der Gewalt, keines souveränen Parlamentes für die Gesetzgebung, keiner Gesammtregierung und kaum der europäischen Gerichtshöfe. Jene Zwecke lassen sich erreichen, wenn nur die verbündeten Staten zu denselben freundlich zusammenwirken wollen.

Eine politische Statseinheit ohne ein Volk ist ein Widerspruch in sich. Da es kein europäisches Volk gibt, so kann es auch keinen Stat geben, der Europa heisst. Weder die Union der Vereinigten Staten noch das deutsche Reich können daher Vorbilder sein für die Verfassung Europas.

3. Europa als Statenbund.

Soll das grosse Problem einer Verfassung für die europäische Statengenossenschaft gelöst werden, so ist die unerlässliche Grundbedingung dieser Lösung die sorgfältige Wahrung der Selbständigkeit und Freiheit der verbündeten Staten.

Die europäischen Staten fühlen sich als souveräne Personen, und sind alle entschlossen, ihre Hoheit zu behaupten und sich irgend einer Oberherrlichkeit anderer Staten zu entziehen. Sie können daher wohl für bestimmte gemeinsame Zwecke mit anderen Staten zusammen wirken, aber sie werden sich nicht freiwillig einer Verfassungsmacht unterordnen, welche ihnen als eine fremde erscheint. Sie werden niemals auf ihre eigene Regierung und ihr eigenes Heer verzichten und weder einen fremden Universalmonarchen noch ein europäisches Gesammtparlament über sich dulden.

Um desswillen ist jede Verfassung Europas unausführbar, welche einen neuen europäischen Gesammtstat schafft, dem die bisher souveränen Staten gleichsam einverleibt würden. Die Form eines Bundesstates, nach Art der Union der Vereinigten Staten von Amerika oder der schweizerischen Eidgenossenschaft und ebenso die Verfassung eines Bundesreiches mit einem Hauptstate, nach Analogie des deutschen Reiches sind für Europa nicht anwendbar.

Eine Organisation des europäischen Statenvereines ist

daher nur so möglich, dass die Souveränetät der verbundenen Staten grundsätzlich und thatsächlich vollständig gewahrt bleibt, d. h. in der Form des Statenbundes, und sie wird um so eher ausführbar und wirksam werden, je näher sie sich an das bestehende Recht der Staten anschliesst und je sorgfältiger sie ihre bisherigen Beziehungen beachtet.

Europa besteht gegenwärtig aus siebenzehn souveränen Staten, denen noch ein halbsouveräner beizuzählen ist, und welche hinwieder in folgende Gruppen zerfallen:

I. Sechs Grossmächte:

Deutsches Reich	Italien
Frankreich	Oesterreich-Ungarn
Grossbrittanien	Russland.

II. Westeuropäische Staten:

Spanien	Dänemark
Portugal	Schweden-Norwegen
Belgien	Schweiz
Niederlande.	

III. Souveräne osteuropäische Staten:

Türkei	Rumänien
Griechenland	Serbien u. Montenegro,

und der halbsouveräne Oststat:

Bulgarien.

Wir rechnen dabei die kleinsten machtlosen Stätchen, die nur eine scheinbare Existenz haben und nur Reminiscenzen sind aus dem Mittelalter, wie Liechtenstein, San Marino, Monaco, Andorre nicht, da dieselben weder eine europäische Bedeutung noch besondere europäische Interessen haben, sondern genöthigt sind, sich an einen der anderen europäischen Staten wie Monde an die Planeten anzuschliessen und deren Bewegung zu folgen.

Die genannten achtzehn Staten sind die natürlichen Mitglieder des europäischen Statenvereines. Sie haben alle wesentlich dieselben Rechte der Persönlichkeit. Wenn europäische Fragen entschieden werden, so sind sie alle als Glieder Europas dabei betheiligt. Sie haben daher alle einen natürlichen Anspruch auf Vertretung in den europäischen Bundesorganen. Sie verlangen mit Recht, auch ihre Meinung zu äussern, mitzuberathen und mitzubeschliessen.

Wenn aber als Statspersonen alle achtzehn Staten wesentlich gleichberechtigt sind, so ist doch neben dieser Rechtsgleichheit auch der ebenfalls natürliche Unterschied zu beachten zwischen den Grossmächten und den übrigen Staten.

Welche Staten Grossmächte seien in Europa, das hängt mehr noch von ihrer aktiven Energie als von dem Umfange ihres Gebietes und von der Grösse ihrer Volkszahl ab. Spanien war im sechzehnten Jahrhunderte die erste Grossmacht in Europa und ist heute keine Grossmacht mehr, obwohl sein europäischer Gebietsumfang so ziemlich derselbe ist wie damals. Ebenso war Schweden im siebenzehnten Jahrhunderte eine Grossmacht, und hat auf diese Stellung später verzichtet. In unserem Jahrhunderte ist die Grossmacht Preussen durch das deutsche Reich ersetzt worden und an die Stelle der früheren Pentarchie ist seit der Bildung des Königreiches Italien die heutige Hexarchie getreten. Auch das ist keine unabänderliche Institution. Es ist möglich, dass in Zukunft neue Grossmächte entstehen.

Nur der Stat, welcher durch seine Macht, insbesondere durch sein Heer und seine Flotte befähigt erscheint, in die Geschicke Europas und der Welt thätig einzugreifen, und diese Aktionsfähigkeit ausübt, gilt als Grossmacht im Unterschiede von den anderen Staten, welche entweder solche finanzielle und militärische Kraft nicht besitzen, oder von denselben nicht einen so aktiven und allgemeinen Gebrauch machen. Die Stellung der letzteren Staten ist anspruchsloser, bescheidener, aber in mancher Hinsicht auch weniger gefährlich und weniger lästig als die der Grossmächte, welche schwere Pflichten zu erfüllen haben. Daher kann auch ein grosser und mächtiger Stat aus politischen Gründen es vorziehen, in dieser mehr neutralen Stellung zu verbleiben als unter die Grossmächte einzutreten. Dieser Unterschied muss auch in der Organisation Europas beachtet werden. Während das Princip der gleichen Mitgliedschaft alle Staten verbindet, treten die Grossmächte voran, wenn es sich um die Aktion handelt. Desshalb ist es aber auch gerecht und billig, dass sie in den Räthen eine stärkere Vertretung erhalten und mehr Stimmen führen, als die übrigen Staten.

Um eine richtige Organisation zu bilden, müssen ferner die Aufgaben erwogen werden, welche der Bund zu lösen berufen ist.

Diese Aufgaben lassen sich übersichtlich nach folgenden Gruppen ordnen:

1) Festsetzung und Aussprache völkerrechtlicher Normen, völkerrechtliche Gesetzgebung;

2) Bewahrung des Völkerfriedens und Ausübung der grossen völkerrechtlichen Politik;

3) Besorgung der internationalen Verwaltungssachen;

4) Internationale Rechtspflege.

4. Völkerrechtliche Gesetzgebung und grosse Politik..

Zur Aussprache und Verkündung allgemeiner völkerrechtlicher Normen (Gesetze) genügt nach unseren heutigen Begriffen nicht der Zusammentritt der Statshäupter oder ihrer Minister und Gesanten, sondern ist die Mitwirkung und Zustimmung von repräsentativen Versammlungen unerlässlich, welche die Meinungen und Rechtsansichten auch der Völker vertreten.

Desshalb wird das Organ für die Gesetzgebung zusammen gesetzt sein müssen:

1) aus Vertretern der sämmtlichen europäischen Statsregierungen, welche zusammen den europäischen Bundesrath bilden. Man könnte es ohne Bedenken den Regierungen überlassen, ihre Vertreter zu bezeichnen und zu ermächtigen, gleichviel ob ein Stat einen oder mehrere Vertreter entsendet. Aber die Stimmenzahl, auf welche jeder Stat Anspruch hat in dem Bundesrathe, muss verfassungsmässig bestimmt sein. Es dürfte den Verhältnissen entsprechen, wenn jeder Stat in der Regel Eine Stimme, auch die zusammengesetzten Staten nur Eine Stimme führen und nur die Grossmächte jede zwei Stimmen haben.

In dem Bundesrathe gäbe es dann 24 Stimmen, die eine Hälfte der Grossmächte, die andere Hälfte der anderen Staten.

Das europäische Repräsentantenhaus oder der europäische Senat, welcher als Vertreter der europäischen Völker dem Bundesrathe an die Seite tritt, darf meines Erachtens nicht sehr zahlreich sein, wenn er seiner Aufgabe gewachsen sein soll. Nur Männer, welche des Völkerrechtes und der grossen politischen Verhältnisse in Europa kundig sind, passen dahin. Solche Männer gibt es nicht allzu viele.

Ich würde jeder Grossmacht etwa acht oder zehn Abgeordnete zutheilen und jedem anderen State vier oder fünf. Das gäbe eine Versammlung von 96 oder 120 Mitgliedern.

Die Wahl dieser europäischen Senatoren wäre den einzelnen Staten zu überlassen, so jedoch, dass wo Volksvertretungen in Einer oder in zwei Kammern bestehen, diese die Wahl vorzunehmen hätten.

Die Abstimmung im Bundesrathe müsste nach Staten, nicht nach Individuen geschehen, im Senate dagegen wäre die individuelle Abstimmung möglich und vorzuziehen. Die Mitglieder des Bundesrathes stimmen gemäss ihrer Instruktion und Vollmacht, die Senatoren frei nach ihrer persönlichen Ueberzeugung.

Die Schwierigkeit der Sprache einer solchen internatiolen Versammlung ist nicht unüberwindlich. Auf der heutigen Bildungsstufe kennen die meisten hochgebildeten Männer ausser ihrer Muttersprache noch eine oder einige fremde Kultursprachen wenigstens so weit, dass sie gedruckte Werke derselben und auch eine Rede verstehen. Es dürfte allerdings Niemandem verwehrt werden, in seiner Muttersprache zu reden. Wenn aber die Redner wünschen, von allen oder doch der Mehrzahl verstanden zu werden, so werden sie französisch oder englisch oder deutsch sprechen müssen. Diese drei Nationalsprachen haben jedenfalls heute in Europa die meiste Verbreitung und fast jeder Gebildete kennt eine derselben. Würde daher ausnahmsweise ein Senator nur in seiner Muttersprache reden können, so wäre dafür zu sorgen, dass seine Rede in einer dieser allgemeinen Sprachen verdolmetscht würde. Man hilft sich in der Schweiz und auf internationalen Konferenzen und Vereinen schon lange auf diese Weise.

Der Ort für die Sitzungen des Senates kann füglich von dem Bundesrathe bestimmt werden und mag schicklich abwechseln zwischen verschiedenen Ländern. Eine regelmässige Versammlung je zu zwei oder drei Jahren ist genügend, da ausserordentliche Versammlungen durch dringende Bedürfnisse gefordert werden können.

Im Interesse der Selbständigkeit der Einzelstaten darf dem Bunde kein Steuerrecht und keine eigentliche Finanzhoheit zukommen, so wenig als eine militärische Hoheit. Die Kosten der Versammlung sind von den Staten beizutragen, je nach ihrem Stimmrechte. Aber es sollte doch bestimmt werden, was für Diäten ausser den Reiseauslagen die Senatoren zu beziehen haben, damit in dieser Hinsicht gleiches Recht gewahrt bleibe.

Völkerrechtliche Normen, über welche sich der Bundesrath und der Senat, jedes Haus mit Mehrheit der vertretenen Stimmen geeinigt haben, werden von dem Bundesrathe als völkerrechtliches Gesetz verkündet.

Jeder Statsregierung müsste das Recht zustehen, in dem Bundesrathe einen Antrag auf Erlassung eines völkerrechtlichen Gesetzes zu stellen, und ebenso jeder Vertretung der verschiedenen Völker in dem Senate. Die Beschlüsse in beiden Körpern werden aber mit absoluter Stimmenmehrheit der vertretenen Staten und Völker gefasst.

Das Präsidium im Bundesrathe wechselt alljährlich unter den Grossmächten, das des Senates kann von der Versammlung frei gewählt werden bis zur Neuwahl in der nächsten ordentlichen Session. Jede Grossmacht würde also in einer Periode von sechs Jahren während eines Jahres den Vorsitz im Bundesrathe einnehmen. Dem Präsidenten sind aber nur formale Befugnisse, nicht sachliche Vorrechte einzuräumen.

Für den Bundesrath ist eine ständige Residenz zu bezeichnen, oder ein mehrjähriger Wechsel zwischen wenigen bestimmten Städten vorzubehalten, ebenso für die gemeinsame europäische Kanzlei. Dafür taugen aber weder grosse Weltstädte noch die Hauptstädte einer Grossmacht, sondern nur Städte, deren Bevölkerung keinerlei Druck auf die Berathung zu üben vermag, auch nicht den stillen aber wirksamen der politischen Salons, und welche doch mancherlei geistige Hülfsmittel bieten für die Kenntniss fremder Zustände. Von der Art wären z. B. die belgischen Städte Brüssel und Gent, die schweizerischen Zürich und Genf, die deutschen Baden-Baden und Leipzig, die französischen Nancy und Orleans, die italienischen Mailand und Florenz, und obwohl eine Hauptstadt Haag in den Niederlanden.

2) Die Bewahrung des Völkerfriedens und die Berathung und Beschlussfassung in den Angelegenheiten

der grossen europäischen Politik werden vorzugsweise dem Bundesrathe, unter Führung der Grossmächte anzuvertrauen sein, immer aber mit der Beschränkung, dass eine dauernde Neuordnung auch der Gutheissung des Senates unterbreitet wird.

Bisher ist der Unterschied der grossen Politik im Völkerrechte und der blossen internationalen Verwaltungs- und Justizsachen wenig beachtet worden. Mir scheint er für die Verfassung des Statenbundes von ganz entscheidender Wichtigkeit zu sein. Es ist sehr viel leichter, für völkerrechtliche Institutionen zu sorgen, welche die kleinen Verwaltungssachen und Prozesse erledigen, als Organe zu schaffen, welche die statlichen Lebensfragen zu entscheiden berufen sind.

Zu den Angelegenheiten der grossen Politik gehören alle Fragen, welche die Existenz, die Selbständigkeit, die Freiheit der Staten betreffen, von denen die Lebensbedingungen der Völker, ihre Sicherheit und ihre Entwickelung abhängig sind. Wenn diese höchsten Interessen bedroht erscheinen, dann setzen männliche Völker ihre ganze Kraft dafür ein, dieselbe zu schützen und ziehen es noch immer vor, ihr Gut und Blut im Nothfalle für die Behauptung ihres Rechtes zu opfern, als sich einem Gebote irgend einer fremden Verwaltungsbehörde oder selbst dem schiedsrichterlichen oder richterlichen Spruche internationaler Gerichte zu unterwerfen.

Bei solchen Fragen kann nur die Gemeinschaft aller europäischen Staten unter Mitwirkung einer europäischen Volksvertretung und selbst jene nur unter gewissen Bedingungen zu einer entscheidenden Autorität werden, welcher sich die streitenden Staten fügen. Nur wenn die Regierungen und Völker zusammen wirken und wo möglich einig werden, oder mindestens eine überwältigende Mehrheit zu Stande kommt, wird jene Autorität stark genug werden, um Folge zu bewirken. Würden sich Bundesrath und Senat in nahezu gleich starke

Parteien spalten, so würden die streitenden Staten sich an diese Parteien anschliessen und ein allgemein anerkanntes Ergebniss, eine neue unbestrittene Rechtsordnung käme nicht zu Stande.

Wenn daher auch dem Bundesrathe die eigentliche Beschlussfassung überlassen und dieser mit Mehrheit Beschluss fassen würde, so würde dieser Beschluss doch nicht anders rechtsverbindlich und vollziehbar werden, als wenn auch das Gutachten oder die Genehmigung des Senates hinzu käme.

Würde Einstimmigkeit im Bundesrathe gefordert, so würde die Beschlussfähigkeit desselben zu sehr eingeengt. Die einfache Mehrheit kann aber in solchen Fällen auch nicht entscheiden, wenn ihr eine erhebliche Minderheit etwa von 6 bis 8 Stimmen entschlossen entgegen tritt.

5. Internationale Verwaltung und Rechtspflege.

Ganz anders sind die kleinen Angelegenheiten der völkerrechtlichen Verwaltung und Justiz zu behandeln. Ich rechne zu diesen alle Anordnungen über internationale Verkehrsverhältnisse, über Auslegung von Handels- und Zollverträgen, über Strassen, Eisenbahnen, Posten, Telegraphenwesen, Schifffahrtsverkehr auf offener See oder in den Seehäfen und auf den Strömen, über Auslieferung von Verbrechern, über die Fragen der Stats- und Landesangehörigkeit von Privaten, das gesammte internationale Privat- und Strafrecht, Grenzregulirungen, Sanitätsinteressen, Entschädigungsstreitigkeiten, Mass und Gewicht, Münzwesen, Ceremoniel u. s. f.

Für solche Verwaltungs- und Justizsachen lässt sich ohne Gefahr für die einzelnen souveränen Staten durch gemeinsame internationale Anstalten sorgen. Es kann so z. B., wie das bereits geschehen ist, ein gemeinsames Centralbureau für die Posten oder die Telegraphen, oder die Masse und Gewichte geschaffen und in irgend eine europäische Stadt verlegt werden. Es kann ebenso unbedenklich in Verträge die sogenannte Schiedsgerichtsklausel aufgenommen und die Art und der Prozessgang des schiedsrichterlichen Verfahrens geordnet werden. Unter Umständen können auch für gewisse Streitigkeiten feste völkerrechtliche Tribunale eingesetzt werden, wie denn z. B. die Reform der Prisengerichtsbarkeit entschieden dahin drängt und dem Uebelstande der Konsulargerichtsbarkeit auch nicht anders als durch internationale Gerichtshöfe abzuhelfen sein wird.

Alle derartigen internationalen Verwaltungsämter und Bureaus sind naturgemäss dem europäischen Bundesrathe, als der Vertretung aller Statsregierungen unterzuordnen und ebenso auch die internationalen Gerichte neben ihrer Unabhängigkeit in dem Urtheile, mit Bezug auf die äusserliche Zusammensetzung und Ordnung der Oberaufsicht des Bundesrathes unterstellt. In dem Bundesrathe tauschen die Staten ihre Meinungen aus und können sie sich leicht über gemeinsame Entschlüsse und Beschlüsse verständigen. In solchen Fällen wird auch ein einfacher Mehrheitsbeschluss genügen.

Verhältnissmässig selten sind die Fragen der grossen Politik. Der Bundesrath wird daher um ihrer willen nur von Zeit zu Zeit zusammen treten müssen. Dagegen die Verwaltungssachen erfordern eine fortgesetzte regelmässige Thätigkeit, so dass wohl alljährlich eine oder ein paar ordentliche Sitzungen des Bundesrathes nöthig oder zweckmässig sein werden. Noch auf lange hin würden jedenfalls zwei jährliche Sitzungen von ein paar Wochen ansreichen. Aber eine ständige Bundeskanzlei, in welcher alle Geschäfte mit ihren Akten zusammen laufen, betrachte ich als unentbehrlich. Dieselbe ist der jeweiligen Präsidialmacht bei- und unterzuordnen. Sie besorgt die Einladungen und Mittheilungen an die verbündeten Staten.

Die Kosten für diese internationalen Anstalten werden von den Staten aufgebracht nach einem Vertheilungsmodus, welcher auf die Zahl der Bevölkerung — etwa nach Millionen und auf die Ausdehnung ihrer Verkehrsverhältnisse — Zahl der Seeschiffe — billige Rücksicht nimmt.

6. Vollzug der europäischen Beschlüsse.

In den regelmässigen Verwaltungs- und Justizsachen wird der Vollzug den betheiligten Staten anheim zu geben sein, oder so weit es sich um Mittheilung von Beschlüssen handelt, durch die Bundeskanzlei besorgt werden.

Nur in Einer Klasse von Fällen, die freilich selten eintreten, aber wenn sie eintreten, auch durch ihre hohe Bedeutung schwer wiegen, genügt diese Anordnung nicht. Wenn es ausnahmsweise nöthig wird, auch gegen einen Stat einen Zwang auszuüben, dann ist die Bundeskanzlei und selbst der Bundesrath kein geeignetes Organ, um diesen Zwang durchzuführen, denn auch der Bundesrath hat weder die nöthigen Finanzmittel, noch die Heere und Flotten zur Verfügung, ohne welche dieser Zwang unmöglich ist.

Für solche Fälle bedarf es der Mitwirkung der Grossmächte, welche die Macht haben, nach aussen einen gewaltsamen Druck zu üben.

Um desswillen tritt jetzt aus dem Bundesrathe als mächtiger Vollziehungsausschuss das Kollegium der Grossmächte hervor und gewährleistet den Vollzug der als nothwendig und vollziehbar erklärten Beschlüsse des Bundesrathes.

Um gegen die Unterdrückung irgend eines Einzelstates durch die Uebermacht der Grossmächte einen Schutz zu gewähren, ist eine Bestimmung nöthig, dass nur solche Beschlüsse nöthigenfalls mit Zwang durchgeführt werden dürfen, welche von dem Senate mit Stimmenmehrheit gebilligt worden sind, und für welche sich eine zwei Drittelsmehrheit im Bundesrathe und zugleich in dem Kollegium der Grossmächte erklärt hat. Unter dieser Voraussetzung schwindet jede Besorgniss vor einem tyrannischen oder herrschsüchtigen oder leichtfertigen Vorgehen einiger Mächte wider einen einzelnen Stat. Es braucht dann kein Stat zu fürchten, dass seiner Eigenart und seiner Freiheit eine rechtswidrige Gewalt angethan werde.

Die Möglichkeit eines europäischen Krieges wird durch diese Verfassung nicht völlig ausgeschlossen, so wenig als durch irgend eine Statsverfassung die Gefahr eines Bürgerkrieges ganz beseitigt wird. Aber es sind wichtige Garantien gewonnen für eine friedliche und zugleich für eine gerechte Erledigung aller Streitigkeiten unter den Völkern. In der Regel wird ein wirklicher Zwang entbehrlich werden, und es wird die Aussicht auf den Zwang, wenn ungebührlich dem Urtheile und Willen Europas getrotzt wird, zur Besinnung führen und zur Folge bestimmen. Die Zwangsübung selber hat eher den Charakter der Exekution eines Rechtsurtheiles als den eines Kampfes von Parteien. Die Kriege werden daher sehr selten, und leichtsinnige, ehrsüchtige, eroberungssüchtige Kriege thatsächlich unmöglich werden. In der Regel wird sich jeder Stat der dreifachen Mehrheit der sämmtlichen europäischen Regierungen im Bundesrathe, der europäischen Völkervertretung im Senate und der Grossmächte, ohne einen fruchtlosen Widerstand zu wagen, ebenso freiwillig unterordnen, wie die streitenden Privatpersonen dem Urtheilsspruche seines Richters.

Für den europäischen Frieden, für die Geltung und Entwickelung des europäischen Völkerrechtes und für die europäische Wohlfahrt wäre durch eine solche Organisation Europas sehr viel besser gesorgt als gegenwärtig und die Selbständigkeit und Freiheit der einzelnen Staten bliebe nicht bloss unversehrt, sondern wäre gesicherter als bisher.

Eine Auflösung und Entwaffnung aller Statenheere wird keineswegs die unmittelbare Folge dieser Verfassung sein. Sie wäre für die körperliche Ausbildung und die männliche Kraftentwickelung der Nationen nicht förderlich. Aber die heutige Ueberspannung der Militärlasten, das schwerste Hinderniss der europäischen Wohlfahrt, würde aufhören. Die Rücksicht auf drohende Kriege der Zukunft würde nicht mehr, wie gegenwärtig, die Steuerkräfte der Völker aufzehren. Die stehenden Heere würden allmählich vermindert, die Dienstzeit unbedenklich herabgesetzt, die Ausgaben für Waffen, Festungen, Kriegsschiffe, Kasernen sehr erheblich abnehmen. Die enorme Ersparniss an dannzumal unnöthigen Militärausgaben würde die Bürger von dem Steuerdrucke befreien, und zugleich finanzielle Mittel schaffen, um für die friedlichen Kulturinteressen reichlicher sorgen zu können.

Die Schwierigkeit, dass es einige Staten in Europa gibt, welche auch ausser Europa grosse Länder besitzen, kann nicht übersehen werden, und sicher ist es unmöglich, Europa zu ordnen, ohne mittelbar auf die Ordnung der Welt einzuwirken. Trotzdem wird man vielleicht diese schwierige Frage noch vertagen dürfen. Wenn sich der europäische Statenbund einmal daran gewöhnt haben wird, die europäischen Verhältnisse und Streitigkeiten gemeinsam, gerecht nnd friedlich zu ordnen, so wird er auch die Fähigkeit erwerben und die Neigung bekommen, die aussereuropäischen Angelegenheiten, soweit sie mit Europa verflochten sind, in ähnlicher Weise zu regeln.

Der neue Vorschlag einer europäischen Bundesverfassung ist nicht glänzend und nicht ungewöhnlich, er ist nüchtern und bescheiden; aber indem er sich an die realen Mächte hält und diesen die Erfüllung der höheren idealen Aufgaben anvertraut, ist er, wie ich hoffe, eher ausführbar und wirkungsvoller als die früheren Pläne.

Sein Grundgedanke des Statenbundes (der Konföderation) stimmt mit dem ursprünglichen Plane Heinrichs IV. und Sullys zusammen und unterscheidet sich sehr scharf von den Utopien sowohl des Abtes Saint Pierre als meines Freundes Lorimer. Er ist insoferne eine Fortbildung des alten französischen Planes, als er, entsprechend der seitherigen Einführung der Repräsentativverfassung in fast allen europäischen Staten, die Vertretung der Völker der der Regierungen für die Gesetzgebung und für die Fragen der grossen Politik beiordnet, die seitherigen internationalen Aemter der Verwaltung gemeinsamer Interessen aufnimmt und erweitert und den Unterschied der Grossmächte und der übrigen eher neutralen Staten beachtet.

Das Bedürfniss der Lösung des Problemes wird von Jahr zu Jahr dringender empfunden werden. Die grosse Gefahr, die bisher immer wieder jede Einigung der europäischen Staten verhindert hat, die Gefahr vor der Hegemonie eines States über die anderen, ist endlich für immer beseitigt. Alle Grossmächte wissen es nun aus eigener schmerzlicher Erfahrung, dass keine von ihnen mächtig genug ist, alle anderen sich unterzuordnen, aber auch keine stark genug, um dem vereinten Europa auf die Dauer Widerstand zu leisten. Es lässt sich daher auf dem Boden der Freiheit aller Völker und der Selbständigkeit aller Staten eine Verfassung schaffen, die für kein Mitglied des Bundes bedrohlich und für alle nützlich ist.

Ob und wann ein weitsichtiger und weitherziger Statsmann es unternehmen werde, die Idee zu verwirklichen, ist zur Zeit noch unklar. Dass aber die Organisation des europäischen Statenbundes viel weniger schwierig ist, als die Einigung der deutschen Staten zu dem deutschen Reiche gewesen ist, aber mindestens ebenso fruchtbar und heilbringend und für die Entwickelung der Menschheit noch wirksamer wäre, ist unzweifelhaft.